宇都宮大学国際学部国際学叢書

オマーンの国史の誕生

オマーン人と英植民地官僚によるオマーン史表象

松尾昌樹 著

御茶の水書房

略記号

（組織）

FO: Foreign Office 英外務省

IOR: India Office Records インド庁資料室

UN: United Nations 国際連合

WTQTh: Wizāra al-turāth al-qawmī wa al-thaqāfa オマーン国家遺産文化省

（資料）

AGI: Thomas, H. ed. *Arabian Gulf lntelligence: selections from the records of the Bombay Government, new series, no.XXIV, 1856*, Oleander, 1985 (1856).

Annals: Sirhan, Sirhan ibn Sa'id ibn, *Annafs of Oman,* Oleander Press, 1985.

Gazetteer: Lorimer, J. G. *Gazetteer of the Persian Gulf, Oman and Central Arabia,* Archive editions, 1986 (1908, 1915).

Précis: Saldanha, J. A. *The Persian Gulf Précis,* Archive Editions, 1986 (1903-1908).

Treaties: Aitchison, C. U. *A Collection of Treaties, Engagements relating to Arabia and the Persian gulf,* Archive Editions, 1987 (1933).

『勝利』: Ibn Ruzayq, Ḥumayd b. Muḥammad *al-Fatḥ al-mubīn fī sīra al-sāda al-Bū Sa'īdiyīn*（『ブー・サイード族のサイイド達の伝記における明らかな勝利』）, WTQTh, 1994 (1858).

『悲嘆の開示』: al-Azkawī, Sirḥān b. Sa'īd. *Kashf al-ghumma: al-jāmi' li-'akhbār al-'umma*（『悲嘆の開示ウンマの事情集成』）, Dār al-Bārūdī, 2006 (1728).

『名作』: al-Sālimī, 'Abd Allāh b. Ḥumayd. *Tuḥfa al-'a'yān bi sīra ahl 'Umān*（『オマーンの伝記における著名人の名作』）, Maktaba Nūr al-dīn al-Sālimī, 2001 (1912-1913/4).

本書のアラビア語の転写方法は、日本イスラム協会、嶋田襄平、板垣雄三、佐藤次高（監修）『新イスラム事典』平凡社、2002年に拠った。

オマーンの国史の誕生

目　次

目　次

第1章　序　論……………………………………………………　3

1．問題関心　3

[*1*] **オマーンの国史とはなにか**　3

[*2*] **先行研究**　7

2．二つの歴史観　9

[*1*] **マスカト史観**　9

[*2*] **英植民地官僚とマスカト史観**　12

[*3*] **オマーンにおける歴史の産出とイマーム史観**　16

3．分析方法　19

4．本書の構成　20

5．使用史料　22

第2章　「マスカトのイマーム」はどこにいるのか ……………　33

はじめに　33

1．湾岸地域における英東印会社の活動と「マスカトのイマーム」　34

[*1*] **湾岸における英東印会社の活動**　34

[*2*] **マスカトの支配者に対して現地で使用されていた呼称**　35

[*3*] **1798年以前：イマームは内陸部に居住している**　37

[*4*] **条約締結以降：「マスカトのイマーム」の定着**　41

2．シートンの情報　45

[*1*] **マスカトのレジデンシー**　45

[*2*] **シートンの報告書**　48

[*3*] **マスカトとジョアスミー**　52

3．シートンのオマーン史表象のカノン化　54

第3章　バジャーによるオマーン史の産出……………………　63

はじめに　63

1．バジャーと『勝利』 66
1 調停活動の開始と『勝利』の発見 66
2 カニング裁定の成立 69
3 バジャーの知識 71
2．「マスカト史観」の構築 73
1 「摂政説」と「サイイド説」 73
2 検証 77
3 『勝利』の簒奪 81
3．隠されたオマーン史表象 82
1 アッザーン２世の矮小化 82
2 20世紀におけるイマーム制の復活と、スィーブ条約 84

第４章　オマーンにおける歴史の産出と伝達……………………… 93

はじめに 93
1．イブン・ルザイクと『勝利』 95
2．『勝利』の典拠 97
1 『勝利』の構成 97
2 『勝利』第１章と『ブー・サイード族』、『カフターンの一葉』 98
3 『勝利』第２章と『悲嘆の開示』 101
4 『勝利』第２章とスィーラ 103
3．オマーンの歴史史料 105
1 スィーラ 105
2 『系譜』 109
3 『悲嘆の開示』 110
4 『悲嘆の開示』の異本 112
4．『名作』 114
5．オマーンにおける歴史の産出と伝達の様式 117
6．バジャーとイブン・ルザイク 120

第５章　オマーン問題……………………………………………127

はじめに 127

1．オマーン問題の経緯と資料　128
1 イマーム国の崩壊　128
2 オマーン問題の議論　129
2．イギリスはいかにしてオマーン史を産出したか　132
3．アラブ諸国とオマーン問題　139
1 粗雑な主張　139
2 アラブ諸国の情報源　143
3 隠蔽されるオマーンの史料　146
4．イマーム 61 人説　148
1 オマーン問題とイマーム 61 人説　148
2 AIC のパンフレットとイマーム 61 人説　150
3 カイロ・イマーム国事務所から AIC へ　154
4 「イマーム一覧」と『名作』　156
5 「イマーム一覧」と『名作』の齟齬　159
6 隠された本当の典拠　163
5．イマーム史観は受容されたのか　170
1 国連と反植民地主義　170
2 イマーム国とアラブ諸国の真正性　173

第6章　オマーンの国史……………………………………………181

はじめに　181
1．オマーンの伝統的な歴史産出様式の消滅　183
2．オマーン政府による歴史関連事業　185
1 歴史教科書分析の問題点　185
2 オマーンの国定教科書　186
3．国家遺産文化省、情報省による国史の産出　190
4．文化遺産としてのイマーム制　192

あとがき　195
史料・文献　199

オマーンの国史の誕生

オマーン人と英植民地官僚によるオマーン史表象

第1章
序　　論

1．問題関心

[1] オマーンの国史とはなにか

本書は、オマーンの国史の形成過程を明らかにすることを目的としている。アラビア半島の南東端に位置するオマーンは、現在はカーブース・ブン・サイード（位 1970-）を元首とする権威主義的な君主制国家であり、石油生産で世界経済とつながっている。オマーンはかつてインド洋で最強を誇った海洋帝国として知られており、これは今日流通しているオマーン史を最も華やかに彩るエピソードの一つである。一方で、この輝かしいエピソードの陰に隠れるように、忘れられたもう一つのテーマがオマーン史には存在する。それは、イバード派のイマーム制である。オマーンには８世紀半ばから続くイバード派イスラームの伝統があり、この宗派の教義に従って選び出された支配者であるイマームと、イバード派の教義に基づかない世俗の支配者を二種類の織り糸として、色彩豊かな歴史が編まれてきた。しかしながら、イバード派イマーム制の色彩は、今日のオマーンの国史においては、薄れてほとんど見えない。

今日のオマーンの君主であるカーブースは、1753 年頃に成立したブー・サイード朝の末裔である。ブー・サイード朝に先行するヤアーリバ朝末期の内乱期に、ペルシャ軍がオマーンに侵攻してきた際、ヤアーリバ朝の太守としてスハールを防衛していたブー・サイード族[1]のアフマド・ブン・サイード（位 1741/2 または 1749 あるいは 1753/4-1783[2]）が、ペルシャ軍を駆逐した功績によって、イマームに選出されたことが、この王朝の起源とされる。このように、ブー・サイード朝はイマーム制に基づく国家として誕生し、アフマドの死後には息子のサイード・ブン・アフマド[3]（位 1783-1821?[4]）もまたイマームに選出されたが、程なくして息子のハマドがイマーム位に就かないまま実権を握り、またイマーム・サイードの死後は半世紀ほどの間イマームが選出されなかった。イマーム不在の間も、ブー・サイード族はマスカト周辺を支配し続けたため、ブー・サイード朝の支配者がイマームから世俗君主[5]に変化し、またその首都もイマームの居城であった内陸部のルスタークから、港町のマスカトに移動したと説明されることが多い。ただし、イバード派イマーム制は途絶えてしまったわけではない。19 世紀末にはアッザーン・ブン・カイス２世（以下、アッザーン２世、位 1868-1871）の下で復活し、短期間の断絶の後、20 世紀初頭にもオマーン内陸部を支配する国家、オマーン・イマーム国（Imāma ʻUmān、以下、イマーム国）を生み出した。オマーン現代史においては、19 世紀末以降、内陸部のニズワーやルスタークを拠点としたイマーム国と、海岸部のマスカトを拠点としたブー・サイード朝のマスカト・オマーン・スルタン[6]国（Sulṭana Masqaṭ wa ʻUmān、以下、スルタン国）の間の対立が政治史上の大きな流れを形成している。19 世紀前半を最盛期とし、その頃までにその支配者が世俗化していたブー・サイード朝は、サイード・ブン・スルターン（位 1806～56）による東アフリカのザンジバル征服に代表されるインド洋をまたにかけた活発な征服活動によって、オマーンの歴史に「海洋帝国」のイメージを作り上げることに寄与した。一方で、19 世紀末に復活したイマーム政権は 20 世紀半ばまで内陸部を実効支配していたにもかかわらず、今日のオマーンの国史には記述されず、忘却の対象となっている。

一般に国史とは、その国家の支配領域、為政者や統治体制の正当性、国民の一体性を物語る手段であり、当該国の国民が個々に保有する歴史とは異なる。オマーン政府が作成したオマーンの国史は、元首の地位がブー・サイード家内部で世襲される君主国であることから、国史は王家の支配を正当化する内容となっている。一般に王家の支配を正当化する物語としては、支配家系のルーツ（血筋、系譜）や、支配家系を正当化する何らかの理念（宗教や慣習）との適合性、もしくは国民に対する安定的かつ長期的な支配の継続（実効支配）などが想定される。しかしながら、今日のオマーンの国史からこのような物語を読み取ることは困難である。なぜなら、19世紀末から現在の君主であるカーブースの治世開始（1970年）までの期間が、ほとんど語られないためである。オマーンの国史には、「空白の1世紀」が存在する。

この「空白の1世紀」は、本書の分析で明らかになるように、イバード派イスラームの教義によってその地位を正当化された指導者であるイマームの統治と、カーブースの先祖でマスカトを支配したブー・サイード族の世俗支配者の統治が重複する期間を処理するために生み出された空白である。現在のオマーン人の7割程度を占めるとされるイバード派の教義によれば、イバード派共同体の正統な統治者はイマームであるとされる。ブー・サイード朝は初代支配者であるアフマドとその息子のイマーム・サイードのように、かつてイマームを輩出したこともあったが、後に世俗化してイマームと敵対するようになり、最終的に1950年代の内戦（アフダル戦争[7]）によってイマームの支配を打ち倒すことで現在の地位を獲得した。世俗君主であるカーブースにとって、イバード派が多数派であるオマーン人を統治する際に、このようなイマームとの抗争の歴史を公に語ることは、統治者としての正統性を脅かしかねない。オマーンの国史における空白は、このような統治の必要性から生じたものである。

1995年にオマーン情報省から出版された『歴史の中のオマーン』（*Oman in History*[8]）は、現在のオマーンの国史の典型に位置づけられる。全560頁からなる同書は、その作成にオマーン内外の多数の研究者が参加し、とりわけヨーロッパ系諸言語で発表された研究論文が多く参照されているが、これは単なる学術的なオマーン史研究の成果ではない。アラビア語と英語で出版された同書は、新生オマーン25周年を記念して国家的プロジェクトとして編纂されたものであり、これを出版した情報省が国家遺産文化省とならんでオマーンの歴史や文化を海外に広める役割を果たしていると同時に、オマーン国内の情報統制を行っている組織であることからも分かるように、明らかに政府が公式な歴史を内外に示す目的で作成したものである。同書は全５部からなり、第２・３・５部が歴史記述にあてられ、第１部は地理や自然環境、第４部は文化・科学技術の記述となっている（表1-1 参照）。イバード派に関するまとまった記述が第４部に組み込まれており、その記述内容も 17 世紀末までとなっている点に、オマーン情報省の明確なメッセージ—オマーンの国史においては、イバード派は過去の文化の領域で扱われるべきで、現在につながる政治史の領域で扱われるべきではない—を読み取ることができよう。

同書における歴史記述部分は、考古学的研究の成果を踏まえて先史時代から始まり、イスラーム以前の歴史、イスラーム世界の拡大（征服活動）へのオマーン人の貢献、ヤアーリバ朝とブー・サイード朝などについて、順次記述がなされる。現在の支配者であるカーブースが属する一族の歴史である、ブー・サイード朝の歴史については、東アフリカでの活動や海上貿易活動なども含め、華々しく 100 頁にわたって記述されている。これとは対照的に、イバード派イマームに関する記述は非常に少ない。例えば、ブー・サイード

表１－１　*Oman in History* の目次

第１部 オマーン：環境 オマーンの人々と経済 オマーンの地政学的要素と近代におけるその影響 第２部 黎明期のオマーン 古代のオマーン社会 古代のオマーン社会から得られるイメージ 第３部 イスラームの幕開けからウマイヤ朝の終焉 ウマイヤ朝末までのオマーンのマフラブ族の政治的軍事的役割 北インド征服活動におけるオマーン人の役割 オマーンとアッバース朝 ナブハーン時代のオマーン	第４部 イバード派 イスラーム以降のオマーンにおける文化・科学動向 オマーンにおける建築と築城技術 オマーンの政治的首都 航海とオマーン人航海者 オマーンにおけるオマーン海軍の役割 オマーンにおける造船産業 第５部 ヤアーリバ朝の成立とイマーム・ナースィル・ブン・ムルシドの国家統一活動 ヤアーリバ朝時代におけるオマーン海軍の優越性と外交におけるその影響 アフマド・ブン・サイードとブー・サイード朝の成立 ブー・サイード朝統治下の東アフリカにおけるオマーン文化 ブー・サイード朝の初期１世紀における航海と貿易 ブー・サイード朝の行政組織

出所：Ministry of information, *Oman in History*, Immel Publishing, 1995 の目次を元に、筆者作成。

朝の創始者でイマームでもあったアフマドに関する事跡は、王朝の創始者として比較的多く記されているものの、その息子のイマーム・サイードについては僅か3行[9]、アッザーン2世についても3行程度で[10]、20世紀のイマーム政権については一言も言及されない。また、19世紀後半以降のマスカトの支配者についても、特にイマームと対時したトゥルキー以降の歴史に関しては、歴代君主の肖像画に大きく場所をとられた4ページの中で、小さく簡潔に説明されるに過ぎない。

2 先行研究

我々が「歴史」という概念を用いるとき、過去の出来事そのものを指す場合を除いて、書籍や語りとしてまとめ上げられた、編纂された過去のことを指す。国史であろうと、民衆が紡ぐ歴史であろうと、ありのままの過去を伝える歴史は存在せず、そこでは必ず、無数の出来事の中から記述者の関心に基づいて記述対象が選別され、編纂された過去として歴史が生み出される。過去そのものの記録ではなく、編纂された過去としての歴史の性質に注目する研究—本書もその一つである—においては、編纂過程における過去の出来事の排除・隠蔽・改編・捏造に関心が集中し、このような編集作業を可能とする権力や、この権力に対抗して別の歴史を記そうとする動きが明らかにされてきた。

このような問題関心から中東諸国の国史を研究しているものとして、イスラエルを対象とするY. ゼルバベル[11]と、アラブ諸国を対象とするI. ゲルショーニとJ. ジャンコウスキー[12]を挙げることができる。ゼルバベルは、イスラエル政府が国民統合のために集合的記憶を作り上げてゆく過程を明らかにした。ゲルショーニとジャンコウスキーは特にエジプトを対象に、歴史書の編纂や博物館の陳列物、国民のイコン／イメージの産出といった多様な歴史叙述行為が、民族主義的な歴史の創造に対して行った貢献について分析を行ってきた。これらの他にも、E. デーヴィスはイラク戦争以前のイラクを扱い、博物館での展示を通じた上からの国民形成について論じている[13]。イランの教育を通じた革命理念の浸透を研究した桜井もまた、イランにおける上からの国史形成とその機能に関する研究の一つとみなすことができる[14]。また、アラブ5カ国（エジプト、イラク、ヨルダン、レバノン、サウディ・アラビア）における「国民の祝日」を国民統合政策に関係づけて分析を行ったE. ポーデは、これらのアラブ5カ国が国民統合のために歴史を再解釈しつつ、共有されるべき過去の象徴として「国民の祝日」が設定されてゆく様子を明らかにしている[15]。

湾岸アラブ諸国においても、歴史や伝統文化の人工性、被構築性に関する研究が見られるようになってきた。例えばS. ハラフはクウェイトにおいて真珠漁という「伝統文化」が「発明」される過程を明らかにしている[16]。また、C. ホールズはバハレーンでテレビ放映されていた連続歴史ドラマを題材に、「伝統文化」からシーア派的要素が排除されることで、バハレーン文化の「スンナ派化」が進展していることを明らかにしている[17]。C. サラマンドラが明らかにしているように、湾岸アラブ諸国でのイスラーム美術収集熱もまたこのような「上から」の「伝統文化」の創造の一つに位置づけることができよう[18]。

このように、湾岸アラブ諸国を対象とする研究は、伝統文化の創出といった分野に集中しており、国史を用いて為政者や支配体制の正当化がなされる過程を取り扱うものはない。オマーンに限らず、湾岸アラブ諸国を対象とする国史形成過程に関する研究が行われていない理由として、国史を批判的に分析することが、オマーンとそれを含む湾岸諸国では、タブーになっていることを指摘できよう。特にアラビア語で発表された研究においては、湾岸諸国の国史の被構築性を取り扱うものは存在しない。湾岸アラブ諸国はいずれも権威主義的な君主制国家であり、国史は必然的に支配家系が当該地域で支配を確立する過程の歴史に近似する。そこでは、国民の一部が支配家系に抵抗してきた歴史、あるいは支配家系が国民の一部を抑圧してきた歴史は、隠蔽されることになる。彼らの母（国）語であるアラビア語で出版された湾岸史関連書籍において、支配家系の来歴が批判的に分析されることになる国史研究がほとんど存在しないのは、このためである。

図1－1　ブー・サイード族の家系図（主要人物のみ）

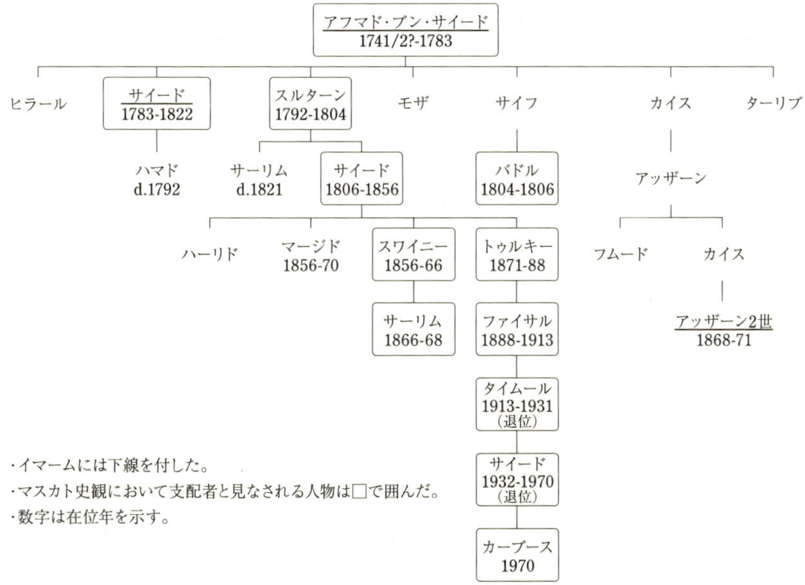

出所：*Gazetter* や各種オマーンの歴史書の記述を元に、筆者作成。

2．二つの歴史観

1　マスカト史観

今日のオマーンの国史の根幹は、マスカトをオマーンの首都と見なし、そこを支配するブー・サイード族出身者をオマーンの支配者とみなす歴史観にある。本書ではこの歴史観を「マスカト史観」と呼ぶ。マスカト史観においては、支配者の系譜は、ブー・サイード朝の創始者でイマームであったアフマド、その没後に地位を継いだ息子のイマーム・サイード、そして彼がイマーム在位中にマスカトを支配した息子のハマド（?-1792）、ハマドが1792年に天然痘で死亡した後にマスカトを武力で奪ったスルターン・ブン・アフマド（位1792-1804[19]、イマーム・サイードの兄弟）と、連なる。イマーム・サイードがルスタークでイマーム位を保持していた間にマスカトの支配者となったハマドとスルターンは、共にイマームに就任することを求めずに、世俗の支配者としてサイイドsayyid[20]の称号を使用したと考えられている。サイイド・スルターンが1804年に死亡すると、サイイド・スルターンの従兄弟のバドル・ブン・サイフ（位1804-1806）が短期間の間マスカトを支配し、その後サイイド・スルターンの息子のサイード・ブン・スルターン（サイイド・サイード）がマスカトを支配したとされる。1821年にイマーム・サイードが没し、イマーム位が空位となった際、その地位に就かず彼もまた父と同じくサイイドの称号を使用した。サイイド・サイードは1820年代末からザンジバルを中心とする東アフリカ沿岸島嶼部の征服を開始し、1840年以降は事実上ザンジバルを居城に定めた。サイイド・サイードが1856年に没すると、彼の息子でマスカトに居住していたスワイニー・ブン・サイード（位1856-1866）と、ザンジバルに居住していたマージド・ブン・サイードの間で後継者争いが発生した。英領インド政府はマスカト・ザンジバル委員会（Muscat Zanzibar Commission）を組織してこの争いの調停を行い、1862年に「カニング裁定」（Canning Award）に基づいてマスカトとザンジバルの分割を決定した。これによってスワイニーがマスカトの支配者となった。

サイイド・サイードの死後からカーブースの即位までの期間が、前出の「空白の1世紀」に該当する。この期間は、マスカトの支配者にとって困難の時代であった。19世紀半以降になると、蒸気船の登場や対インド貿易における英領インド政府のシェア拡大とそれに伴う現地勢力の後退など、湾岸地域および環インド洋貿易構造は大きく変化しており、それに伴ってマスカトにおける経済活動が大きく衰退した。これとは対照的に、サイイド・サイードによる開発政策を通じてザンジバルはめざましい経済発展を経験していた[21]。ザンジバルを失うことで発生するマスカトの支配者の経済的損失を補填する目的で、カニング裁定にはザンジバルから毎年4万マリア・テレサドル[22]を支払う「ザンジバル補助金」の項目が存在したが、実際には英領インド政府がこの支払いを行ったので、マスカトの支配者はイギリスの財政支援によって生きながらえる存在に転落し、事実上のイギリスの保護国となった。湾岸アラブ諸国の国連加盟以前の法的地位について研究したバハルナによれば、湾岸アラブ諸国の地位はいずれも植民地とも独立国とも、また保護国ともつかない灰色の存在であった[23]。またJ. オンリーは、公式には英領インド帝国には組み込まれていないものの、湾岸アラブ諸国はイギリスの「非公式帝国」の一部であったと論じた[24]。湾岸アラブ諸国はそれぞれに現地勢力の中から輩出された君主を持ち、また内政についても一定の独立性を有していたが、しかし一方で外交に関してはほぼ英領インド帝国（帝国の解体後はイギリス政府）に一任（あるいは掌握）されており、独自に外国と条約を締結することは不可能であった。このように、オマーンはおよそ19世紀末から1970年にかけて、実質的にイギリスの支配下にあった。

さらに、この時期はマスカトの支配者とイマームとの戦いの時期でもあった。スワイニーがマスカトの支配者になった僅か4年後、1866年にスワイニーの息子のサーリム・ブン・スワイニー（位1866-1868）が父を暗殺してマスカトの支配者となったが、その2年後にはサーリムの傍系にあたるアッザーン2世がサーリムを追い出してマスカトの支配者となり、そこでイマームに選出された。これによってしばらく途絶えていたイマームの支配が復活したが、アッザーン2世は1871年にサイイド･サイードの息子の一人、トゥルキー･ブン･サイード（位1871-1888）との戦いに敗れて戦死し、トゥルキーがマスカトの支配者となった。マスカトの支配者の地位が安定して相続されるようになるのは、トゥルキーの死後からであった。また、この頃からマスカトの支配者は「スルタン」の称号を使用するようになる。

トゥルキーを継いだファイサル・ブン・トゥルキー（位1888-1913）の治世には内陸部の系譜集団からの攻撃が頻発したが、ファイサルは有効な手段を講じることができず、英領インド軍の助けを得てようやくマスカトは独立を保った。ファイサルの晩年には内陸部でイマームによる支配が復活し、ファイサルを継いだタイムール・ブン・ファイサル（位1913-32）はイギリスの仲介で内陸部におけるイマームの支配を承認するスィーブ条約（Treaty of Seeb、1920年）を締結するに至った。タイムールは内政の混乱に疲弊し、また英領インド政府の介入を疎んじ、その地位をまだ若かった息子のサイード･

ブン・タイムール（位 1932-1970）にゆだねて自ら退位した。スルタン・サイードは内陸部のイマーム政権と友好的な関係を維持していたが、1954 年にイギリス系石油会社の PDO（Petroleum Development of Oman）がオマーン内陸部での試掘を強行したことで、PDO を支持するスルタン・サイードと、試掘地域がある内陸部を支配するイマーム・ムハンマド・ブン・アブドゥッラー（位 1920-1954）の間で対立が発生し、内戦に発展した。スルタンの要請を受けたイギリス空軍がオマーン内陸部を空爆するに至り、この空爆によってイマーム国は崩壊し、イマーム・ガーリブを初めとするイマーム国の主要人物は周辺アラブ諸国に亡命し、この対立はアラブ諸国によって国連に持ち込まれることになる。これは国連において、「オマーン問題」（Question of Oman）として議題となり、1971 年まで扱われ続けた。1970 年にスルタン・サイードを宮廷クーデターによって廃位させ、その息子カーブースが支配者の座についたことで今日のオマーンが築かれると、カーブースはそれまで鎖国状態にあったオマーンを開国し、新生オマーンとして国連加盟を実現し、これを手掛かりに「オマーン問題」に終止符を打ち、国際的な承認を勝ち取った。

このように、「空白の 1 世紀」に発生した出来事とは、マスカトの支配をめぐるブー・サイード族内部での争いであり、イマーム支配の復活（19 世紀末のアッザーン 2 世、および 20 世紀のイマーム国）であり、イマーム国とスルタン国の内戦であった。

2 英植民地官僚とマスカト史観

では、オマーンを保護国として支配してきた英植民地官僚は、どのようなオマーン史を記述したのだろうか。植民地宗主国が植民地を描き出すという行為、そこで生み出された表象が植民地側に何らかの形で影響を及ぼし、新しい表象を生み出すような現象、すなわち植民地表象の研究には、共通する視角が存在する。植民地支配を行う側が支配される側を後進的、非文明的に描写する、また珍奇で驚異の対象として、あるいはロマンチックでノスタルジックな対象として、さらに支配を正当化するために植民地宗主国に都合の良い植民地表象を生み出す、このような、表象の恣意性を批判的にあぶり出すのが、植民地表象に共通する一つの視角であろう。S. グリーンブラットが明らかにしたように、ヨーロッパ人は北米、南米、中東の「野蛮人」の世界への驚嘆と、その「野蛮人」をキリスト教徒に改宗させて支配しようとする欲求に基づいて、異世界の記述を行った[25]。あるいは、E. サイードが明らかにしたように、ヨーロッパ人は他者としてオリエントを表象する際に、官能的描写や耽美さの中に巧妙にオリエントの支配を可能とする視点を織り込んだ[26]。このような、エキゾチックな描写の中に隠されたヨーロッパ人の支配の欲望を暴くというスタイルが、植民地表象研究には共通している。

オマーンにおいても、ヨーロッパ人によって、このような表象が生み出されてきた。ヨーロッパ人は、オマーンの城塞や遊牧民、港湾都市やダウ船など、素朴で美しいオマーンを描写してきた[27]。しかし、英植民地官僚によるオマーン表象全体の中では、このような描写は決して多くはない。彼らは、オマーンで生み出される産物や、そこに居住する人々の暮らしにはほとんど関心を持たなかった。オマーンはイギリス人が好む作物を産出する土地ではなく、プランテーションに適した土地でもなかった。彼らにとってオマーンとは、大英帝国が環インド洋世界を統治するために重要なマスカトという港を擁する地域に過ぎなかった。P.J. マーシャルと G. ウィリアムズは、18世紀のイギリス人が有したアジア、中東、アメリカのイメージを研究する中で、オマーンへのイギリスの関心は、フランスの進出に対する予防措置として外交関係を形成することに存在しており、それは「通商関係はうすれているのに外交上の影響力をつよめようとする政策」であったと評している[28]。

ポルトガルが1507年にマスカトを占領して以来、ヨーロッパ人が関心を示したのはこの戦略的に重要な港町だけであり、その市壁の外、すなわち内陸部については、全く関心を示さなかった。彼らは、マスカトという「点」でオマーンとつながっていたに過ぎない。ヨーロッパ勢力の中でも長い期間に渡ってマスカトと関係を築いてきたのはイギリス人であるが、彼らが残したのは、マスカトの支配者の内政、周辺諸国との外交、イギリスとの友好関係に関する、膨大な行政文書であった。これらの文書は、イギリスの外交の必要性に基づいて、マスカトの支配者の正統性や、イマームの権威を都合良く解釈するオマーン史であった。

植民地表象研究のもう一つの共通点は、植民地側が作成した資料が植民地に関する主要な知識となり、植民地の理解に努める研究者はもとより、植民地の人々でさえもそれを参照して自己表象を生み出すようになるという現象への関心である。オマーンに関してもまた、18世紀末以降、対ペルシャ湾政策においてイギリスが同盟関係を締結したのがマスカトを支配するブー・サイード族出身者であったため、英植民地官僚はマスカトの支配者をオマーンの支配者と見なし、「マスカト史観」を強固に作り上げてきた。特に1871年に出版された、G.P. バジャーによる『オマーンのイマームとサイイドの歴史』(*History of the Imâms and Seyyids of 'Omân*[29]、以下本書では *Imâms* と記述)は、「マスカト史観」が形成される上で非常に重要な役割を果たした。

例えば湾岸近代史研究の泰斗である J.B. ケリーは、19世紀末にマスカトに勤務したマイルズの著作『ペルシャ湾の国家と部族』(*Countries and Tribes of the Persian Gulf*)の再版(1966年)に際し、その序文において当時の湾岸研究の状況について次のように記した。

> 1919年に『ペルシャ湾の国家と部族』〔の初版〕が出版されたことは、小さな道標のようなものである。1871年にハクルート協会(Hakluyt Society)によってバジャーの *History of the Imâms and Seyyids of 'Omân* が出版されて以来、オマーンやそれに関連するものを扱うもので、バジャーの著作に匹敵するものは現れなかった。〔略〕この二つの著作の背後にひそみ、これらの価値を脅かすものが、ロリマーによって編纂され、英領インド政府によって地理編(1908年)と歴史編(1915年)の2巻で出版された記念碑的な『ペルシャ湾、オマーン、中央アラビア地名辞典』(*Gazetteer of the Persian Gulf, 'Oman and Central Arabia*[30])である。マイルズの2巻本よりもはるかに大部となった『地名辞典』は、長年の間その使用が公務に限定されており、1950年代の始めに一般の利用が可能となったに過ぎない。この間、『国家と部族』に匹敵する内容を持つ湾岸に関する唯一の著作は、1928年に出版され、1954年に再版され

たウィルソンの『ペルシャ湾』(*The Persian Gulf: an historical sketch from the earliest times to the beginning of the twentieth century*[31]) であった。〔略〕マイルズ、バジャー、ロリマー、ウィルソンの記述の蓄積が、湾岸の近代史について我々が知っているほぼ全てである。彼らはこの分野に関する唯一のヨーロッパ人の権威であり、彼らは皆、英領インド政府の役人もしくは軍人であった[32]。

ケリーは上記の引用で言及していないが、やはり英植民地官僚で湾岸に勤務したE.C. ロスによるオマーンの歴史書の翻訳*Annals of Oman*[33]も、重要な史料として扱われてきた。ロスやJ.G. ロリマー、S.B. マイルズといった、バジャー以降にオマーン史に関する著作を発表した英植民地官僚は、いずれも*Imâms*を引用している。*Imâms*は英植民地官僚だけでなく、英語を主要

表1-2　ロス、マイルズ、ロリマー、ウィルソンの湾岸での勤務状況

ロス
1871年5月～1872年12月（マスカト）
1872年10月～1876年4月（ブーシェフル）
1876年11月～1886年4月（ブーシェフル）
1886年11月～1891年5月（ブーシェフル）

マイルズ
1872年12月～1877年6月（マスカト：代理）
1878年1月～1879年4月（マスカト）
1880年10月～1881年8月（マスカト）
1883年9月～1886年4月（マスカト）
1886年11月～1887年4月（マスカト）
1885年？月～1886年10月（ブーシェフル：代理）

ロリマー
1913年12月～1914年2月（ブーシェフル）

ウィルソン
1920年10月～1920年11月（ブーシェフル）

出　所：Bailey, R. W. *Records of Oman 1867-1947,* Archive Editions, 1988, Annex B list of political residents in the Persian Gulf and of Political Residents, Agents and consuls at Muscat 1763-1949. より筆者作成。

な情報源の一つとする研究者にとって、少なくとも1980年代まで読み継がれ、マスカト史観を拡散させてきた書籍でもある。このため、*Imâms*は「マスカト史観」のカノン（正典）であると言って差し支えない。ロス、マイルズ、ロリマー、バジャーの4名は、いずれも19世紀に湾岸に勤務した英領インド政府の役人であり、彼らの著作は「マスカト史観」を基礎としている点で共通している。ケリーの述べるように、およそ1960年代まで、上記の著作はイギリス人が作成したオマーン及び湾岸地域に関する歴史書のほぼ全てであり[34]、これ以外には、湾岸史に関するエッセイや旅行記の類いを除いて、オマーン史研究に資するものはほとんど存在しなかった。1960年代まで、オマーンのアラビア語の写本を参照しようとする研究者を除いて――当時はまだオマーンの一次史料は、一部を除いて写本状態で存在していた――、全てのオマーン史研究者が上記の書籍を参照し、「マスカト史観」の洗礼を受けたと考えれば、英植民地官僚の著作の影響力の大きさが推し量られる。

3 オマーンにおける歴史の産出とイマーム史観

「マスカト史観」とは全く逆に、イマームをオマーンの正当な支配者に位置づけ、その系統をオマーンの支配者の伝統に位置づける歴史観が存在した。特にアフダル戦争当時からカーブースの即位まで、1960年代から70年代初頭にかけて、アラビア語で出版されたオマーン史あるいは湾岸史関連書籍に見られ[35]、また国連での「オマーン問題」におけるアラブ諸国の主張に見られた。本書ではこれを「イマーム史観」と呼ぶ。オマーンにおけるイマーム制とは、イバード派の教義に基づいて選出されたイマームを頂点として、共同体の管理・運営を行う制度である。イバード派はハワーリジュ派の穏健派であり、その名は開祖に位置づけられるアブドゥッラー・ブン・イバードにちなんでいる。イバード派はウマイヤ朝末期のバスラで産声を上げ、その後中東各地に伝播したが、多くのイバード派共同体は消滅し、オマーンとその強い影響を受けた東アフリカ、および北アフリカで受け継がれた。イバード派の教義によれば、イバード派信徒は彼らの中から「イマーム」と呼ばれる支配者を選出し、イマームの下で信徒の共同体を運営することを理想とする。

イマームに選出される上で家系的制約は存在せず、適切な宗教知識を有する敬虔なイバード派信徒で、健康な成人した男性であれば、誰でもイマームの候補となり得る[36]。イマームは集団礼拝の主催の他にも、統帥権や徴税権も有していたが、一方で常備軍の保持は禁じられ、軍隊は有事に招集された。また、イマームがその地位に不適格な行為を行った場合には、選出と同様の手順を経てその地位を剥奪することが可能であった。

イマームの「選出」と「廃位」という特徴に注目し、イバード派イマームによる支配を民主的な政治制度であるとする議論も存在するが[37]、これは正しくない。そもそもイマームの選出や廃位に参加できたのは、一部の有力系譜集団の長（シャイフ）やウラマーであり、イマームの統治を受け入れる構成員の大半はその選出には関与できず、またこれは廃位に関しても同様であった。また、「イマーム史観」においてはイマームが継続的にオマーンを統治してきた歴史が展開されるが、これを支える根拠は存在しない。オマーンの歴史史料を参照すると、イバード派の教義が８世紀にオマーンに伝わり、750年にジュランダー・ブン・マスウードがオマーンで最初のイマームに選出された後[38]、数度の中断をはさみながら、イマームによる支配が行われたことが記されている。オマーンの歴史史料から確認されるイマームの支配期間は、750-752年、793-893年、10世紀から12世紀初頭、1406年から16世紀後半、1624年から1821年、1868年から71年、1913年から1957年である。1642年から1742年の間は、イマームがヤアルブ族から輩出されたため、ヤアーリバ朝と呼ばれる。1742年から1821年は前出のブー・サイード族のアフマドとサイードの父子のイマーム在職期間であり、1868年から1871年はアッザーン２世の統治期間である。1913年にサーリム・ブン・ラーシド（位1913-1920）がイマームに選出され、この時復活したイマームによる支配は、ムハンマド・ブン・アブドゥッラー、ガーリブ・ブン・アリー（位1954-57）へと受け継がれ、イギリスによる空爆まで内陸部を支配し続けた。このように、イマームの支配は断続的に行われてきたのであり、特に12世紀初頭から1624年までの５世紀の間は、イマームが不在であるかあるいはその支配が非常に弱かった時代と見なされている。

この5世紀間は、ナブハーン族と呼ばれる集団による統治が行われていたと考えられており、イマームが全く選出されなかった最初の4世紀弱は「前期ナブハーン時代」、イマームが断続的に選出されてナブハーン族とオマーンを分け合った残りの時代は「後期ナブハーン時代」と呼ばれることがある[39]。オマーンの歴史書の多くがこれらの時代を圧制者（jabbār/jabābira）の時代と位置づけて否定的に取り扱うこと、また特に「前期ナブハーン時代」について後世にほとんど何も伝えていないことを理由に、オマーンの歴史書がイバード派イマーム制の歴史を紡ぐことを第一の目的とするイデオロギー的傾向を有すると説明される場合があるが[40]、イマームこそがオマーンの正統な支配者であり、イマームではない支配者を圧制者とみなす「イマーム史観」が、オマーンで古くから流通しており、それゆえ英植民地官僚が生み出したマスカト史観に比べて現地の声を反映した歴史観であると判断することには、慎重でなければならない。なぜなら、仮にそのような歴史観に基づく歴史叙述が行われていたとしても、その歴史観がどれほどのオマーン人に受容され、どれほどのオマーン人が「イマーム史観」に基づいて自らの歴史を理解してきたのか、我々は全く明らかにすることができない。さらに、本書第4章で論じるように、オマーン人の手による歴史書においても、イマームではない人物を称揚する記述と、イマームの支配を正当化する記述が混在する。カーブースが君主となって国内開発を開始する1970年まで、オマーン国内にはマスカト周辺に小学校が3校しか存在せず、これ以外には小規模のコーラン学校が点々と存在するのみであった。むしろこのような状況においては、イバード派の教義を理解し、それに基づいて為政者を配列した歴史を受容し、それを国史として理解し、あるいは生産する行為は、一般の国民生活から隔絶された営みであったと考えられる。オマーン問題の解消後、新生オマーンの誕生直後に現地調査を行ったD.F. アイケルマンは、内陸部の年長者でさえ、為政者がイマームであるか否かについてほとんど関心を持っていなかったことを報告している。

3．分析方法

一部の研究では、植民地官僚が作り出した植民地表象を、現地の自己表象と対比させ、前者と後者のずれを、植民地官僚が現地を「誤解」し、または植民地統治に都合のよい現地イメージを産出するために恣意的な植民地表象を産出したと説明されることがある。しかしながらこのような手法は、植民地の自己表象が「正しさ」を保有することを前提としており、研究者自身が現地の「真正性」を生み出していることになる。しかしながら、植民地にされた側の自己表象に「真正性」を読み込み、それを近代世界に属する人間（植民地官僚はこちらに含まれる）が産出した資料と比較することで、後者による前者の「汚染」を嘆く行為は、既に批判の対象とされて久しい[41]。アジア・アフリカ諸国の歴史を読み解くとき、我々はそこにヨーロッパの植民地支配の残滓が存在すること、例えば旧植民地宗主国が描き出した植民地の歴史が、しばしば今日のアジア・アフリカ地域の歴史に混入してしまうために、純粋な歴史などないことを、よく理解している。我々はまた、（旧）植民地の自己表象に見られる一貫性のなさや粗雑さ、宗主国の文化を独自解釈して本来の主旨から逸脱しながらそれを受容している姿を、植民地にされた側が、旧植民地宗主国が生み出した植民地の歴史を都合よく利用して自己表象を生み出す行為（領有（appropriation）あるいは「ブリコラージュ」[42]）として解釈する手法も既に獲得している。これらの手法によれば、一貫性のなさや逸脱にこそ、宗主国の文化や価値観を受け入れざるを得なかった植民地の状況が映し出されていると解釈され、そこに植民地にされた側の抵抗の意思や主体性が読み込まれる。また、植民地の自己表象においても、それが一枚岩ではなく、複数の植民地側の表象から成立しており、テクストの統合性が喪失されるような構成となって現れている点がその痕跡として読み解かれる。このような手法には、「現地」に「真正性」を読み込み、現地の自己表象に特権性を付与するような政治性（ここにはアラブ人の自己表象を特権化しようとする研究者の政治性も当然含まれる）を浮かび上がらせ、また植民地／宗主国、あるいはヨーロッパ／オリエントという平板な二分法的解釈を回避する可能性がある。本書でも、このような手法を採用する。英植民地官僚のオマーン史表象については、それが混沌としたオマーン史表象から次第に整然としたマスカト史観に基づくオマーン史にまとめ上げられる過程を、英植民地官僚の残したテクスト群を対象に分析する。

4．本書の構成

本書の分析は、時代に沿って行われる。「マスカト史観」は18世紀末から英植民地官僚によって徐々に作り上げられたものであり、「イマーム史観」はオマーン問題に際してアラブ諸国やイマーム国によって作り出されたものである。このため、「マスカト史観」の形成過程の分析は、英東印会社、英領インド政府、英外務省といった英植民地官僚によるオマーン史表象の変化を追うことになる。同様に、「イマーム史観」の形成についても、オマーン問題におけるアラブ諸国やイマーム国オマーン史表象を分析することになる。

英植民地官僚によるオマーン史の産出は、大きく３つの時期に分けることができる。転換点は二つあり、一つは1856年のサイイド・サイードの死である。この事件をきっかけに、英領インド政府はマスカト・ザンジバル委員会を組織し、オマーンにおける支配者の正当性に関する理念の調査を開始した。この調査活動によって英植民地官僚は初めてオマーンで生み出されたアラビア語の歴史書を入手し、イマームの正当性を支えるイバード派の教義の存在を確認した。前出の*Imâms*は、マスカト・ザンジバル委員会の委員を務めたバジャーが、この歴史書を英訳し、出版したものである。もう一つの転換点は、1957年に発生した「オマーン問題」である。英植民地官僚はそれまでもオマーン史を産出し続けたが、*Imâms*などの出版物を除いて、その大半は一般に公開されることなく、組織内部で閲覧される情報として蓄積されていた。*Imâms*等は「元」英植民地官僚の出版物であり、イギリスの公式見解ではない。これに対して、オマーン問題はイギリスの公式見解としてオマーン史表象が提示され、それに対してアラブ諸国とイマーム国亡命政府による反論がなされたという点に特徴がある。「オマーン問題」はオマーンの歴史認識をめぐる公の争いであり、最終的に現在のオマーンの国史が確定するプロセスでもあった。

上記の時代区分を元に、本章に続く第2章では、第1期（18世紀末から1856年まで）の英東印会社によるオマーン史表象の分析を行う。そこでは、現地の歴史書を入手する前の英東印会社が、どのような情報源に依拠して、どのようなオマーン史を産出していたのか、分析が行われ、基本的に英東印会社の史料が分析対象となる。第3章では、第2期（1856年から1956年）を取り扱う。オマーンの歴史書を入手したバジャーが、その歴史書の英訳として *Imâms* を著したこと、*Imâms* の編集作業を通じてそれまで英植民地官僚が記述してきたオマーン史の書き換えを行ったこと、それだけではなく、彼が依拠した歴史書の内容そのものに改編を加えることで、イギリスの対湾岸政策を正当化して行くプロセスを明らかにする。また、バジャーの *Imâms* は「マスカト史観」のカノンとなったが、彼以降の英植民地官僚が作成した報告書を参照すると、必ずしも英領インド政府や外務省内部では、「マスカト史観」は完全には受け入れられていなかった様子が明らかになる。このように、第3章では英植民地官僚がオマーン史表象を転換させて行く過程が明らかになる。ここでは、主として *Imâms* のテクスト、および英領インド政府や英外務省の資料が分析対象となる。

第4章では、オマーンにおいて歴史史料が生み出される過程を明らかにする。オマーンの歴史史料には、オマーンにおける歴史産出の独自性と、また周辺のアラブ世界における歴史産出との共通性の両方を見いだすことができる。林によれば、アラブ・イスラーム圏の歴史叙述様式には、アッラーによる創世を歴史の出発点とし、そこから預言者ムハンマドや正統カリフ時代を経てイスラーム世界が発展して行く「イスラーム世界史」のフォーマットがあり、これとは別にイスラーム世界の地理的な拡大に伴って、11世紀頃には地方史の産出が活発化し、後にこの地方史が「イスラーム世界史」に接ぎ木されることで、アラブ・イスラーム世界における歴史叙述の共通性と多様性が生み出されるようになった[43]。オマーンの歴史史料にも、おおむねこのような傾向が存在する。ではオマーンにおける歴史史料の特殊性はどこにあるのか。従来のオマーン史研究が取り扱ってきた複数の主要な歴史書の間には、記述内容が酷似する部分が散見されることが知られているが、第4章ではこれをオマーンに特徴的な歴史の伝達様式に位置づける。その上で、先行する歴史史料の内容が、後続の歴史史料に受け継がれて行く中で、新たな歴史が生み出されて行く過程を明らかにする。第4章の分析を通じて、*Imâms* の原典となったアラビア語の歴史書が、それに先行する史料をどのように継承して生み出されたものか、またその英訳に際してバジャーがオマーンの歴史産出様式からいかに逸脱し、この歴史書の内容を改ざんしたのか、明らかとなる。

第5章では、第3期（1957年以降）となる「オマーン問題」におけるイギリスとアラブ諸国、イマーム国亡命政府によるオマーン史表象が分析対象となる。「オマーン問題」は、公的な場でイマーム史観とマスカト史観が衝突し、その「正しさ」を争った場であった。そこで展開されたオマーン史表象の分析を通じて、イギリスが各地に張り巡らされた情報網と分析能力を駆使してマスカト史観に基づいたオマーン史を産出して行く様子が明らかにされる。また、アラブ諸国が全くオマーンの史料に依拠せずにオマーン史を生み出して行くこと、イマーム国亡命政府が唯一オマーンの史料に依拠してオマーン史を生み出したような体裁を繕いながら、実際にはオマーンの歴史史料には全く依拠していなかったことが明らかにされる。最後に、本書の結びとして第6章を設けた。そこでは、補足として現在のオマーンにおいてどのような国史が産出されているのかを確認しながら、全体のまとめが行われる。

5．使用史料

英植民地官僚が作成したオマーン史表象については、バジャーやマイルズ、ロス、ロリマーに加え、彼ら以外の英領インド政府や、それに先立つ英東印会社の記録を使用する。これらの史料の中には再版されたものや、近年になって部分的に編集・出版されたものもある。現在刊行されている書籍の中で英植民地官僚の最も古い記録を取り扱うものの一つは、おそらくフォスターの *English Factories in India* であろう。同書は最も古いものでは1603年からの記録を扱う。本書では、特に17世紀における英東印会社のオマーンとの接触を調査するために参照した。また、英植民地官僚の行政文書選集シリーズの一つである、*Selections from the records of the Bombay Government, new series, vol.XXIV* は、元々は1856年に英東印会社のボンベイ政府によって出版されたもので、1818年から1853年の間のイギリス東インド会社の社員によって作成された報告書26編を収録している。同書は主に湾岸の地理情報と、湾岸の諸勢力の政治・歴史情報を主な内容としており、また *Imâms* や『地名辞典』などの著作に典拠として使用されているため、イギリス人のオマーンに対する理解が形成されてゆく過程を分析する上で、貴重な情報を提供する。同書は1985年に *Arabian Gulf Intelligence* のタイトルで再版された[44]。また、同様に湾岸史研究で広く用いられているものに、1903年から1908年にかけて英領インド政府によって出版された、J.A. サルダンハの編集による *The Persian Gulf Précis*（以下、*Précis*）がある。これは、1600年から20世紀初頭までのおよそ4世紀の間の英東印会社と英領インド政府の記録から、湾岸地域に関するものを任意に抽出し、編集した選集である。元来は全18巻のシリーズとして出版されたが、1986年に Archive Editions から8巻に再編されて出版された[45]。また、R.W. ベイリーの *Records of Oman 1867-1947*[46] は、英領インド政府やボンベイ政府、その管理下のマスカトのエージェンシー、あるいは英外務省が作成した書簡や報告書集であり、「歴史」や「領土」「外交」等のテーマに沿って選び出され、編集されている。書名には1867-1947とあるが、収録されている史料には1867年以前のものも含む。また、C.U. エイチソンによる *A Collection of Treaties, Engagements and Sanads relating to India and neighbouring countries* は英東印会社や英領インド政府が締結した条約集であり、その第11巻は湾岸地域の諸勢力との条約を扱う[47]。本書では、オマーンとイギリスの外交関係を分析するための資料として使用した。

これらの一般に出版されたもの以外にも、本研究で対象とする時代の英東印会社や英領インド政府の資料は、大英図書館のIndia Office Records（IOR）に保管されている。IORの記録の量は膨大であり、IORの発表によれば全7万巻の公文書と10万5千点の写本と地図で構成される[48]。さらに、本書では英領インド政府をひきついだ英外務省の資料（英公文書館に保管されている）も使用した。

オマーンに残されたアラビア語の史料は、一般に知られているよりも大量に存在している。1970年代に行われたG.R. スミスとJ.C. ウィルキンソンの調査[49]によれば、オマーンの国家遺産文化省には多くの写本が残されているとされるが、現在までにそれらは一般には公開されておらず、一部が校訂を付せられ、活字化されて同省から出版されているに過ぎない。オマーンの歴史史料の全体像を提示し、それらを研究に用いる手法を開示したのは、おそらくウィルキンソンの1976年の論文[50]が最初である。この論文はオマーンの歴史史料を書誌学的視点から考察する後続の研究者の多くが引用するもので、アラビア語にも翻訳されている[51]。このウィルキンソンのアラビア語版を参照しつつ、オマーンの歴史史料を分類し、主要な史料について書誌学的分析を行ったものにF. ウマルの論考[52]がある。類似のものにラワースによるオマーン歴史史料料解説[53]があるが、こちらは非常に簡便な内容でしかない。オマーンで発見されたものに、オマーン以外で発見あるいは出版されたオマーン史あるいはイバード派の史料を加えると、その種類は膨大になるが、近年発行されたM.H. カスタースによる３巻組のイバード派書誌目録[54]によって、我々はその史料の大海の広さを知ることができる。

これらの書誌的情報を利用して史料収集をおこなっても、本書の目的である歴史観の分析に使用できる史料は決して多くはない。歴史観の分析には通史的な視点が不可欠であるが、これを備えた歴史書は、これまでのオマーン史研究でも頻繁に用いられている、イブン・ルザイクによって1858年に編纂された『ブー・サイード族のサイイド達の伝記における明らかな勝利』（*al-Fatḥ al-mubīn fī sīra al-sāda al-Bū Saʻīdiyīn*、以下『勝利』）[55]であり、これは*Imâms*の原典となった歴史書である。また、サーリミーによる『オマーンの伝記における著名人の名作』（*Tuḥfa al-'a'yān bi sīra ahl 'Umān*、以下『名作』）[56]は、やはり近年の研究者に『勝利』と並んでよく参照される基本史料である。『勝利』と『名作』の他には、*Annals* の原本で1728年頃に著されたアズカウィー[57]の『悲嘆の開示　ウンマの事情集成』（*Kashf al-ghumma: al-jāmi' li-'akhbār al-'umma*、以下『悲嘆の開示』）[58]が挙げられる。ロスの *Annals* は『悲嘆の開示』に含まれるオマーンの歴史に関する記述に注目してその部分のみを英訳したが、この歴史書はイバード派の教義に関する情報も含んでおり、H. クラインはこの教義に注目して特に第33章のドイツ語訳を行っている[59]。これら以外にも多数のアラビア語史料を使用するが、それらについては本文中で適宜説明を行う。

●注

1　これまでの研究では、ブー・サイード族（al-Bu Sa'īdī）とブー・サイード家（Āl Bū Sa'īd）の二つの枠組みが特に区別されることなく用いられることが多かったが、正確には後者は前者の下位区分である。ブー・サイード家とは、今日のオマーンにおいて王位継承権を有する集団を指し、ブー・サイード族のトゥルキーの男系の子孫を指す。ブー・サイード家という集団枠組みが認識されるようになったのは、トゥルキーの子孫の間でマスカトの支配者の地位が父子相続されるようになった後のことと考えられるので、おそらく20世紀以降のことだと思われる。これに対して、ブー・サイード族という系譜集団はそれよりも古く、18世紀末から既にこの一族出身者がオマーンの各地を支配した。

2　アフマドが支配者の地位についた時期、すなわちブー・サイード朝の開始時期については、諸説がある。19世紀末のオマーンの歴史家であるイブン・ルザイクは、ヤアーリバ朝末期に発生した内乱でサイフ２世とスルターン・ブン・ムルシドがイマーム位をめぐって争い、両者没した段階でオマーンの有力者はアフマド一人となり、この内乱に乗じてオマーンに侵攻してきたペルシャ軍を1741/42年にアフマドが追い出してオマーンの支配者となったと記述している（Ibn Ruzayg, Ḥumayd b. Muḥammad, *al-Fatḥ al-mubīn fī sīra al-sāda al-Bū Sa'īdiyīn*, WTQTh, 1994, p.306.）。20世紀前半のサーリミーの歴史書には、サイフ２世とスルターン・ブン・ムルシドが没した後に、バルアラブ・ブン・ヒムヤルがイマームに選出されたと記されており、イブン・ルザイクはこの出来事を記述していない（al-Sālimī, 'Abd Allāh b. Ḥumayd. *Tuḥfa al-'a'yān bi sīra ahl 'Umān*, Maktaba Nūr al-dīn al-Sālimī, 2001, p.170）。同じくサーリミーには、ヒジュラ暦1167（西暦1753/4）年にアフマドがイマームに選出されたと記述されている（al-Sālimī, *op.cit.*, pp. 177-179）。

3　ブー・サイード朝では、主要な人物の中に３名のサイードが登場するので、ここで整理しておく。ブー・サイード朝第2代の支配者であり、イマームでもあったサイード・ブン・アフマドと、アフマドの孫でスルターンの息子のサイード・ブン・スルターン、現在のオマーンの君主であるカーブースの父のサイード・ブン・タイムールである。この3名は、それぞれが異なる称号を使用したため、本書ではその称号をそれぞれの名前に付すことで、3名を区別する。すなわち、サイード・ブン・アフマドはイマーム・サイード、サイード・ブン・スルターンはサイイド・サイード、サイード・ブン・タイムールはスルタン・サイードである。

4 イマーム・サイードのイマーム在位期間に関しては、1790年から1821年までの間で諸説ある（Wilkinson, J. C. *The Imamate tradition of Oman*, Cambridge University Press, 1987, p.352n5.）。

5 イスラーム史研究においては、イスラームにおいてはムスリムの行為に聖俗の区分を設けないため、「世俗君主」「世俗化」といった概念や用語をイスラーム圏の支配者に用いることは適切ではないと論じられる場合がある。しかしながら、オマーンのムスリムの多数派を占めるイバード派の教義によれば、イバード派の教義によって選出された支配者であるイマームが正しい支配者とみなされ、そうでない支配者は圧政者とみなされる。このようなイバード派の教義に基づく区分は、オマーンの支配者の地位を正当化する際に重要視されている。本書では、このようなオマーンの政治文化を考慮し、イバード派の教義に基づかない支配者を「世俗」の支配者として取り扱う。

6 アラビア語ではどちらも sulṭān で同じであるが、混乱を避けるために本書では称号として用いられる場合には「スルタン」、人名として用いられる場合は「スルターン」と表記する。

7 アフダル戦争の名称は、内戦の舞台となったオマーン内陸部のアフダル山脈に由来する。アフダル戦争は実質的に60年代前半には終息したが、反政府組織の一部はその後共産主義勢力と結びついてオマーン南部のドファール地域を舞台とした内戦（ドファール戦争）に流れていくことになる。ドファール戦争はカーブースの即位後の1971年頃に終息した。本書では、イマームの支配と世俗君主の支配をめぐる歴史叙述の変遷が研究の焦点となっているため、オマーンの内戦としてはアフダル戦争を扱い、ドファール戦争は扱わない。

8 Ministry of Information, *Oman in History*, Immel Publishing, 1995.

9 ibid. p.456.

10 ibid. p.485.

11 Zerubavel, Y. *Recovered Roots: collective memory and the making of Israeli national tradition*, the University of Chicago Press, 1995.

12 Gershoni, I. and J. Jankowski *Commemorating the nation: collective memory, public commemoration, and national identity in twentieth century Egypt*, Middle East Documentation Center, 2004.

13 Davis, E. "The Museum and the Politics of Social Control in Modern Iraq", in Gillis, J. R. (ed.) *Commemorations: the politics of national identity*, Princeton University Press, 1994.

14 桜井啓子『革命イランの教科書メディア　イスラームとナショナリズムの相剋』岩

波書店、1999年。

15 Podeh, E. *The Politics of National Celebration in the Arab Middle East*, Cambridge University Press, 2011.

16 Khalaf, S. "The nationalization of culture: Kuwait's invention of a pearl-diving heritage", Alsharekh, A. and R. Springborg eds. *Popular culture and political identity in the Arab Gulf States*, Saqi, 2008.

17 Holes, C. "Dialect and National Identity: the cultural politics of Self-Representation in Bahraini Musalsalāt", in Dresch, P. and J. Piscatori eds. *Monarchies and nations: globalization and identity in the Arab States of the Gulf*, I.B. Tauris, 2005.

18 Salamandra, C. "Cultural Construction, the Gulf and Arab London", in Dresh and Piscatori *ibid*.

19 「マスカト史観」においては、スルターンがマスカトを占領して以降は、スルターンがブー・サイード朝の君主に位置づけられ、ルスタークのイマーム・サイードの権威は名目的なものとして扱われる。このため、スルターン以降の君主の在位期間はマスカトを支配した期間と一致する。

20 サイイドとは、アラビア語で有力者や学識者、著名人に対して用いられる尊称である。場合によっては預言者ムハンマドの子孫に限定的に使用されることもある。オマーンにおけるサイイドの用法については、本章第3章の議論を参照。

21 Bhacker, M. R. *Trade and empire in Muscat and Zanzibar: roots of British domination*, Routledge, 1992, pp.74-76.

22 マリアテレサ・ドルは19-20世紀前半のアラビア半島で広く使われており、元来はオーストリアの銀貨を指すが、イギリスなどで鋳造された銀貨も同様に扱われた（Anthony, J. D. *Historical and cultural dictionary of the Sultanate of Oman and the Emirates of Eastern Arabia*, Scarecrow, 1976, p.61）。

23 Baharna, H. M. *The Legal Status of the Arabian Gulf States: a study of their treaty relations and their international problems*, 1968, Manchester University Press.

24 Onley, J. "The Raj reconsidered: British India's informal empire and spheres of influence in Asia and Africa", *Asian Affairs*, vol.XL, no.1, March 2009.

25 S. グリーンブラット著、荒木正純訳『驚異と占有　新世界の驚き』みすず書房、1994年。

26 エドワード・W・サイード著、板垣雄三、杉田英明監修、今沢紀子訳『オリエンタリズム』平凡社、1993年。

27 Hamilton, A., *An Arabian utopia: the Western discovery of Oman*, The Arcadian Library, 2010.

28 P.J. マーシャル、G. ウィリアムズ著、大久保加世子訳『野蛮の博物誌　18世紀イギリスがみた世界』平凡社、1989年、250-251頁。

29 Badger, G. P. *History of the Imâms and Seyyids of 'Omân*, Darf Publishers, 1986 (1871).

30 Lorimer, J. G. *Gazetteer of the Persian Gulf, Oman and Central Arabia*, Archive editions, 1986 (1908, 1915).

31 Wilson, T. *The Persian Gulf: an historical sketch from the earliest times to the beginning of the twentieth century*, George Allen & Unwin, 1959.

32 Kelly, J. B. "Introduction to the second edition" in Miles, S. B. *Countries and Tribes of the Persian Gulf*, Frank Cass, 1966(1919), pp.13-14.

33 Sirhan, Sirhan ibn Sa'id ibn, *Annals of Oman*, Oleander Press, 1985. この英訳の初出は 1874 年の *Journal of Asiatic Society of Bengal* である。これは後に 1984 年にロスのイバード派の教義に関する解説である Notes on the sect of Ibadhiyah of Oman (初出は彼の湾岸勤務時代に作成された定期報告書 *Administration Report of the Persian Gulf Political Residency and Muscat Political Agency 1880-1881* であり、これは現在 Archive Editions, *The Persian Gulf administration reports: 1873-1947*, Archive Editions, 1986 に収録されている)と、同じくロスの, "Outlines of history of 'Omán from A. D. 1728 to 1883"(初出は同じく *Administration Report of the Persian Gulf Political Residency and Muscat Political Agency1882-83* であり、上記 *The Persian Gulf administration report* に収録されている)、およびマイルズの "Notes on the tribes of 'Oman" (初出は同じく *Administration Report of the Persian Gulf Political Residency and Muscat Political Agency for 1880-81*)を合わせ、著者 Sirhan として *Annals of Oman* のタイトルで出版された。

34 湾岸史研究で今日多く用いられるようになっている India Office Records の資料は、1950 年頃まではほとんど未整理で利用可能な状況にはなく、それらが一般に用いられるようになったのは 1960 年代のことであった (Moir, M. *A general guide to the India Office Records*, The British Library, 1988, pp.xiii-xiv.)。本書第 4 章で論じるように、イギリス人 (あるいはヨーロッパ人)以外が著したオマーンのアラビア語の歴史書が存在したが、ケリーがこれらに注意を払っていないことは明白であり、実際に彼の著作や論文ではアラビア語の歴史史料は一遍も使用されていない。

35 この時代に出版されたオマーン史関連書籍については、本書第 5 章の注 61 を参照。それ以外にも、Qal'ajī, Qadrī *al-Khalīj al-'arabī*, Dār al-kutub al-'azamī, 1965 といった歴史書や、Kaḥḥāla, 'Umar Riḍā *Jighrāfīya shibh jazīra al-'arab*, Maktaba al-nahḍa al-ḥadītha, 1964 といった地理書にも、イマーム国に関する記述が見られる。また、本書第 5 章で取り扱う、オマーン問題に関連してアラブ諸国が作成したパンフレット類に加え、以下のアラビア語パンフレットや書籍でも、イマーム史観に基づいてオマーン史が記述されている。al-Ḥārithī, Ibrāhīm b. Ḥamad *'Umān al-thawra fī ṭarīq al-ḥurrīya*, Dār al-yaqẓa al-'arabīya li-l-ta'līf wa al-tarjama wa al-nashr, 1954; al-Khālidī, 'Abd al-Razzāq *Masqaṭ wa 'Umān: al-Sulṭana al-majhūla*, Maṭba' al-'arfān, 1957; idem. *Ṣayḥa fī Sabīl 'Umān*, al-Maṭba' al-ta'āwnīya bi Dimashq, 1958; Ibn Fayṣal, Fayṣal b. 'Alī *Sulṭān wa isti'mār*, Maṭābi' dār al-kitāb al-'arabī Miṣr, 1960; Maktab silsila al-buḥūth al-'arabīya *'Umān 'arḍ al-buṭūlāt wa maqbura al-ghuzā*, Maktab silsila al-buḥūth al-'arabīya, 1964, Maktab 'Imāma 'Umān fī Dimashq *Kifaḥ 'Umān bayna al-'ams wa al-yawm*, Maktab 'Imāma 'Umān,fī Dimashq, 1960; al-Zarqā, Muḥammad 'Alī *Qaḍīya 'Umān fī majāl al-duwalī*, Maktab 'Imāma 'Umān fī Dimashq, 1961; al-Shaytī, 'Abd Allah *'Umān fī Ma'raka al-ḥurrīya*, 1962; al-Dāwd,

Maḥmūd ʻAlī *Muḥāḍarāt ʻan al-taṭawwur al-siyāsī al-ḥadīth li-Qaḍīya ʻUmān*, Maʻhad al-Dirāsāt al- ʻarabīya al-ʻālīya, Jāmiʻa al-duwal al-ʻarabīya, 1964; Muṣṭafā, ʻAwnī *Sulṭana al-ẓalām fī Masqaṭ wa ʻUmān*, Manshūrāt dār al-ādāb, 1964; ʻUbayd, Faḍīl *ʻUmān wa al-Khalīj al- ʻarabī*, 1968?; Maktab 'Imāma ʻUmān fī Dimashq *18 Tammūz: Yawm ʻUmān*, Maktab ' Imāma ʻUmān fī Dimashq, n.d.

36 Wilkison, J. C. “The Ibāḍī Imāma”, *Bulletin of the school of oriental and African studies*, vol.39 (3), 1976; Lewicki in *E. I.* (new edition).

37 Gubash, H. (Turton, M. tr.) *Oman: the Islamic democratic tradition*, Routledge, 2006.

38 イバード派の初期の歴史については、Lewiki, T. “The Ibádites in Arabia and Africa I. the Ibádi community at Basra and the origins of the Ibádite states in Arabia and North Africa, seventh to ninth centuries”, *Cahiers d'histoire mondiale*, UNESCO, 1971. を参照。

39 時代の名称は歴史家や研究者によって様々である。ナブハーン時代の前期については特に名称を設けず単に「ナブハーン族の諸王 mulūk al-Nabāhina」の時代と呼ばれることもある（Al-Salimi, A. “Different succession chronologies of the Nabhani dynasty in Oman”, *Proceedings of the Seminar for Arabian Studies*, 32, 2002; al-Naboodah, H. M. “Banu Nabhan in the Omani Sources”, *New Arabian Studies*, vol.4, 1997.）。

40 al-Naboodah, *op.cit.*, pp.181-183.

41 クリフォード、クロード著著、太田好信他訳『文化の窮状　20世紀の民族誌、文学、芸術』人文書院、2003年。

42 レヴィ・ストロース、クロード著、大橋保夫訳『野生の思考』、みすず書房、1976年。

43 林佳世子「イスラーム史研究と歴史史料」林佳世子、桝屋友子編『記録と表象　史料が語るイスラーム世界』東京大学出版会、2005年。

44 Thomas, H. (ed.) *Arabian gulf intelligence: selections from the records of the Bombay Government, new series, no.XXIV, 1856, concerning Arabia, Bahrain, Kuwait, Muscat and Oman, Qatar, United Arab Emirates and the islands of the gulf*, The Oleander Press, 1985.

45 Saldanha, J. A. *The Persian Gulf Précis*, Archive Editions, 1986.

46 Bailey, R. W. *Records of Oman 1867-1947*, Archive Editions, 1988. *Records of Oman* の史料収集・編集方針については、idem. “Records of Oman 1867-1947: why, how and wherefore?”, *Asian affairs*, vol.21 (2), 1990. を参照。

47 エイチソンには多くの版があるが、本書では以下のものを使用する。Aitchison, C. U. *A Collection of Treaties, Engagements relating to Arabia and the Persian gulf*, Archive Editions, 1987 (1933).

48 IORの設立経緯や保存資料については、比較的最近のものとしてはM．モイル（Moir, *op. cit.*）があり、湾岸に関する史料については、P．トゥソンの目録がもっとも詳しい（Tuson, P. *The records of the British Residency and Agencies in the Persian Gulf*, India Office Library and Records, 1979.）。

49 Smith, G. R. “The Omani manuscript collection at Muscat part I: a general descrip-

tion of the MSS", *Arabian Studies*, vol.4, 1978; Wilkinson, J. C. "Omani manuscript collection at Muscat part II: early ibadi fiqh works", *Arabian Studies*, vol.6, 1975.

50 Wilkinson, J. C. "Bio-bibliographical background to the crisis period in the Ibadi Imamate of Oman (end of 9 th to end of 14th century)", *Arabian Studies*, III, 1976.

51 Wilkinson, J. C. *'Ulamā 'Umān, ḍimn 'Umān ta'rīkhan wa 'ulamā'*, mutarjam, Silsila turāth-nā, 'adad 10, WTQTh, 1990.

52 'Umar, Fārūq. *Muqaddima fī dirāsāt maṣādir al-ta'rīkh al-'umānī* ((*al-khalīj al-'arabī*)), 1979. なお、本書は以下の形式で改訂されているが、内容はほとんど変わらない。Fawzī, Fārūq 'Umar. *Muqaddima fī al-masādir al-ta'rīkhīya al-'umānīya*, Markaz Zayd li-l-turāth wa al-ta'rīkh, 2004.

53 al-Rawas, Isām b. 'Alī, *Naẓara 'alā al-masādir at-ta'rīkhīya al-'umānīya*, WTQTh, 1993.

54 Custers, M. H. *Al-Ibadiyya: a bibliography*, Maastricht, 2006. なお、本書は第1巻が東アラブで、第2巻がエジプトを含む北アフリカで出版されたものを取り扱い、3巻が二次文献を取り扱う。カスタースはこの書誌目録の補遺にあたる *Ibadi publishing activities in the East and the West c.1880-1960s: an attempt to an inventory, with references to related recent publications*, Maastricht, 2006. も著しており、こちらも有益である。

55 本書では、以下の版を使用する。Ibn Ruzayg, Ḥumayd b. Muḥammad, *al-Fatḥ al-mubīn fī sīra al-sāda al-Bū Sa'īdiyīn*, WTQTh, 1994. また、必要に応じてこの版が依拠した写本(ケンブリッジ大学所蔵写本、Add. 2892)を参照する。

56 本書では、以下の版を使用する。al-Sālimī, 'Abd Allāh b. Ḥumayd. *Tuḥfa al-'a'yān bi sīra ahl 'Umān*, Maktaba Nūr al-dīn al-Sālimī, 2001.

57 『悲嘆の開示』の著者をアズカウィーだとする説は、ロスがオマーンの著名人から得た情報として、*Annals* を著した際に初めて提唱したものである(*Annals*, p.1.)。しかしながら既発見の写本に著者名がないため、これまで『悲嘆の開示』は、著者不明として扱われてきた(例えば、al-Rawas, *op. cit.*, pp.22-23.)。しかし、『悲嘆の開示』の最新の校訂本を出版したナーブーダは、カイロで発見された新写本と、オマーンのサイイド・ムハンマド・ブン・アフマド図書館所蔵の写本の両方に、著者名としてアズカウィーの名が記されていることを確認している(al- Nābūda, Ḥasan Muḥammad 'Abd Allāh, "al-Muqaddima", in al-'Azkawī, Sirhān b. Sa'īd, *Kashf al-ghumma: al-jāmi' li'-akhbār al-umma*, Dar al-Bārūdī, 2006, pp.15-16, 30-31.)。このような最新の見解を踏まえ、本書では『悲嘆の開示』の著者をアズカウィーとして取り扱う。また、アズカウィー(al-'Azkawī)はイズカウィー(al-'Izkawī)と記されることもあるが、本書ではナーブーダに倣ってアズカウィーと記す。

58 本書では、以下の版を使用する。al-Azkawī, Sirhān b. Sa'īd. *Kashf al-ghumma: al-jāmi' li-'akhbār al-umma*, Dar al-Bārūdī, 2006.

59 Klein, H. *Kapitel XXXIII der anonymen arabischen Chronik Kasf al-gumma al-gami li-ahbar al-umma betitelt ahbar ahl Oman min auwal islamihim ila htilaf kalimatihim* (*Geschichite der Laute von Oman von ihrer Annahme des Islam bis zu*

ihrem Dissensus) auf Grund der Berliner Handschrift unter Heranziehung verwandter Werke herausgegeben. Hamburg 1938.

第2章
「マスカトのイマーム」はどこにいるのか

はじめに

本章では、英植民地官僚のオマーン史表象の第1期、すなわち18世紀末から1856年までの、彼らのオマーン史産出様式、そこで生み出されたオマーン史の内容について分析を行う。この時期の英植民地官僚によるオマーン史の特徴は、彼らが使用した「マスカトのイマーム（Imam of Muscat）」という称号に集約される（表2-1）。この称号には、英植民地官僚がマスカトの支配者をオマーンの支配者であり、またオマーンの支配者をイマームであると、二つの要素を結びつけて理解していたことが表れている。ただし、英植民地官僚が「マスカトのイマーム」と呼んだ人物―スルターンとサイイド・サイード―が、オマーンの歴史書ではイマームとは記されていないことを考慮すれば、この称号が少なくともオマーンの歴史書を参照して使用されたものではないことは明らかである。しかしながら、当時の湾岸地域で、オマーンの歴史書やイバード派の教義に照らしてイマームであるかどうかに関わらず、マスカトの支配者をイマームと呼ぶ習慣があったと仮定すると、これを単純な誤用と見なすことはできない。この問題を明らかにするためには、現地で使用されていたマスカトの支配者に対する呼称を調査する必要があり、また当時の英東印会社が有していたイマームの称号に関する知識を明らかにしなければならない。

本章ではまず、湾岸地域における英東印会社の活動の概略を確認し、初めてイギリス人がマスカトに常駐するようになる1798年の条約締結時までに、

表2-1　イギリスとの条約に見るマスカトの支配者の称号（1798-1864年）

年	条約の内容	条約中で用いられた称号	条約締結相手
1798	マスカトからフランス人を排除	Imam of Muscat	スルターン
1800	マスカトにレジデンシーを設置	Imam of the state of Oman	〃
1822	奴隷貿易の制限	Imam of Muscat	サイイド・サイード
1839	通商条約	Sultan Seid Saeed bin Sultan, Imam of Muscat	〃
1845	奴隷貿易の禁止	Syud Saeed bin Sultan, Sultan of Muscat	〃
1846	関税の変更	The Imam of Muscat	〃
1848	奴隷貿易のより効率的な禁止	Seid Saeed bin Sultan, Imaum of Muscat	〃
1854	クリア・モリア島の対英貸与	The Imam of Muscat	〃
1864	電信ケーブルの敷設	His Highness Syed Thoweynee bin Saeed bin Sultan, the Sultan of Muscat	スワイニー

出所：*Treaties*, pp. 287-306 を元に、筆者作成。

英東印会社が有していたマスカトに関する情報を確認する。次に、条約締結後の東印会社が、「マスカトのイマーム」の称号をどのような意図で用いていたのか、また彼らが有していたオマーン史に関する情報を精査し、彼らがどのような情報源に基づいてオマーン史を生み出していたのか分析を行う。

1．湾岸地域における英東印会社の活動と「マスカトのイマーム」

1 湾岸における英東印会社の活動

英東印会社は1616年にペルシャ沿岸のジャスクにファクトリー factory[1] を設置し、ペルシャ湾での活動を開始した。1622年にはバンダレ・アッバースにもファクトリーが設置され、その後長い間バンダレ・アッバースがイギリス東インド会社の湾岸での拠点として機能した。しかし1747年にナーディル・シャーの死に伴ってペルシャ南部の治安が悪化し、さらに7年戦争によって1759年にフランスの攻撃を受け、バンダレ・アッバースの機能は崩壊した。バンダレ・アッバースの機能はバスラに移されたが、その後1763年にブーシェフルにファクトリーが設置されると、ブーシェフルがイギリスの湾岸での活動の拠点となった。18世紀半ば以降の湾岸におけるイギリス東インド会社の貿易活動は概して低調であり、英東印会社がマスカトの支配者と条約を締結するまでに、湾岸における会社の拠点はバスラとブーシェフルの2拠点に縮小された。18世紀末には、イギリス東インド会社は湾岸地域からの撤退を検討した程であった。このように、1800年にマスカトにレジデンシーが設置される以前は、湾岸地域のアラビア半島側におけるイギリスの情報収集網は脆弱であった[2]。B. マーシャルによれば、最初にヨーロッパ人がオマーンを踏破したのは1792年のことであったという。同年にマドラスからボンベイ（現ムンバイ）に向かっていたサウンダースは、悪天候のためにドファールの海岸部に漂着し、そこから52日間かけてマスカトに到達した[3]。このような偶発的な事件を除いて、18世紀を通じてイギリス人がオマーンの情報を現地で収集することはほとんどなかった。

この状況を変化させたのは、1798年のフランス軍のエジプト侵攻であった。英東印会社とイギリス本国のインド庁[4]は、かねてからフランスがエジプトに侵攻した場合、イギリス本国とインドを結ぶ連絡路である湾岸地域がフランスの脅威にさらされると考えていた[5]。このため、1798年8月にフランス軍がエジプトに上陸したという知らせがボンベイ政府に届くと、翌9月にはボンベイからマスカトに使節が派遣され、同年10月12日に当時のマスカトの支配者であるサイイド・スルターンとの間に条約が締結された。これにより、イギリスとマスカトの支配者の友好関係と、マスカトからフランスを締め出すという合意がイギリス・オマーン両国の間で形成された[6]。さらにその2年後の1800年には、再度英東印会社とサイイド・スルターンの間で条約が締結され、英東印会社の社員がマスカトに常駐することが認められた[7]。この条約を受け、同年にはマスカトにレジデンシーが設置され、これによってイギリスがオマーンで情報収集を行うことが初めて可能となった。

2 マスカトの支配者に対して現地で使用されていた呼称

当時の外国人旅行者の記録を参照すると、彼らがイマームではないマスカトの支配者に対して、「マスカトのイマーム」の称号を用いていた事例が多く見られる。例えば、1816年にマスカトを訪問してサイイド・サイードと面会したJ.S.バッキンガムは、彼を「イマーム」と呼んだ[8]。またG.ケッペルは1824年に、J.H.ストックウィーラーは1832年にマスカトでサイイド・サイードと面会しており、両者とも彼を「イマーム」と呼んだ[9]。ここには、オマーンの支配者の称号が「イマーム」であり、そしてマスカトの支配者がオマーンの支配者である、という外国人の認識が現れていると見なすことができる。17世紀後半からブー・サイード朝に先立つヤアーリバ朝の支配者が湾岸地域で活発な征服活動を行っており[10]、その支配者がイマームであったため、外国人の間でオマーンの支配者の肩書きとして「イマーム」が定着していたためであろう。上記の事例から、英東印会社は当時の湾岸地域の慣例に従って「マスカトのイマーム」の称号を使用したとも考えられる。彼らが現地の慣例に従っていたのだとすれば、「マスカトのイマーム」という用法は、全くの誤用であるとはいえない。

しかしながら、「マスカトのイマーム」という称号が誤用であるという見解もまた、外国人の記録に存在している。この種の情報で最も古いものはV.マウリツィの記録であろう[11]。1809年から1814年までマスカトに滞在し、サイイド・サイードと親交を持ったイタリア人医師のマウリツィは、マスカトの支配者の称号について、「イマームという呼称は、サイイド・サイードの祖父の時代から、彼ら〔現地の人々〕によって決して使われることはない」[12]と記している。また、1834年にオマーンの内陸部を踏破したJ.R.ウェルステッドは、「オマーンの現在の君主は、アラブ人からはイマームとは呼ばれない」[13]と記している。また、ほぼ同時期の1835年10月にマスカトを訪問したW.ルシェンバーガーは、「マスカトの君主は一般に誤ってイマームの称号で呼ばれるが、これはイスラームの司祭に対して用いられる称号で、これが指導者に対して用いられる場合には、主権を有する司教を意味するようになる」[14]と記し、イバード派の教義に近い説明を行い、マスカトの支配者が実際にはイマームではないことを指摘している。これらの情報は、たとえマスカトに短期間滞在するだけの旅行者であろうとも、「マスカトのイマーム」の呼称が誤りであると判断しうるだけの情報を収集可能であることを示している。

では、なぜ正式な外交関係を締結し、マスカトにレジデンシーを設置し、そこにイギリス人を常駐させて情報収集に当たらせてもなお、英東印会社はマスカトの支配者をイマームと呼び続けたのだろうか。マウリツィやウェルステッドといった旅行者よりも、英植民地官僚の情報収集能力は低く、それゆえに彼らは「マスカトのイマーム」の呼称を用いたのであろうか。それとも、マスカトの支配者をイマームではないと知りながら、何らかの理由があり、オマーンの支配者の称号として「イマーム」を用いることで、マスカトの支配者をオマーンの支配者として扱ったのだろうか。そもそも、英東印会社は「イマーム」をどのような存在として理解していたのであろうか。

3 1798年以前：イマームは内陸部に居住している

1646年2月にヤアーリバ朝と条約を締結したのが、英東印会社がオマーンと接触した最初のできごとであった。当時マスカトはポルトガルの支配下にあった。ポルトガルは湾岸地域に最初に進出したヨーロッパ勢力であり、湾岸地域の重要拠点を支配下に置き、この地域の海上交通を管理した。1622年にペルシャ軍の攻撃でバハレーンを失い、1643年にはヤアーリバ朝にスハールを奪われるなど、徐々にその支配を弱めていたものの、この時期にはポルトガルはまだ強力であった。イギリスはポルトガルに対して優位に立つために、現地勢力との協力関係を構築する目的でこの条約を締結したのであり、ヤアーリバ朝のイマームであったナースィル・ブン・ムルシドもまたポルトガルを弱体化させる目的で、英東印会社をスハールでの貿易活動に誘致したのであった[15]。この条約は英東印会社の史料には、条約締結担当者の名前にちなんでWylde Treatyとしてあらわれる[16]。1659年には、英東印会社のレインスフォード大佐がマスカトに赴き、新たな条約の草案を作り上げていた。この草案では、英東印会社がマスカトに要塞を所有し、そこに100名の兵を配置する権利や、イギリス人が居住地としてマスカトの土地の一部を得ること、またイギリスの関税自主権が盛り込まれていたが、最終的に条約は締結されなかった[17]。

Wylde Treaty の文面には、条約の締結相手として「スハールの人々（the people of Sohar）と記されており[18]、「イマーム」の称号は使用されていない。この条約の締結を報告するために1646年2月にウィルドが作成した書簡には、「王 King の港の一つであり、王の住居である Emaun の近くにあるバンダル・スィーブに次のモンスーンで船を送る」という記述が見られる[19]。この Emaun が「イマーム」の転訛したものであると推測すると、ウィルドは「イマーム」をオマーンの統治者（ウィルドの言う「王」）の称号ではなく、その居住地の名称として理解していたと考えられる。あるいは、Emaun が Oman の転訛したものであると考えると、ウィルドの書簡は「王がオマーンに居住していた」ことを意味するが、この場合でもやはり「イマーム」の称号が使用されていなかったと考えられる。Wylde Treaty 締結時のヤアーリバ朝の統治者はイマームであったが、ヤアーリバ朝は1643年にポルトガルからスハールを奪取したばかりであり、まだ「イマーム」の称号が湾岸地域で広まるほどには、その活動は活発ではなかったと考えられる。また、ヤアーリバ朝がポルトガルからマスカトを奪取したのは1650年の1月ことであったため[20]、Wylde Treaty 締結時には「マスカトのイマーム」という肩書きも存在しえない。この出来事の後、英東印会社と湾岸のアラビア半島側の現地勢力との接触は長い空白期間を迎えることになる。

18世紀になると、ポルトガルは湾岸から姿を消し、イギリスの競争相手はフランスに変わっていた。この頃になると、湾岸地域に滞在した英東印会社社員が残した情報に、次第にオマーンの内政に関する情報が散見されるようになる。1721年後半にマスカトを訪問した英東印会社のA.ハミルトンは、オマーンの首都がマスカトではなく、内陸部のニズワーもしくはルスタークにあること、イマームは内陸部に居住していることを報告している[21]。これは、当時の英東印会社社員がマスカトの支配者がイマームではないと理解していたことを示す有力な手掛かりである。1780年代になるとインド洋におけるフランスの拠点の一つであるモーリシャスからマスカトに頻繁に船舶が派遣されるようになり、イギリスはその行動を注視するようになった。1785年9月12日にブーシェフルのレジデントが作成した書簡には、フランスの船舶がマスカトを訪問し、そこにフランスの商館を設置しようとしているという動向が報告され、次のように記されている。

> 三隻の大型船の中の最大の船舶の司令官は、〔マスカトの〕支配者 Governor であるシャイフ・ハルファーンに対して、マスカトに家を建設するために派遣されたことを告げた。〔略〕シャイフ・ハルファーンは彼に返答した。自分はここ〔マスカト〕の貿易の全権を持っているが、いかなるヨーロッパ人にもそこに定住することを認めるな、というイマームの命令を受けているため、あなたの要望に応えることはできない、と[22]。

この書簡には、マスカトの支配者として「シャイフ・ハルファーン」という人物が登場する。シャイフとは、アラビア語で族長や長老を意味し、年長者や有力者に対して用いられる尊称である。では、ハルファーンとは誰か。『勝利』には、ブー・サイード朝の創始者であるアフマドが、イマームに選出される前にヤアーリバ朝の太守としてスハールでペルシャ軍と対峙していた頃の出来事として、ハルファーン・ブン・ムハンマドを港町のバルカーの知事に任命し、ペルシャ軍の侵攻によって麻痺したマスカトに代わって、バルカーに対インド貿易機能を持たせるための整備を行わせたことが記されている[23]。アフマドがオマーンからペルシャ軍を追い出し、イマームに選出された後には、彼はハルファーンをマスカトの知事に任命し、徴税の任に当たらせた[24]。イマーム・サイードがアフマドを継いだ頃には、ハルファーンの息子のムハンマド・ブン・ハルファーンがマスカトを管理した[25]。さらにサイードの息子のハマドがマスカトを管理するようになると、ハマドはムハンマドの兄弟のスライマーン・ブン・ハルファーンを同職に任命した[26]。このように、ハルファーンとは、18 世紀に代々マスカトの管理を任されていた一族の名前としてオマーンの歴史史料に現れており、英東印会社の史料に見られるハルファーンは、おそらくこの人物のいずれかを指すと思われる。すなわち、上記の報告書を作成したブーシェフルのレジデントは、マスカトを管理しているのはイマームではなくハルファーンであり、この人物がイマームの臣下であると理解していた。

この報告書が作成された2年後の1787年にマスカトを訪れた英東印会社社員のW. フランクリンは、当時のマスカトの様子を以下のように伝えている。

> 〔マスカトは〕イマームという独立した君主によって支配されており、そこはオマーンの首都である。〔略〕イマームは内陸に2日の行程の場所に居住しており、そこで華麗に生活している。彼のワキールのシャイフ・ハルファーンは我々を非常に丁寧にもてなした[27]。

ワキール（wakīl）とは代理人を指すアラビア語で､前出のイマーム･サイードやその息子のハマドの代理としてハルファーンがマスカトを管理していたことを指すと考えられる。フランクリンが「ワキール」のアラビア語の意味を理解していたかどうかは不明であるが、少なくともイマームではない人物がマスカトを管理しており、イマームはマスカトには居住していないと理解していたことは明らかである。

フランクリンの報告書から3年後の1790年にバスラのレジデントであったS. マネスティーとH. ジョーンズが作成した報告書には、以下のように記されている。

> この場所〔マスカト〕はワキールという肩書きの人物が管理しており、この人物はマスカトのイマームによって任命される。マスカトのイマームはルスタークと呼ばれる内陸の町に居住し、それはマスカトから90マイルの距離にある。多くのアラブの統治、とりわけマスカトのそれは立派なものである。それは厳格ではあるが、公正な厳格さといったものである。そこに定住している商人やその港に頻繁に訪れる外国人の商人達は、現在のワキールによって非常に大切にされている。そのワキールの名前はシャイフ・ハルファーンと言い、常に人々と触れ合い、人々か

らの請願に親身になり、公正に尽くそうと努めている[28]。

この引用から、やはりマネスティー等もイマームはマスカトではなくルスタークに居住しており、マスカトを管理しているのはイマームの臣下のハルファーンであると理解していたことがうかがえる。このように、条約締結以前には、英東印会社はイマームがオマーンの内陸部に居住し、マスカトの支配者はイマームではないと理解していたのであった。しかしながら、このような理解は条約締結後には全く別のものに変わった。

4 条約締結以降：「マスカトのイマーム」の定着

1798年の条約には、「イマーム、すなわち統括者であるサイイド・スルターンの承認の下（under the approbation of the Imam, the Director, Syud Sultan）」に締結されたと明記されている[29]。英東印会社は、この条約がオマーンとの間に締結されたものであること、その支配者の肩書きがイマームであること、イマームとは具体的にはマスカトを支配していたスルターン・ブン・アフマドを指すと認識していたことが分かる。同様に、1800年の条約もサイイド・スルターンと締結され、彼が「オマーン国のイマーム the Imam of the Sate of Oman」であることが明記された[30]。この条約を締結したJ. マルコルム大佐が同年に作成した報告書には、「オマーンの首都はマスカトであり、そこにはイマームが居住している」と記されている[31]。これは当時の、そしてカニング裁定までの、英植民地官僚のオマーンの支配者に関する典型的な説明である。では、この当時英東印会社はイマームをどのように捉えていたのだろうか。

1804年にサイイド・スルターンが死亡し、マスカトの支配者がバドル・ブン・サイフに移り変わった時、ボンベイ政府は当時のマスカトの混乱した状況について、インド総督に指示を仰いだ。この時インド総督のR. ウェルズリーは、ボンベイ知事のJ. ダンカンに対して次のような指示を出した。

私は、この出来事〔サイイド・スルターン死後のマスカトの混乱〕に関して、マスカトにおけるイギリス政府の利益の維持とペルシャ湾における貿易の安全に鑑み、貴官への指示を早急に発出する必要があると考える。〔略〕英政府が、正義に基いて主張を行う候補者達〔サイイド・サイードとサーリム〕に対して支援を行うことは、それを提供することがマスカトとの敵対関係に巻き込まれない限りにおいて、正当化される。〔略〕万一、サイイド・スルターンの兄弟達〔イマーム・サイードとカイス・ブン・アフマド〕の重要性が、その甥達〔サイイド・サイードやサーリム〕よりも勝ることになろうとも、それでもイギリスとマスカトを支配する勢力の間に、以前の政府とともに存在した友好関係を維持することが、会社の希望である[32]。

サイイド・スルターン没後のマスカトは、その支配をめぐってブー・サイード族の間で緊張が高まっていた。サイイド・スルターンの息子であるサイードとサーリムは、マスカトを支配するにはまだ幼く、一方でルスタークのイマーム・サイードやスハールを支配するカイスなど、サイイド・スルターンの兄弟達もマスカトを狙っていた。サイイド・スルターンの姉（妹）であるモザは、サイードとサーリムを守るため、かつてアフマドに敵対して敗北し、オマーンを追放されていた甥のバドルをマスカトに招き、マスカトの守りとした。英東印会社は父子相続によってマスカトの支配者の地位が継承されることを適切だと理解していたようで、これは「正義に基づく主張」という表現に現れている。しかしながら、そのような正当性よりも、そこでイギリスの権益を確保することに重要性を見いだしていた。このように、当時の英東印会社は、マスカトの支配者となり得る個々の人物が、現地で正当性を獲得しているか否か、ほとんど関心を示していない。イマームであろうがなかろうが、英東印会社は誰がマスカトの支配者になっても、その人物との友好関係を維持することを求めていた。

実際のところ、当時の英東印会社は、イマームがルスタークに居住しており、マスカトの支配者がイマームではないことを知っていた。このことを示す証拠は、1805年2月にマスカトのネイティブ・ブローカー[33]が作成した、

図２－１　英東印会社が理解した1805年当時のブー・サイード家

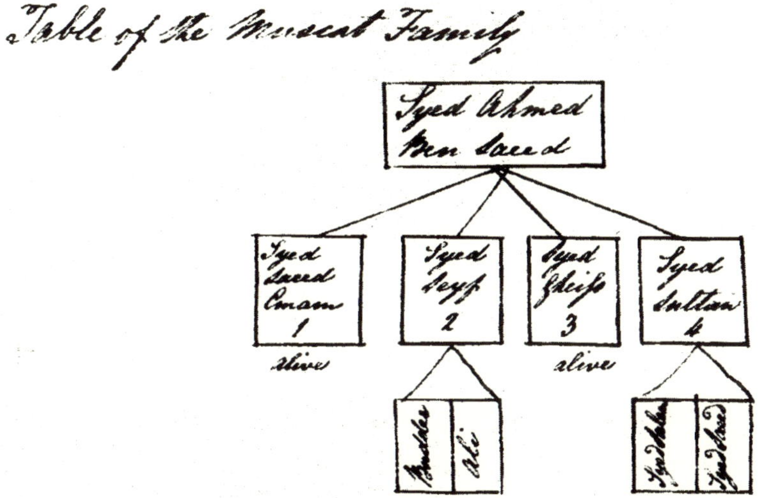

「マスカト一族の家系図 Table of the Muscat Family」のタイトルと共に、Syed Ahmed Ben Saeed（アフマド・ブン・サイード）とその子孫が記されている。アフマドの息子として一番左に書かれている人物 Syed Saeed Emam 1 は、明らかにサイード・ブン・アフマドを指しており、Emaum（イマーム）、alive（存命中）と記されている。

出所：IOR/P/382/3 Bombay Castle 9th February 1805, To His Excellency the most noble Marquis Wellesley from Jonathan Duncan, 2nd February 1805.（部分）

当時のマスカトの状況に関する報告書の記述に現れている。ボンベイ政府に送付されたこの報告書には、スルターン・ブン・アフマドの親族を説明するための家系図が示され（図2–1）、それと共にスルターンの主要な親族の説明がなされており、イマーム・サイードがイマームとしてルスタークで存命中であることが明確に記されている[34]。このような情報が英東印会社の中でどの程度共有されていていたのかは定かではないが、少なくとも会社の上層部は、マスカトの支配者がイマームではないことを良く理解していた。1809年に英東印会社が初めて大規模な「海賊討伐」を実施した際[35]、ボンベイ政府の事務次官であったF. ワーデンは、「海賊討伐」艦隊司令官のJ. ウェインライト大佐に対して、以下のような通達を出した。その中に、マスカトの支配者に対する当時のボンベイ政府の認識を窺わせる重要な記述が見られる。

> オマーンはアラビア半島の南東を包括し、南はラース・アルハッドから北東にはズバーラ[36]の領域まで広がり、①二つの公国 principalities に分割されている。②一方の首都はルスタークであり、もう一方はスィールもしくはジュルファールである[37]。③前者の主要港はマスカトであり、後者はラース・アルハイマである。ルスタークがオマーンの前者の公国の古都であるが、この公国はヨーロッパ人にはマスカトの領土 the territory of Muscat という名で知られている。その内陸部の状況がマスカトの成り行きに比べてこの領土にほとんど影響を与えないため、会社のやり取りは常に④マスカトの首長 Chieftain との間で執り行われてきた。⑤あたかもマスカトの首長が全領土を支配しているかの様であるが、しかしながら厳密にはマスカトの首長はルスタークを居城とする本物のイマーム the real Imaum に服従する。しかし、⑥これまでの全てのイギリスの条約や協定はマスカト港を所有する一族のメンバーと取り決められてきた〔略〕。その上、その人物は⑦アフリカの沿岸部ではザンジバルを所有し、ホルムズやガンブルーン、キシュム島の一部もしくは全部、そしてその他のペルシャの海岸部に領土を所有している。〔略〕このため、⑧貴官の全ての交渉はマスカトの支配者と行なわれなければならない[38]。〔下線と数字は筆者による〕

1809年時点において、英東印会社はオマーンに２つの国が存在し（下線部①)、一方がイギリスの同盟相手であるマスカトであり、もう一方がイギリスの敵対する「海賊」であると認識していた。その上で、彼らが「マスカトのイマーム」と呼ぶ人物の領土の首都がルスタークであり（②)、マスカトをその主要港（③）と理解していた。また、マスカトの支配者――この人物は具体的には、サイイド・サイードである――を単なる首長 Chieftain（④）と呼び、一方でルスタークのイマーム（すなわち、イマーム·サイード）を「本物のイマーム」と認識していた（⑤）。ところが、英東印会社はこれまでの英—マスカト間の外交関係を踏襲することを優先し（下線部⑥）、インド洋各地でのマスカトの支配者の権勢を理由に（⑦）、英東印会社は今後もマスカトの支配者をオマーンの支配者と見なすことを決定したのであった（⑧）。

上記のワーデンの通達の記述から判断すると、当時の英東印会社は、少なくとも「イマーム」をオマーンで最高位の権力者であり、正当な支配者であると見なしていたことは疑いない。では、ワーデンはイマームがイバード派の信徒の中から選出されることでその地位に就くという、イバード派の教義を知っていたのであろうか。あるいは、単にオマーンで用いられている支配者の称号と理解し、それをイギリスの外交政策にあわせて恣意的に用いたのであろうか。

2．シートンの情報

1 マスカトのレジデンシー

この頃のオマーンの情報は、主としてマスカトに勤務したレジデントからもたらされていた。しかし､マスカトのレジデンシーの維持は困難を極めた。英東印会社は 1799 年 12 月に外科医の A.H. ボーグルを当時のマスカトの支配者であるサイイド・スルターンとフランスの関係を監視する目的で彼の下に送り込んでおり[39]、翌 1800 年２月の条約でマスカトに英東印会社のレジデンシーの開設が承認されると、ボーグルを初代のレジデントに任命した[40]。しかし彼は同年９月にマスカトで病気のため死亡し、後任としてボンベイ陸軍の D. シートン大佐が任命された。マスカトの気候は当時のイギリス人に合わなかったようで、シートンは健康上の理由から度々マスカトを離れている。シートンが 1808 年５月からシンド地方に外交使節として派遣された間、代理として 1808 年４月から W. ワッツがマスカトに派遣されたが、彼は半年後の同年９月にバルカーで病死した[41]。この後、1809 年２月にシートンは再びマスカトに派遣されたが、同年８月には彼も病気によりマスカトで没した。同月に後任として W.C. バンスが着任したが、11 月には彼も病死した[42]。相次ぐレジデントの死により、ボンベイ政府は後任の派遣をあきらめ、ブーシェフルのエージェントであったN.H. スミスがマスカトのレジデントを兼任することとなった。しかしながら、二拠点の行き来を必要とする業務を効果的に遂行することは困難であり、ボンベイ政府は1810年にマスカトのレジデンシーの閉鎖を決定した[43]。このように、1800年から1810年の間のマスカトのレジデントとして情報収集に当たったのは、主としてシートンであった（表2-2）。このため、ここではシートンが残した資料を基に、当持の英東印会社が作成したオマーン史を確認する。

マスカトのレジデンシーの機能が最も果たされた出来事は2つある。1つは、前記の通りフランスをマスカトから追い出したこと。もう一つは、イギリスがマスカトの支配者と強固な同盟関係を築き、「海賊討伐」を推進する足がかりを得たことにあった。19世紀の英東印会社は､湾岸の｢海賊｣を｢ジョアスミー（Joasmees）」と呼んでいた。これは、現在のラース・アルハイマを拠点として湾岸地域の海上交易活動を行っていたカワースィム Qawāsim 一族の湾岸方言（Jawāsim[44]）を、イギリス人が聞き取って転訛したものと考えられる。この「海賊」とイギリスとの間で初めて条約[45]を締結したのが、前記のシートンであった。それだけではなく、彼は実際に1809年に実施された大規模な「海賊討伐」作戦の策定にも関わっていた[46]。「海賊討伐」の休戦条約の締結相手が今日のアラブ首長国連邦の首長家の枠組みに一致することを考慮すれば、海賊討伐計画の策定は大きな意味を持った。

表2-2　マスカトのレジデント（1800年から1810年）

氏名	在任期間
A.H. ボーグル	1800年4月～9月（病没）
D. シートン	1800年9月～1802年5月、1803年6月～同年10月、1805年3月～1808年3月、1809年2月～8月（病没）
W. ワッツ(代理)	1808年4月～9月（病没）
W.C. バンス	1809年8月～11月（病没）
N.H. スミス	1810年1月～4月

出所：Tuson, P. *The records of the British residency and agencies in the Persian Gulf*, India Office Library and Records, 1979; Arbuthnott, H. and T. Clark, R. Muir *British missions around the Gulf, 1575-2005: Iran, Iraq, Kuwait, Oman*, Global Oriental, 2008 を元に筆者作成。

シートンの作成した報告書は、イギリスの対湾岸政策に大きな影響を与えたが、彼は現地調査のための特別な訓練を積んだ人物ではなかった。シートンがマスカトの支配者達と接していた時、彼はまだ28歳であった。彼は1773年９月15日にエジンバラで生まれ[47]、インドに渡った後に1790年にはボンベイ陸軍の候補生となった[48]。彼はその後1794年にボンベイ陸軍第１連隊第３砲兵隊に入隊し、マスカトのレジデントに採用された後には同第７現地歩兵連隊第１砲兵隊の所属となり、1801年以降は大佐に昇格している[49]。次章で取り上げるもう一人のイギリス人であり、「マスカト史観」の成立に多大な影響を及ぼしたバジャーが、アラビア語やペルシャ語といった現地言語の訓練を積んで中東に渡り、その分析を行った典型的なオリエンタリストであったのに対し、シートンはそのような背景を全く有していなかった。シートンは軍務を通じてインドで出世をもくろむ若い野心家であり、会社の上層部に無断で事を進めたために、後にそれが大きな問題となったことも一度ならずあった。例えば、ボンベイ政府がシートンに対して湾岸諸勢力と敵対関係を生じさせる行為を禁じていたにもかかわらず、彼はそれを無視して1805年に無断で英東印会社の船舶を使用し、「海賊討伐」の名目でマスカト軍と共同してバンダレ・アッバースを攻撃した。このことは、当時バンダレ・アッバースを自国の領土の一部と見なしていたペルシャ政府とイギリスとの間に外交問題を生じさせた[50]。また、1808年にイギリスとシンドの友好条約の締結のためにシンド地方に派遣された際には、シートンは独断で相互の軍事支援の義務を謳った安全保障条約を締結してしまった。当時のインド総督であったミントー伯爵は、シートンが締結してきた条約を受け取ることを拒否し、この任務からシートンを解任した[51]。

しかしながら、彼の作成したマスカトと湾岸情勢に関する報告書は非常に高く評価されていた。1809年にシートンが没した際、ボンベイ政府のJ.ダンカンは以下のように記述している。

> シートン大佐を失ってしまったことは、現在の様に極めて重要な時には非常に不幸なことである。既に今となっては不十分なものとなっている

に違いないが、現地の様々な情報のために、シートン大佐の情報に頼らなければならないであろう[52]。

2 シートンの報告書

シートンの報告書の中で、彼のオマーン史への理解がよく確認できるものとして、ここでは以下の三つの報告書を参照する。報告書（a）は、1801年12月に作成されたものである。これは、サイイド・スルターンが自身の所有するグンジャバ号でバハレーンに往復航海した際に、シートンが同船し、その航海記録として作成されたものである。報告書（b）は1807年7月に、報告書（c）は1809年2月にボンベイ政府への報告書として作成されたものである。なお、シートンの報告書で「イマーム」と記されている人物は、他の多くの英東印会社の史料と同様に、「マスカトのイマーム」、つまり彼らがイマームと呼ぶマスカトの支配者を指す。また、分析の都合上、下線と数字を加えた。

（a）1801年12月の報告書[53]

6日　ディバー沖を航海。〔略〕オマーンはラース・アルハッドからラース・アルハイマにまで広がり、二つの勢力によって分割されている。⑨一方はバニー・ヤマン、もう一方はバニー・ニザールと呼ばれる。彼らはまたバニー・ヒナーウィーもしくはバニー・ガーフィリーと呼ばれる。前者についてはサイイド・スルターンがその長であり、他方についてはシャイフ・スグル[54]・ジョアスミーがその長である。

（b）1807年7月の報告書[55]

⑩マスカトの住民とジョアスミー族の間に存在する対立は、〔預言者の〕ムハンマドの時代の、カーバの右手[56]に位置するということにその名が由来するバニー・ヤマン、すなわちイエメンの住民と、左手に位置する点に由来するバニー・ニザールすなわちナジドの住民の間の対立の遺産である。

ジョアスミーの居住する地域とマスカトに従属する地域は、共にオマーンの一部を形成するが、⑪ジョアスミーとナジドの住民の子孫とバニー・ガーフィリーと呼ばれるもの、そしてイエメンの住民の子孫であるマスカトの住民とバニー・ヒナーウィーと呼ばれるもの、これはオマーンに含まれる対立である。
オマーンにはもともとペルシャ系の人々が居住しており、ペルシャ政府に服属していた。オマーンに最初に居住したアラブ部族はアル・ヤズディー〔アズディー〕であり、彼らはマーリク・ブン・ファフム・アルヤズディー〔アズディー〕に率いられてナジドからハドラマウトに向かって移住した。〔略〕彼らは預言者の時代にマホメット教を受け入れた。⑫預言者の娘婿のアリーがイエメンから軍を率いてオマーンで勢力を確立すると、二つの国の間に交流がなされた。このイエメン人達のオマーンへの渡来は、新しい宗派、彼らがハーレジュ〔ハワーリジュ〕すなわち分離者と呼ぶ宗派を形成した。〔略〕⑬一方で、アルヤズディー〔アズディー〕とその他の部族は自分たちをアブー・バクルの宣教活動によって改宗したと考えており、厳格なスンナ派を維持している〔略〕。

(c) 1809年２月の報告書[57]
オマーン地域はラース・アルハッドからシャルジャまで広がる。ラース・アルハッドからムサンダム半島まではサイイドの一族に属し、ムサンダム半島からシャルジャまではスィールとよばれ、ジョアスミーに服属している。⑭２つの勢力は太古の昔からオマーンを分割してきた。⑮その一つはバニー・ヒナーウィーもしくはヤマニーと呼ばれ、もう一方はガーフィリーもしくはバニー・ニザールと呼ばれる。〔略〕
⑯預言者ムハンマドの時代にオマーンはイエメンからアブーの息子アリー Ali the son of Abu によって侵入された。アリーはヒナーを厚遇し、ヒナーウィーという集団を形成した。⑰マーリク・ナジュディーの子孫であるバニー・ニザールはアブー・バクルに厚遇され、ガーフィリーと呼ばれた。

ここに引用したシートンの報告書は、今日の我々が有するオマーン史やイスラームの知識と全く一致しない部分と、一致する部分が錯綜しているため、彼がどのような情報に基づいて報告書を作成したのか判断が難しい。例えば、下線部⑫には、“アリーがイエメンからオマーンに侵入したことで、ハワーリジュ派がオマーンに伝播した” といった内容が書かれている。確かに、オマーンのイバード派はハワーリジュ派の分派であり、またイバード派はオマーンの外から伝播してきた宗派で、さらにハワーリジュ派の発生には預言者ムハンマドの娘婿のアリーが深く関わっている。しかしながら、アリーがイエメンからオマーンにやってきたという歴史（これは下線部⑯でも言及されている）は、オマーンの歴史書には全く見られないばかりか、今日我々が有する初期イスラーム史の知識とも一致しない。おそらく、どの歴史史料を参照しても、このような情報を発見することはできないのではないだろうか。今日の我々は、ハワーリジュ派はカリフ位をめぐるアリーとムアーウィヤの間の対立の中で、ナフラワーンの戦いでアリー陣営を去った集団を起源とすること、アリーがハワーリジュ派と対立し、その刺客に倒れたことを理解している。イエメンからイバード派が伝播したという歴史も今日の我々の知識とは異なり、我々は最初のイバード派共同体はバスラで生まれ、そこからオマーンに伝播したと理解している。

また、下線部⑬には “アブー・バクルによるスンナ派の宣教活動” が記されている。確かに、イスラームの初期には、初代カリフとしてアブー・バクルがいることを我々は知っている。しかしながら、シートンの報告書ではあたかもアブー・バクルとアリーが争って、それぞれハワーリジュ派とスンナ派の布教に努めたかのように書かれているが（これは下線部⑯⑰でも言及されている）、アブー・バクルの存命中にはハワーリジュ派は存在せず、アリーとアブー·バクルが宗派対立の関係にあったという歴史も、我々は知らない。これらの報告書は、我々が知る初期イスラーム史やオマーンの歴史書の記述と部分的に適合するものの、全体としては全く異なる情報を提供する。このため、これらの報告書の記述内容から判断すると、シートンは初期イスラーム史やオマーン史に関して､我々とは全く異なる情報を得ていたことになる。

本書第４章で分析するように、シートンがマスカトに勤務した頃には、オマーンの歴史家の間で広く参照されていた歴史書『悲嘆の開示』が既に存在していた。シートンが生み出したオマーン史表象は『悲嘆の開示』で展開されるオマーン史とは似ても似つかない物で、彼が現地の歴史書を参照していないことは明らかである。ただし、オマーンの歴史書が当時のオマーン人の歴史認識を正確に反映していることを証明する根拠はない。むしろ、当時のオマーンにおいて大多数の人々には識字能力がなく、それ故に彼らが歴史書に書かれた内容とは全く異なるオマーン史を共有していたと想定することも可能である。そのため、シートンが生み出したオマーン史表象が『悲嘆の開示』と異なっていたとしても、それは彼がオマーン史を「間違って」理解していたことの証明にはならない。では、彼はどのような情報に基づいて、このようなオマーン史表象を作り上げたのだろうか｡当時のオマーンでは､シートンの報告書に見られるようなイスラームの歴史が浸透しており、シートンは聞き取り等を通じてそれらの情報を入手したのであろうか。それとも、これらの情報はシートンが断片的に入手した情報を彼の想像でつなぎ合わせた不格好なつぎはぎなのだろうか。

この点を考察する手掛かりは､下線部⑯に見られる「アブーの息子アリー」という表現にある。これはアラビア語の知識を有する者にとって、奇妙な表現である。なぜなら､「アブー」（abū）とはアラビア語で「父」を意味するため､「アブーの息子アリー」は「父の息子アリー」という意味になり、全く意味が通じない。ただし、この「アブー」を「アブー・ターリブ」が省略されたもの、あるいはそれがアブーとターリブに分けられ、前半だけが記述されたものだと仮定すると、我々は意味を見いだすことができる。アブー・ターリブは預言者ムハンマドの娘婿のアリーの父であるため､「アブーの息子アリー」を「アブー・ターリブの息子アリー」と読めば、初期イスラームの歴史と合致し、意味を得ることができる。ただし、このような解釈にはかなりの無理がある。アラビア語では「アブー・某」は字義的には「某の父」を意味するが、一般にはこの形式はクンヤ kunya と呼ばれ、一種の通り名として使用される。それ故、下線部⑯の「アブー」が「アブー・ターリブ」であると仮定しても、クンヤの知識を有する者であれば、これをまるでイギリス人の命名法（個人名＋家族名）のように、「アブー」と「ターリブ」に分け、「アブー」を個人名のように用いることはない（そもそも、「アブー」は個人名ではない）。クニヤは必ず「アブー・某」の形で用いられるからである。下線部⑯の「アブーの息子アリー」にみられる「アブー」は、「アブー・ターリブ」を分割したものか、それとも「父」の意味で「アブー」を用いたのか不明であるが、どちらにしてもアラビア語を無視した用法であることには変わりはない。ここから、シートンがアラビア語の基本的な能力を欠いていたばかりか、アラブ人が個々人を指し示す際にごく頻繁に使用するクニヤに関する知識も有していなかったことが明らかとなる。彼がアラビア語の能力をほとんど有していなかったことは、彼がアラビア語で書かれた現地の歴史書を読んでオマーン史の知識を得ることもできず、アラビア語を母語とする現地の人々の間で流通していたオマーン史表象を適切に理解する能力もなかったことを意味する。足かけ7年の現地滞在にもかかわらず、アラビア語の日常的な用法を修得するに至らない程度の表層的な現地社会との接触しか持たなかったシートンは、そのような接触の中で断片的に聞きかじった情報を、彼の関心に基づいて再構成したのであった。

3 マスカトとジョアスミー

では、断片的な情報をつなぎ合わせる役割を果たしたシートンの関心とは、どこにあったのだろうか。彼の関心は、オマーンの勢力をイギリスの同盟相手であるマスカトと、イギリスの敵（「海賊」）であるジョアスミーの二つに分類し、両者を異なる民族として描き出すことにあった。彼は、宗教や系譜といった原初的特徴によってマスカトとジョアスミーを差異化し、この二つの集団を異なる民族集団として説明した[58]。シートンによれば、マスカトの住民はバニー・ヤマンまたはバニー・ヒナーウィー、ジョアスミーはバニー・ニザールまたはバニー・ガーフィリーとして別々の系譜集団に分類される（下線部⑨⑩⑪⑮⑯⑰）。バニー・某（あるいはバヌー・某）とは、某を名祖とする子孫で構成された集団を意味する。18世紀前半のオマーンで発生したヤアーリバ朝末期のイマーム位をめぐる内乱において、オマーンの多くの系譜集団が、ヒナー族を中心とするヒナーウィーと、ガーフィル族を中心とするガーフィリーの二つの系譜集団の連合体に分かれて争ったことが知られている[59]。またニザーリーとヤマニーとは、アラブの系譜体系によって区分される二大集団の名称である。アラブの系譜体系に従えば、全てのアラブはカフターンを祖とする南アラブと、アドナーンを祖とする北アラブのどちらかに分類される[60]。南アラブの祖としてヤマンが比定される場合もあり、また北アラブの祖としてニザールが比定されることもあるため、南アラブはヤマニー、北アラブはニザーリーと呼ばれることもある[61]。この南アラブ（ヤマニーまたはカフターニー）と北アラブ（ニザーリーまたはアドナーニー）の区分は、明らかな虚構・伝説ではあるが、系譜集団間の関係を説明するために一定の役割を果たしてきた[62]。ヒナーウィーとガーフィリーの二つの系譜集団連合は、オマーンの歴史書では、しばしばヤマニーまたはカフターニーとニザーリーまたはアドナーニーの区分として説明される。この点について福田は、オマーンの歴史史料を精査することで、南北アラブの区分と、ヒナーウィー／ガーフィリーの区分が一致しないことを明らかにしている[63]。系譜学の知識を有していたオマーンの歴史家は、ヒナーウィーとガーフィリーの区分を、南北アラブの区分を例にして説明しようとしたのであろう。

このように、ヒナーウィーとガーフィリー、南アラブと北アラブの二分法は、正確に一致するものではないが、オマーンの歴史史料に見られることから明らかなように、彼らの自己表象の手段の一つであった。ただし、この二分法をマスカトとジョアスミーの区分の説明に用いるのは、オマーンの歴史史料に基づいた用法ではなく、シートン独自のものである。ヒナーウィーとガーフィリー、ニザーリーとヤマニーは系譜やその連合の区分であり、オマーンの歴史書において、マスカトとジョアスミーの区分として用いられたことはない。

このようなシートンの二分法は、宗派分類と共に用いられ、ハワーリジュ派がアリーによって、スンナ派がアブー・バクルによって伝えられたと説明

表2-3　シートンによる現地勢力の分類

	オマーン	
勢力	マスカト	ジョアスミー
系譜	南アラブ（ヤマニー）	北アラブ（ニザーリー）
連合	ヒナーウィー	ガーフィリー
宗派	ハワーリジュ派	スンナ派
出身地域	イエメン系	ナジド系
イギリスとの関係	味方	敵

出所：シートンの報告書を元に、筆者作成。

される（下線部⑫と⑬)。さらに下線部⑩と⑪において、イエメン系がヒナーウィー（ヤマニー）であり、ナジド系[64]がガーフィリー(ニザーリー)であると説明される。前述の通り、シートンはマスカトをヒナーウィー(ヤマニー)、ジョアスミーをガーフィリー(ニザーリー)と説明しているため、マスカトがハワーリジュ派であり、ジョアスミーがスンナ派に区分されていることが分かる。さらに、シートンはこのような区分が預言者ムハンマドの時代（下線部⑩)、もしくは“太古の昔”（下線部⑭）に遡ると説明し、非常に古くから対立が続いている、本質的な差異であるかのようなイメージを作り上げた(表2-3参照)。

このように、シートンは彼が収集した断片的な情報を、彼の関心に基づいて編集し、極めて独創的なオマーン史を作り出したのであった。彼独自のオマーン史ではあったが、これに基づいて英東印会社の「海賊討伐」が実施されたのであり、英東印会社が「ジョアスミー」と呼んだ集団は大打撃を受けたのである。ただし、この「海賊討伐」は英東印会社の理解に従えば、必ずしもイギリス主導で行われた攻撃ではない。湾岸地域では、「太古の昔から」あるいは「預言者ムハンマドの時代から」、マスカトとジョアスミーの間で対立が発生していたのであり、これは英東印会社にとって、彼らの意思の及ばないところで発生した対立であった。マスカトとジョアスミーの対立は両者の出自に刻まれた歴史であり、両者の本質の一部と見なされたのである。

3．シートンのオマーン史表象のカノン化

ところで、本章第1節 4 で引用したウェインライトに対する1809年のワーデンの通達は、上記のシートンの報告書に酷似していることに気づかれた読者も多いであろう。例えば、オマーンがラース・アルハッドを境に二つに分かれること、その一方がマスカトであり、もう一方がジョアスミーであることは、全く同じである。ワーデンは明らかにシートンの報告書を元に「海賊討伐」の作戦通達を作成したのであり、また彼はその後もシートンの報告書を元に湾岸地域のアラブ勢力に関する多くの報告書を作成した。例えば、ワーデンは1819年に以下のような報告書を作成している。

> ⑱オマーンはアラビアの南東を包括し、南はラース・アルハッドから北東沿岸部はズバーラ（もしくはシャルジャ）にまで広がる。それは２つの公国に分割されている。一つの首都はルスタークであり、もう一方の首都はスィールもしくはジュルファールである。マスカトは前者の主要港であり、ラース・アルハイマは後者の主要港である。それはまた⑲太古の時代から、⑳アラブの２つの部族であるバニー・ヤマンもしくはバニー・ヒナーウィーと、バニー・ナースィル[65]もしくはバニー・ガーフィリーによって分割されている。マスカトのイマームは前者の長である。〔略〕ジョアスミーは他方の長である。〔略〕㉑預言者の娘婿であるアリーはイエメンから軍を率いてオマーンに侵入し、ナジドの部族と交流して引き返した。イエメン人のこの地域への侵入は新しい宗派を形成し、次第にそれは新しい宗教となり、彼らはハワーリジュ—ただし彼らはビアズー[66]すなわち純粋派と自称するのだが—として知られるその宗派を信奉するようになった。〔略〕一方でヤズディーやその他の部族は厳格なスンナ派であった。〔略〕マスカトのアラブとジョアスミーの敵対は、㉒預言者ムハンマドの時代に発生した分裂の名残であり、今日までオマーンで継続している[67]。〔下線と番号は筆者による。〕

この報告書は、オマーンがマスカトとジョアスミーから構成され（下線部⑱)、両者の区分と対立が「太古の時代」(⑲) や預言者ムハンマドの時代 (㉒) に遡ること、系譜上の区分によって二つの勢力を分類可能であること (⑳)、ハワーリジュ派がイエメン経由でアリーによってもたらされたこと (㉑) など、やはりシートンの報告書の内容と酷似している。ワーデンが作成したオマーン史に関する報告は多数存在するが[68]、いずれも上記引用とほぼ同じ内容であり、彼がシートンの報告書をほぼそのまま引用していたことは間違いない。このように、1801年からシートンによって作成されてきた報告書に基づいて、ワーデンは1819年まで多数のオマーン史表象を産出し続けた。ワーデンが作成したこれらの報告書は、その後も追記されることで、後の英東印会社に参照され続けた。例えば、ワーデンが1819年に作成したマスカトの内政に関する報告書は、1831年にペルシャ湾レジデント補佐のS. ヘンネルによって1817年から1831年までの出来事が追記され、また1844年には当時同職にあったA.B. ケンボールによって1844年までの出来事が、さらに1853年にはH.F. ディスブロウによって同年までの出来事が追記された[69]。このように、シートンが作り出したオマーン史表象は、ワーデンを経由して半世紀後の英東印会社の社員にまで、延々と参照され続けた。こうして追記されたマスカトに関する報告書は、1856年に編纂された英東印会社行政文書選集シリーズに収録されており、これが湾岸地域に勤務する英植民地官僚のリファレンス資料として作成されたものであることから明らかなように[70]、シートンが作成したオマーン史は、湾岸に関する基本情報として英東印会社の中で広く共有されていた。なお、シートンが描いたオマーン史を複製し続けたワーデン以降の英植民地官僚は、一人としてマスカトに勤務したことはない。上記の通り、そもそもワーデンはボンベイ政府の高官であり、自らマスカトで情報収集を行ったことはない。ヘンネル等は湾岸には勤務したものの、彼らが勤務したときには既にマスカトのレジデンシーは閉鎖されていたため、自らマスカトに赴いて情報収集を行い、シートンの情報の「正しさ」を確認することはなかった。

この時代の英植民地官僚によるオマーン史の産出過程に見られる特徴は、彼らが現地で流通していた歴史に基づいてオマーンの歴史を把握する意図をほとんど持っていなかった点にある。「本物のイマーム」がオマーンの内陸部に居住していること、そして（その権威がどのような物であるのか理解できていなかったものの）イマームがオマーンの支配者であると理解しながらも、イギリスの対湾岸政策の都合から、イギリスと同盟関係にあるマスカトの支配者をイマームと呼び、オマーンの支配者に位置づけた。彼らは現地の歴史に依拠する代わりに、全く独創的なイバード派のオマーンへの伝播の歴史を作り上げ、同時にイギリスの対湾岸政策に基づいてオマーンの勢力が本質的に対立する二勢力から構成されると叙述したのであり、またこれを修正する契機を持たなかった。このオマーン史表象は、1871 年にバジャーが *Imâms* を出版するまで、大幅な変更が加えられることはなかった。

●注

1　英東印会社の拠点は当初ファクトリーと呼ばれていたが、18 世紀になると次第にエージェンシー agency、レジデンシー residency などと呼ばれるようになった。エージェンシーの長はエージェント、レジデンシーの長はレジデントと呼ばれた。

2　18 世紀後半のイギリス東インド会社の船舶は、湾岸のアラビア半島側に関する情報をほとんど持っておらず、このために湾岸を航海する船舶はペルシャ沿岸に沿って航海していた（Kelly, *Britain and the Persian Gulf :1795-1880*, Clarendon, 1968, p.60）。

3　Marshall, B. “European travellers in Oman and southeast Arabia 1792-1950: a bio-bibliograhpical study”, *New Arabian Studies*, vol.2, 1994, pp.20-21.

4　インド庁（正式には Board of Commissioners for Indian Affairs）は1748 年にイギリスで成立したいわゆる「ピットのインド法」によって設立された。1858 年のインド大反乱によって英東印会社が解散され、それに伴ってインド庁がインド省に格上げされるまで、英東印会社を監督するための政府機関として機能した（浜渦哲雄『大英帝国インド総督列伝』中央公論新社、1999 年、30 頁および 41 頁参照）。

5　Kelly, J. B. *op.cit.*, p.62.

6　*Treaties*, pp.287-288.

7　*Treaties*, p.288.

8　Buckingham, J. S. *Travels in Assyria, Media, and Persia, including a journey from Baghdad by mount Zagros, to Hamdan, the ancient Ecbatana, researchers in Ispahan and the ruins of Persepolis,...*, Henry Colburn and Richard Bentley, 1830, vol.2, Ch. IX.

9　Keppel, G. *Personal narrative of a journey from India to England, by Bussorah, Bagdad, the ruins of Babylon, Curdistan, the court of Persia, the western shore of the Caspian sea, Astrakhan, Nishney Novgorod, Moscow, and st.Petersburgh in the year 1824*, 1827, p.6; Stocqueler, J. H. *Fifteen months' pilgrimage through untrodden tracts of Khuzistan and Persia in a journey from India to England through parts of Turkish Arabia, Persia, Armenia, Russia, and Germany performed in the years 1831 and 1832*, 1832, vol.1, p.5.

10　福田安志「ヤアーリバ朝における通商活動とイマーム」『オリエント』34-２号、1991年。

11　Maurizi, V. *History of Seyd Said, Sultan of Muscat*, Oleander, 1984 (1819).

12　*ibid.*, p.1.

13　Wellsted, J. R. *Travels in Arabia*, 1838, vol.1, p.9.

14　Rushchenberger, W. S. W. *Narrative of a voyage round the world during the years 1835, 36, and 37 : including a narrative of an embassy to the Sultan of Muscat and the King of Siam*, 1970, vol.1, p.84.

15　フォスターによれば、ナースィルは英東印会社をスールに誘致したと説明しているが、福田の指摘するように、おそらくスハールが正しい（Foster, W. (ed.), *The English Factories in India 1642-1645*, Clarendon Press, 1913, p.308; 福田安志「ヤアーリバ朝における通商活動とイマーム」『オリエント』34-２号､1991年､80頁)。この当時、マスカトはポルトガルの支配下にあり、ヤアーリバ朝が支配下に置いていた最も大きな港は、スハールであった。

16　福田前掲論文、80-81頁参照。

17　Foster, W. *The English Factories in India 1655-1660*, Clarendon Press, 1921, p.233.

18　Wylde Treatyの文面についてはSkeet, I. *Muscat and Oman: the end of era*, Faber and Faber, 1974, Appendix Aを参照。

19　Foster, W. *The English factories in India 1646-1650: a calendar of documents in the India Office, Westminster*, Clarendon Press, 1914, p.28.「バンダル・スィーブ」とは、現在のマスカト近郊のスィーブ港を指す。

20　福田前掲論文、77頁。

21　Foster, W. ed., *A new account of the East Indies by Alexander Hamilton*, N. Israel/Da Capo Press, 1970, chapter VII.

22　From the Resident at Bushire, to the President and Governor and Council, Bombay, 12th September 1785, in *Précis*, vol.1, p.319.

23　『勝利』304頁。

24　『勝利』321頁。

25　『勝利』342頁。

26　『勝利』353頁。

27　Franklin, W. "Observations made on a tour from Bengal to Persia, in the years 1786-7, with a short account of the remains of the celebrated palace of Persepolis, and other interesting events", in Pinkerton, J. ed. *General Collection of the best and most interesting voyages and travels in all parts of the world*, vol.9, 1811, p. 237.

28　Manesty, S. and H. Jones "Report on the commerce of Arabia and Persia by Samuel Manesty and Harford Jones, 1790", in *Précis*, vol.1, p.406.

29　*Treaties*, p.287.

30　*Treaties*, p.288.

31　Malcolm, J. "Report of Capt. Malcolm on the state of the trade between Persia & India and suggestions as to the means for improving it, 1800", in *Précis*, p.444.

32　Secret and Political Department diary no. 164 of 1805, in *Précis*, vol.2, p.34.

33　マスカトのレジデンシーが開設される以前、マスカトには現地採用の英東印会社の連絡員としてネイティブ・ブローカー（native broker、ネイティブ・エージェント native agent と呼ばれたこともある）が配置されていた。マスカトのレジデンシーが開設された後も、何らかの理由でイギリス人レジデントが不在の場合には、これらの現地採用の連絡員が部分的に業務を担った。多くの場合は現地の商人から採用された（Onley, J. "Britain' s native agents in Arabia and Persia in the nineteenth century", *Comparative Studies of South Asia, Africa and the Middle East*, 24:1, 2004.）。

34　IOR/P/382/ 3 Bombay Castle 9 th February 1805, To His Excellency the most noble Marquis Wellesley from Jonathan Duncan, 2 nd February 1805.

35　アル＝カーシミ、スルターン著、町野武訳『「アラブ海賊」という神話』リブロポート、265 － 266 頁 ; Davies, C. E. *The Blood-red Arab flag: an investigation into Qaismi Piracy 1797-1820,* University of Exeter Press, 1997.

36　現在のカタル北部の港町。

37　「スィール」はラース・アルハイマ周辺地域に対するアラビア語の地名で、「ジュルファール」は同地域に対するペルシャ語の地名。

38　Political Department Diary no. 339 of 1809, pp.8428-8444, in *Précis*,vol.2, p. 45.

39　From Captain Malcolm to the Governor of Bombay & Council, 7th Dec. 1799, in *Précis*, vol.1, p.369; From Captain Malcolm to the Governor of Bombay & Council, 10th Dec. 1799, *ibid*., p.372.

40　IOR/P/381/12 a letter from the Governor of Bombay to Bogle, 16th Apr. 1800.

41　バルカーには、英東印会社のレジデンシーとして用いる家屋が存在していたが、いつ頃からそれが存在していたのかは定かではない（IOR/F/4/190 4156, a letter from Seton to Governor of Bombay, 20th March 1805）。

42　IOR/E/4/486 a letter from Governor of Bombay to the Court of Directors, 31st January 1810.

43　IOR/F/4/416 10296 Abolition of the Residency at Muscat, Extract Political letter from bombay dated 29th October 1811.

44　アラビア語の湾岸方言には、q が j もしくは g に変化する傾向が見られる。ムサンダム半島のシャルジャ Sharja（アラビア語表記では Shāriqa）も同様の方言による音の変化に位置づけられる。

45　*Treaties,* pp.239-240.

46　ただし、シートンは1809年にマスカトで病没しており、自身の策定した海賊討伐作戦に参加することはなかった（Moyse-Bartlet, H. *The pirates of Trucial Oman*, Macdonald, 1966, pp.46-47.）。

47　IOR/L/MIL/ 9 /109 f163.

48　IOR/L/MIL/ 9 /255 f.87.

49　IOR/L/MIL/12/3.

50　アル＝カーシミ前掲書、120 － 130頁。

51　Bilgrami, A. H. *Afghanistan and British India 1793-1907: a study in foreign relation*, 1972, Sterling publishers, pp. 37-39.

52　Political Department Diary no. 339 of 1809, pp.8428-8444, in *Précis*, vol.2, p. 47.

53　IOR/P/381/29 Journal from Muscat to Baherun, and return to Muscat, by the Arabian Shore, in the His Highness the Emam's ship, the Gungava, 13th December 1801. なお、この航海記録は、Al-Qasimi, S. M. *The journals of David Seton in the Gulf 1800-1809*, University of Exeter Press, 1995にも収録されている。

54　シャイフ・スグルSuggurとは、おそらく18世紀末から19世紀初頭にカワースィムの指導者であったサクル・ブン・ラーシドSaqr b. Rāshidを指すと思われる（Rentz, G. “Kawāsim” in *Encyclopaedia of Islam*, new edition.）。

55　IOR/F/4/256/5645 Extract Bombay Political Consultations 7th July 1807, a letter from Ceptain D. Seton the Resident at Muscat 2nd July 1807.

56　イエメンの語源として、メッカのカーバ神殿に向かって右手側（アラビア語でyamīn）の場所ということから、イエメン（al-Yaman）と呼ばれたという説がある（Grohmann, A., “AL-YAMAN”, *The Encyclopaedia of Islam*, New Edition, vol.11, p.270）。本文中の引用部分に見られる「カーバの右手…」という部分は、このようなイエメンの語源説に依拠していると考えられる。なお、この引用に見られる「カーバの左側…」という部分は、“ヤマンがカーバの右側”と説明されていることに対応させた記述と考えられるが、一般にニザールにはヤマンとイエメンという地名との対応関係が見られないと考えられており、おそらくシートンの創作と考えられる。

57　IOR/P/383/2 Bombay political proceedings 24th March 1809 a letter from Seton to Bombay 19th February 1809.

58　名和によれば、「所与」であると見なされる血縁や宗教、言語などの要素は、民族の紐帯原理として用いられるため、民族の枠組がそれらの要素を用いて操作されて作り上げられるものでありながら、その民族の枠組自体が「所与」なものであるように見せる働きがあるという（名和克郎「民族論の発展のために：民族の記述と分析に関する理論的考察」『民族学研究』57/ 3号、1992年、302-303頁）。

59　福田安志「オマーンにおける部族連合とイマームの統治」『アジア史研究』14号、1990年、3-9頁。

60　南アラブと北アラブの祖がカフターンとアドナーンであることは定説となっているが、これらの祖のさらに先祖の系譜については、無数の説があってはっきりしない（高野太輔「ラビーア族の系譜操作に関する一試論」『オリエント』41-1号、1998年、48頁注2）。

61 Carter, J. R. *Tribes of Oman*, Peninsular Publishing, 1982.

62 余部は、初期イスラーム時代のシリアにおけるカイスとヤマンの対立が、南北アラブという系譜上の区分ではなく、様々な系譜集団の政治的対立の産物として形成されたことを明らかにしている（余部福三「ウマイヤ朝期のシリアにおけるカイスとヤマンの闘争について」『人文自然科学論集』東京経済大学、85号、1990年）。また、高野は、南北アラブの系譜体系に人為的に操作されている形跡を見いだし、系譜体系が構築されたものであることを明らかにした（高野前掲論文、および同『アラブ系譜体系の誕生と発展』山川出版社、2008年）。

63 福田前掲論文、11-14頁。

64 引用文の⑪にあるように、シートンはジョアスミーをナジドからの移住者の子孫と見なしている。ナジド系とはアラビア半島中央部のナジド地方出身の集団を指すと思われる。ただし、シートンと同時代の英東印会社がジョアスミーと呼んだ、現アラブ首長国連邦地域に居住していた集団が、ナジド系の子孫であるという説明の根拠は不明である。おそらくこれも「ニザールという単語がカーバの左側に由来する」という説明と同様に、シートンの創作と思われる。

65 バニー・ナースィルが何を指すのか不明だが、シートンの報告書と比較すれば、おそらくこれはバニー・ニザールと書かれるべきところである。

66 文脈から判断すると、ビアズー（Beazoo）は'Ibāḍīを指すと思われる（'Ibāḍi>Bazi>biazoo）。ただし、「イバード派」が「純粋派」を指すという解釈の根拠は不明である。

67 Warden, F. "Brief notes relative to the province of Oman" in *AGI*, pp.42-43.

68 ワーデンが作成した報告書は他にも、"Extracts from brief notes relative to the rise and progress of the Arab tribes of the Persian Gulf", in *AGI*; "Historical sketch of the rise and progress of the Government of Muscat; commencing with the year 1694-95, and continued to the year 1819", in *AGI*. などがある。

69 *Idem*. "Historical sketch of the rise and progress of the Government of Muscat; commencing with the year 1694-95, and continued to the year 1819", in *AGI*.

70 Bidwell, R., "Introduction", in *AGI*.

第3章
バジャーによるオマーン史の産出

はじめに

本章では、英植民地官僚によるオマーン史産出の第2期（1856年から1956年）を扱う。第2期の始まる1856年はイギリスの湾岸政策の転換点であった。同年にそれまでイギリスが堅固な同盟関係を築いてきたサイイド・サイードが没し、その息子の間で相続争いが発生したために、英領インド政府は「カニング裁定」に基づいてサイイド・サイードの領土の分割を決定した。これをきっかけとして、マスカトはイギリスの事実上の保護国となっていった。「カニング裁定」の原案を作成したのがマスカト・ザンジバル委員会であり、この委員会の調査活動の最中に、英植民地官僚が初めて現地で著された歴史書であるイブン・ルザイクの『勝利』を入手した。この10年後にバジャーが『勝利』を英訳し、*Imâms* としてそれを出版して以降、*Imâms* を参照して報告書を作成することが英植民地官僚の間で定式化されたという点において、これは画期的なできごとであった。

Imâms が、バジャー以降の英植民地官僚に頻繁に引用されるようになったこと、すなわち *Imâms* の「カノン化」とも言える現象は、前章で見たシートンの報告書が英植民地官僚に受け継がれたことと良く似ている。バジャー自身もまたワーデンを経由してシートンの報告書を参照したのであり、オマーン史の代表的な産出者である二人の英植民地官僚がテクストを通じて交錯していることは、非常に興味深い。ただし、ワーデンに対する（すなわちシートンに対する）バジャーの評価は、否定的なものであった。バジャーは

Imâms の中で、以下のように記している。

> これらの報告書〔英東印会社の湾岸地域に関する報告書を指す〕の一部は、海岸部で発生した同時代の記録としては賞賛されるべきものであるが、内陸部の事件やその国の組織については、その記述は著しく貧しく、同時に甚だしい間違いがみられる。例えば、これらの情報からイマーム制の機能や大権を学ぶことは不可能である（*Imâms*, editor's preface）。

> ボンベイ政府のフランシス・ワーデンは、「オマーン地域に関する概要」において、宗派に関する非常に奇妙な情報を以下のように記している。「預言者の娘婿であるアリーはイエメンから軍を率いてオマーンに侵入し、ナジドの部族と交流して引き返した。イエメン人のこの地域への侵入は新しい宗派を形成し、次第にそれは新しい宗教となり、彼らは離脱者を意味するハワーリジュ—ただし彼らはビアズーすなわち純粋派と自称するのだが—として知られるその宗派を信奉するようになった。一方でヤズディーやその他の部族は厳格なスンナ派であった。」Bombay Government Selections, No.xxiv, pp.42-43.
> イバード派をハワーリジュ派と同定している部分を除いて、これら全ての陳述は紛れもなく間違いである。（*Imâms*, p.387.）

バジャーはワーデンの報告書に対して、そのほぼ全てが間違いであると評価を下すことで、過去60年間の、すなわちイギリス人が現地で情報収集を開始して以来の、オマーン史を否定した。それまで英植民地官僚が依拠してきたオマーン史に代わって、新たにバジャーの作成した *Imâms* が利用されるようになることは、彼らのオマーン史に対する見解が大きく転換することを意味した。

バジャーはアラビア語を駆使して情報を収集・分析を行う訓練された専門家であり、典型的なオリエンタリストであり、また英国国教会の牧師でもあった。彼は1815年に生まれ、20歳で1年間ベイルートに滞在してアラビア語を習得した[1]。その後ロンドンに戻り、1844年にクルディスタンのネストリウス派教徒に対する宣教活動に派遣された。翌45年にはボンベイ政府のチャプレンとなり、46年にはアデンに派遣された。アデン滞在時には、1848-49年にかけて、アンナ・レオノーウェンス[2]の家庭教師を務め、1850年には再びクルディスタンのネストリウス派教徒の元に派遣された。これ以降の彼の現地経験は、イギリスの植民地的な領土拡大と全く一致する。1857年には、彼はアングロ・ペルシャ戦争でJ. オウトラム率いる英東印軍の従軍牧師を務めた。1860年にマスカト・ザンジバル委員会に参加して「カニング裁定」の作成に関与すると、1872年から73年にかけて、H.B. フレアの奴隷貿易廃止ミッションの通訳として再度ザンジバルを訪問した。フレアは、この直後にアフリカにおける英植民地領の拡大に着手し、名をはせる事となる。バジャーには *Imâms* 以外にも、彼が青年期にマルタ島で生活した経験を生かした『マルタ島とゴゾ島の情景』(*Description of Malta and Gozo* (1838))や、1852年にはクルディスタンに派遣されていた頃に収集した情報を元にした『ネストリウス教徒とその儀式』(*The Nestorians and their Rituals*)といった著書がある。また、*Imâms* を出版した直後には、16世紀初頭に中東を旅行したイタリア人ヴァルテマの旅行記の英訳および解説である『ルドヴィコ・ヴァルテマのインドと東洋旅行』(*The Travels of Ludovico Varthema in India and the East* (1873))を著し、1881年には英語―アラビア語辞書も出版するなど、著述家としての面でも能力を発揮した。

本章の以下の分析で明らかになるように、バジャーが『勝利』を入手した直後に彼が作成した報告書と、それからおよそ10年後に出版した *Imâms* の間には大きな違いがある。この違いの一つは、イバード派イスラームの教義への理解が全く異なる点である。『勝利』入手直後に彼が作成した分析報告書には、イバード派に関する分析は皆無であるものの、*Imâms* では多くの頁を割いてイバード派の教義やイマーム制について分析がなされている。ただし、彼が最初に『勝利』を元に作成した報告書は、後の *Imâms* に比べればよほど『勝利』の内容に忠実であった。同報告書中にみられるバジャーによるオマーン史の解説は、『勝利』のテクストの内容のみから判断される事柄に限定されていたが、*Imâms* には『勝利』には見られない、バジャー独自のオマーン史に対する見解が多く含まれていたためである。

1．バジャーと『勝利』

1 調停活動の開始と『勝利』の発見

サイイド・サイードの治世において、「マスカトのイマーム」の領土は最大になった。19世紀のザンジバルは、奴隷貿易とコーパルの輸出、クローヴのプランテーションで大きな利益を上げていた。オマーンと東アフリカのつながりは古く、ブー･サイード朝の前のヤアーリバ朝の時代には、スルターン・ブン・サイフ1世（位1649-1688）が既に17世紀半ばに東アフリカへの遠征を行っており[3]、それ以降モンバサ、ペンバ、パテなどのスワヒリ地域を中心に、ヤアーリバ朝による支配とオマーン系アラブの入植活動が進展した。これはマスカトの支配者にも引き継がれ、サイイド・サイードの治世に頂点に達した。彼は1802年に11歳で初めて東アフリカを訪問し、その後は1828年に4ヶ月、翌1829年から30年にかけて6ヶ月、1831年から32年にかけて10ヶ月と徐々に東アフリカでの滞在期間を延ばし、1840年12月以降は、ザンジバルを本拠とした[4]。

サイイド・サイードは、マスカトからザンジバルへ向かう途中の航路において、1856年10月に没した。サイイド・サイードの生前、彼がマスカトを離れる際にはマスカトの管理は息子のスワイニーに任されており、同様にザンジバルを離れる際にはそこはもう一人の息子のマージドによって管理されていた。サイイド・サイードの死後、スワイニーはマスカトとザンジバルの両方を自分一人で支配すると主張し、一方でマージドはザンジバルとマスカトが分離されるべきで、ザンジバルを自分が支配すると主張した。両者の対立はサイイド･サイードの死から3年後の1859年に頂点に達し、スワイニーは自分の宗主権を認めないマージドを攻撃するために、2500名の兵を乗せた艦隊をザンジバルに向けて出航させた。この情報を得たボンベイ政府は、スワイニーの艦隊を止めるために急遽ボンベイから巡洋艦パンジャーブ号を派遣したが、これがマスカトに到着した時には既にスワイニーの艦隊は出発した後だった。パンジャーブ号はスワイニーの艦隊を追ってマスカトからザンジバルに急行し、ラース・アルハッド沖でこれに追いついた。この任務のためにパンジャーブ号で派遣されていたラッセルは、スワイニーにザンジバル遠征を取りやめ、イギリスの仲介を受け入れることを承諾させた[5]。この仲介の目的について、当時のボンベイ知事であったエルフィンストーンは、「アラブの首長間で発生する海上での戦争を阻止し、平和を維持することが常に我々の政府の関心事である。その戦争はすぐに海賊行為に落ちぶれてしまう」[6]と述べている。当時の英領インド政府は、スワイニーとマージドが交戦状態に入ることでインド洋の海上交通の安全が保たれず、それによってインド洋交易が停滞すること、また実際に軍事行動が取られた場合に英領インド政府およびイギリス人が保有する財産に損害が出ることを危惧しており、「マスカトとザンジバルにおけるイギリスの利権を保障すること」を目的に介入を決断した[7]。

ボンベイ政府はマスカト・ザンジバル委員会を組織して調停のための調査を命じた。この委員会は、イギリス外務省アデン駐在政務官のコグランを委員長とし、アラビア語の運用能力を買われて調査委員に任命されたバジャーの2名で構成され、一時的な措置としてマスカトのレジデント職に任命されることになったラッサムを伴って1860年5月31日にボンベイを出港した[8]。

サイイド･サイードの死後の領土の管理については、意見が分かれていた。スワイニーとマージドの対立の原因は、スワイニーによれば、マスカトとザンジバルは後者が前者に服属するという形で一体の領土を成しており、ザンジバルはマスカトに毎年4万マリアテレサドルの貢納を支払う義務があったが、これを怠った点にあった[9]。これに対して、サイイド・サイードが没した時にザンジバルに勤務していたレジデントのハマートンは、サイイド・サイードが生前に語った遺言として､以下の情報をボンベイ政府に伝えている。

> 私は確信する。相続に関する閣下〔サイイド・サイードを指す〕の意思は、マスカトのサイイド・スワイニーがアラビアの領土の支配を継承す

ること、ただし、その他の息子達もアラビアの領土の一部の統治者となることを条件とする、というものであった。また閣下は、マージド王子を既に没した息子のハーリドの代わりとみなしており、マージド王子がアフリカの領土の支配を継承すること、ただし自分のその他の息子達がアフリカのその他の多様な地域の統治者となることを条件とする、ということが、閣下の相続に関する意思であった。閣下はしばしばこの取り決めを私に語った[10]。

ハマートンが1857年に没し、その後任として英外務省から派遣されたザンジバル駐在英領事のC. リグビーは、ザンジバルとマスカトの分割を強く主張した[11]。リグビーは1859年4月の彼の報告書の中で次のように記している。

イマーム〔サイイド・サイードを指す〕の一族の多くの前例に照らして疑いのないことであるが、彼は実際に自分の意志で自分の領土を分割する権利、または自分が存命の間にそれらの領土の一部を自分の息子達に割り当てる権利を所有していた。〔略〕〔サイイド・〕スルターンの父のアフマド・ブン・サイードは、存命中に自分の領土を分割し、カイス・ブン・アフマドをスハールに、もっとも幼い息子のムハンマド・ブン・アフマドをスワイクの支配者に任命した。〔略〕長子相続権は認められておらず、部族による選出を伴う場合にのみ支配者の地位が認められる。一般には、支配者が死ぬとその息子達は後継者の地位を争い、部族にもっとも影響力のある人物、もしくは有能な指導者だと期待される人物が選ばれる。〔略〕彼〔サイイド・サイード〕は自分の死後に自分の息子達の間で後継者争いが起こることを予想し、そうなることを避けるために、存命中に自分の領土をスワイニーとトゥルキーとマージドの三人の息子達の間で分割したのである[12]。

スワイニーとマージドの間で領土を分割するという点で、前出のハマートンとリグビーは共通していた。ハマートンは、サイイド・サイードの死の１年前の1855年に作成した報告書の中で、「アラブの間では、長子相続は認められていない」と報告しており、この点でもリグビーと共通しており[13]、この報告書は調停委員会でも確認されていた。

サイイド・サイードは自身の死後について二つの文書を残していた。一つは1844年に当時の英外務大臣アバディーンに宛てた手紙である。サイイド・サイードはその中で、自分の死後にはマスカトの支配者としてスワイニーを、ザンジバルの支配者としてハーリドを任命するという考えを示しながらも、同じ手紙の中でアラビア半島とペルシャ沿岸に保有する領土、および東アフリカの領土の統治者としてスワイニーを指名する旨の記述も見られた[14]。サイイド・サイードがマスカトとザンジバルを別々の領土として二人の息子に分割する意図があったのか否かはっきりとせず、またハーリドはサイイド・サイードより先に1854年に死んでいた[15]。もう一つの文書はサイイド・サイードが残した遺書であり、そこには彼が所有していた奴隷や船舶などの個人財産の処分方法や葬儀の参加者への謝礼などが記載されているだけで、領土の分割や後継者の指名などについては何も触れられていなかった[16]。

2　カニング裁定の成立

マスカト・ザンジバル委員会の情報収集活動は、オマーンの支配者が後継者を指名する権利を有するか否か、また領土を分割する権利を有するか否か、またそもそも王位継承権に関する規定がオマーンに存在するか否か、の３点に絞られていた。前記の通り、ザンジバルに勤務した新旧レジデントのハマートンとリグビーは、共に長子相続が存在しないという点、領土分割の権利を有する点で見解が共通していたが、後継者指名の権利については言及しなかった。

これに対して、調停委員会のコグランは、この３点全てを否定する報告書を作成した。彼がこの報告書を作成する際に根拠としたのが、バジャーが『勝利』の記述を元に作成した報告書である。このバジャーの報告書は、コグランの報告書の添付資料として残されており、これには今日我々が目にすることのできるバジャーによる『勝利』の英訳として、最も古いものが含まれる。この報告書の中で、バジャーは次のように述べている。

> 後に続く引用〔『勝利』の抄訳を指す〕は、およそ２年前にシャイフ・ハミード・ブン・ムハンマド・ブン・ラズィーク〔イブン・ルザイクを指す〕によって書かれた、オマーンの王とイマームに関するアラビア語の作品から取られたものである。これは王位継承に関する情報として極度に価値のあるものである。それによれば、①長子相続はオマーンのアラブにおいてはほとんど王位継承の手段として承認されていない。さらに、これまでは②王位継承においては部族による選出や承認が不可欠なものと見なされている。
> 以下のリスト〔『勝利』に現れるヤアーリバ朝からブー・サイード朝にかけての支配者をバジャーが列挙したもの〕にある③いかなる統治者も、その死に際して後継者を指名する権利を行使したり、自分の領土を処分したとは記録されていない。その家族の構成員で、たまたまその時に最も大きな影響力を行使していた人物が、自薦または他人に推されることで支配権を継承することになる。継承権はしばしば前の支配者の親戚によって争われることとなり、すぐに内乱となり、最も強力な人物が最終的に優位な地位を獲得する。そのような場合でも、④主要部族の意見の一致なしにその人物の統治権が承認されることはない[17]。〔数字と下線は筆者による〕

上記の引用は、『勝利』の第２章の後半から第３章の冒頭にかけての、ヤアーリバ朝とブー・サイード朝の19世紀初頭までの部分の抄訳をもとに作成された。バジャーはこの部分で、ヤアーリバ朝の全てのイマームおよびブー・サイード朝のサイイド・サイードより前の全てのイマームとマスカトの支配者が、どのようにその地位ついたのか、それら全ての事例を確認したのであった。その結果として、バジャーは、長子相続が行われていないこと（下線部①)、支配者には領土分割の権利も、後継者指名の権利も認められないこと（③)

を報告した。これら三つの要素の代わりに、バジャーは「主要部族の同意」という新たな要素を報告したのであった（②④）。

上記のバジャーの報告を受け、一度はサイイド・サイードの領土分割の権利を否定しつつも、コグランは最終的にマスカトとザンジバルの分割を提案した[18]。この決断の背景には、リグビーの影響があったと考えられる。リグビーは奴隷貿易廃止の熱狂的な遂行者として知られていた。彼は奴隷貿易の廃止のためには、実効的な支配を行うことのできる支配者がザンジバルを統治する必要があり、そのためには領土の分割は不可欠で、２つの地域が分割されてザンジバルの支配が安定すれば、東アフリカの経済的繁栄がもたらされ、それがイギリスの利益にかなうと考えていた[19]。コグランはリグビーの意見を受け入れ、領土分割を実施するために、バジャーの報告書にあった「部族による承認」の条件を利用した。コグランは、オマーン系移民によってオマーンで見られる支配者の「選出」という慣行が東アフリカにも見られるようになり、「ザンジバルとそのアフリカの領土の人民が、サイイド・サイードの死に際してその息子のマージドを選出したという事実に鑑みて、…サイイド・マージドがザンジバルとそのアフリカの領土に対して主権を有する主張は、サイイド・スワイニー側のいかなる主張よりも優越する」と結論づけた[20]。コグランの案はそのままカニング裁定となり、スワイニーとマージドがこれを受け入れたことで、彼らがそれぞれマスカトとザンジバルを統治し、領土が分割されることとなった。

3　バジャーの知識

前記の引用にあるように、バジャーは『勝利』を「オマーンの王とイマームに関するアラビア語の作品」と紹介した。そしてその分析の結果として、オマーンの支配者が「選出」と「承認」によってその正当性を獲得すると説明した。この説明はイマームの選出プロセスとよく似ているにもかかわらず、彼は報告書ではイバード派の教義について全く説明しなかった。これは、当時のバジャーの限界であった。『勝利』にはイマームが選出される記述はあっても、その制度がイバード派の教義に従ったものであるという記述がない。

『勝利』に見られる「イマームの選出」に関する記述のみから、それをイバード派の教義に基づく行為であると理解することができないのは当然であり、このためにバジャーは「選出」をオマーンの慣習とみなした。このことは、当時のバジャーが『勝利』以外からイバード派の情報を獲得していなかったことを示している。先の引用と同じ報告書において、バジャーは「イマーム」について次のように説明している。

> ⑤この単語〔イマーム〕は、宗教的な事柄に関する何らかの特別な権威を含意すると理解されるべきではなく、単に道徳的・宗教的にその職に適切であるということを示しているに過ぎない。それは他の資質と同様に、敬虔なイスラーム教徒を支配する者として必要なものと認識されている。元来この称号は、「先に立つ統治者 presiding sovereign」、すなわち弱小君公やシャイフなどに対して上位の権威を持つ人物を意味してきた。ハミード〔イブン・ルザイクを指す〕の歴史書においては、サイイド・サイードの全ての祖先（彼自身を除く）に適用されており、今日においては、彼の息子は全て、アラブから「イマーム」の称号を付されることはない[21]。〔下線と番号は筆者による〕

バジャーはイマームの称号が特別な権威ではないことを明言している（下線部⑤）。1860年当時のバジャーにとって、イマームとは単に諸勢力の上位に位置する人物に対して用いられる称号であり、イバード派の教義によって正統性を承認された統治者の称号として理解されていなかったのである。

これに対して、1871年に *Imâms* を出版した際には、バジャーは「イマーム」をイバード派の教義に立脚した支配者として、以下のように説明している。

> オマーンのイマーム制はその起源をハワーリジュ派に固有の教義に由来し、それはイバード派によって採用されている。彼らはバグダードのカリフの主張を、世俗のことであれ、宗教のことであれ、受け入れなかった。彼らは自分たちのイマームを選出し、聖俗両方の権威を彼に認めた。

彼らはイマームを、その人物の個人的な長所や評判に基づいて、出自に関係なく選出し続けた（*Imâms,* Appendix（A）on the title of “imâm”, p.376）。

ここでは、イマーム制がハワーリジュ派に由来するイバード派の教義に基づく制度であること、イマームがカリフに相当する権威を有すること、出自に関係なく選出されることが明確に述べられている。このようなイマームに対する報告書と *Imâms* の間の説明の変化から、我々はバジャーが1860年から71年の11年間の間に、イバード派の教義に関する知識を得たと考えることができる。

彼がイバード派の教義についてまとまった解説を行っているのは、*Imâms* に付せられた Appendix（B）“The Ibâdiyah” である。そこではカズウィーニーの『創造物の驚異』（*‘Ajā’ib al-makhlūqāt wa gharā’ib al-mawjūdāt*）やムルタダー・ザービディーによる辞典『辞書の宝石でできた花嫁の宝冠』（*Tāj al-‘arūs min jawāhir al-qāmūs*）、シャフラスターニーの『諸分派と諸宗派の書』（*Kitāb al-milal wa al-niḥal*）といったアラビア語史料に加え、パルグレーヴのアラビア半島の旅行記 *Narrative of a year’s journey through Central and Eastern Arabia* などが参照されており[22]、彼がこれらの書籍からイバード派の知識を獲得したことは間違いない。

2．「マスカト史観」の構築

1　「摂政説」と「サイイド説」

バジャーは、『勝利』の英訳を通じて、そして新たに獲得した情報から、以下の2点を理解した。第一に、オマーンにおいては支配者に正統性を付与する制度化された規範はイバード派の教義以外には存在しない。第二に、「イマーム」の称号はイバード派の教義に基づいて付与される。この二点が、マスカトの支配者をオマーンの統治者と見なし、また実際に外交関係を取り結んできたイギリスの対オマーン外交と一致しない事は明らかである。前章で確認したように、イギリスは、イマームではないマスカトの支配者をイバード派の教義と関係なくイマームと呼んでいた。このようなイギリスの対オマーン外交と『勝利』の記述のずれがあることを理解したバジャーは、*Imâms*を作成するに当たって辻褄を合わせようと試みた。この目的のために、バジャーはオマーン史に対する解説を作成し、それを『勝利』の英訳に追加した。この解説は、128頁に達する「序論と分析」(Introduction and analysis)と、33頁の「補遺」(Appendix (A〜C)) である。イギリスの対オマーン外交を正当化するために、彼はこれらの解説の中で二つのオマーンの歴史解釈枠組みを元に、辻褄合わせを試みた。その一つは、マスカトの支配者がルスタークのイマームの摂政であったとする解釈である。この解釈により、現地で機能していた支配者の正当性を承認するイマーム制に依拠しながら、マスカトの支配者の地位を正当化することができる。もう一つは、ブー・サイード族がオマーンで支配者集団として特権的な「サイイド」としての地位を獲得したとする説である。本書ではこれらの歴史解釈枠組みを、それぞれ「摂政説」と「サイイド説」と呼ぶ。

「摂政説」とは、バジャー独自の歴史解釈である。バジャーが依拠した『勝利』には、ブー・サイード族のアフマドがイマームに就任し、その死後には息子のサイードがイマームに就任したことが記されている。同様に、彼がイマーム位にあった間、彼の息子のハマド、彼の兄弟であるスルターン、その

図3-1　イマーム・サイードとその「摂政」

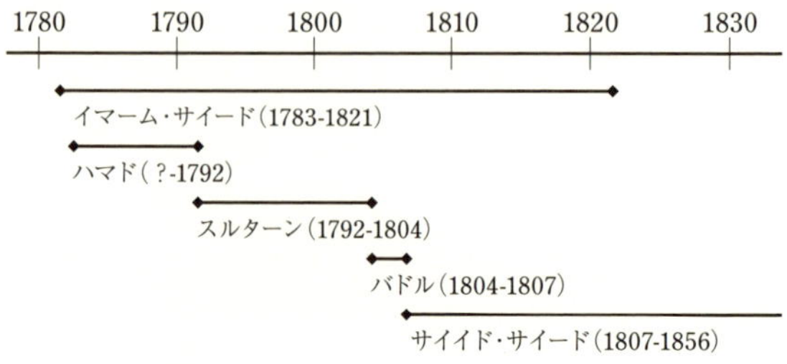

出所：オマーンの歴史書の記述を元に、筆者作成。

息子のサイイド·サイードが、マスカトの統治者となった事が記されている。これらのマスカトの統治者が、イマーム・サイードの「摂政」であったとするのが、「摂政説」である。この「摂政説」について、バジャーは以下のように記述している。

> 〔イマーム〕サイードがイマームの地位にある間、彼は自分の息子のハマドを自分の代理として摂政に任命した。〔略〕ハマドの摂政の地位はおじのスルターンに引き継がれた。〔略〕スルターンの後継者であるサイイド・サイードは、自分自身を摂政の地位に据えた。(*Imâms* xcvii-xcviii.)

この解釈枠組みにより、マスカトの支配者はイマームではないものの、イマームの権力を代行する「摂政」に位置づけられる。このため、イギリスがマスカトの支配者をイマームとみなして外交関係を築いた過去は、大きな間違いではなくなる。しかし、イマーム・サイードの死によってイマームが空位となると、「摂政説」の効力も失われる。では、バジャーが生み出したオマーン史表象において、イマーム亡き後マスカトの支配者の権威は何によって正当化されるのか。

これを説明するのが、「サイイド説」である。「サイイド説」とは、アフマドがブー・サイード族を特権的な集団として示すための称号として、新たに「サイイド」という称号を案出したという、バジャー独自の解釈である。これについて、バジャーは次のように説明した。

> 彼〔アフマド・ブン・サイード〕の治世において、彼の息子達は「サイイド」、すなわちLordという称号を、娘達は「サイイダ seyyida[23]」、すなわちLadyという称号を獲得し、彼らの子孫達はこれ以来この称号を保持した。このように用いられたこの称号は新制度innovationである。その上、それは支配家系を顕彰し、集団としての威厳を与え、他の全ての現地の首長や有力者に対して優越する地位を与えた。「サイイド家」"

> House of Seyyids” は、ヨーロッパにおける「王室」と同様に、承認された王朝となり、王位継承の最初の権利を有する。(*Imâms*, p.377.)

> イマーム〔・アフマド〕は自分の息子達のために「サイイド」すなわち王子（Princes）という称号を提供しなければならなかった。息子達はそのように称するようになり、またそれに際して、アフマドは息子達に属領として、その防御を担わせつつ、集落を与えた。このように創始された習慣は、次第にシステムへと発展した。サイイド達はその後このシステムに基づいて国家の領土のある程度の部分が自分たちの個別の管轄として配分される特権を主張するようになった。この称号の授与は、通常は受領者の側に封建的な服従の義務を伴い、またそれが取り消されることにも従わなければならない。(*Imâms*, Introduction and analysis, li)

バジャーによれば、アフマドの子孫は、アフマドによって作りだされた「サイイド」という称号を得て、その称号は「王家」の称号となったという。バジャーはさらに、支配者と「サイイド」達は「属領」を仲立ちとして封建的な関係を形成し、王位継承権を持つ「サイイド」達によってオマーンが支配されていたと説明した。この説明により、ブー・サイード族という集団は、イマームではないものの、オマーンを統治する「王家」として説明することが可能となった。このように、バジャーは「サイイド」によるオマーンの統治と、「摂政」のマスカト支配という解釈枠組みを提示することで、マスカトの支配者を、オマーンの正統な支配者として説明する枠組みを作り上げたのであった。この二つの解釈枠組みは、しかしながら、『勝利』には基づいていない、バジャー独自の創造物である。以下に、*Imâms* と『勝利』を参照しつつ、「サイイド説」と「摂政説」が『勝利』に基づいていないことを検証する。

2 検証

「摂政説」

オマーンの歴史史料に、イマームの「摂政」が一人も登場しない訳ではない。『勝利』には、確かにイマームの「摂政」が記録されている。しかしその記述は18世紀前半に発生したヤアーリバ朝の内乱に関するもので、そこでは当時のイマームであるサイフ・ブン・スルターン２世の摂政としてヤアルブ・ブン・バルアラブとバルアラブ・ブン・ナースィルが「摂政」と記されている。サイフ２世がイマームに就任した際、彼が幼少であったことからそのイマーム位に異議が唱えられ、ムハンナー・ブン・スルターンが新たにイマームに選出された。この成り行きに反対する勢力はヤアルブを押し立ててムハンナー陣営と衝突し、ヤアルブはムハンナーを殺害して実権を握った。この経緯は『勝利』には次のように記されている。

> 実権はヤアルブ・ブン・バルアラブのものとなったが、ヤアルブはイマーム位には就かなかった。当時イマーム位は彼のいとこのサイフ・ブン・スルターン〔２世〕にあり、彼〔ヤアルブ〕は摂政であった（huwa qā'im bi 'amr-h）。というのも、サイフは当時幼少であり、国事を執り行うことができなかったからである。（『勝利』266頁）

このできごとのしばらく後、ヤアルブはイマームに就任した。しかしサイフ２世を支持する勢力はヤアルブのイマーム就任に反対してバルアラブ・ブン・ナースィルを推挙し、バルアラブはヤアルブを追放して実権を握った。この出来事について、『勝利』は次のように記している。

> 実権は、彼〔バルアラブ・ブン・ナースィル〕が摂政で、イマームはサイフ・ブン・スルターンであるという条件の元に（'alā 'anna-h al-qā'im bi al-dawla, wa 'alā 'anna al-imām Sayf b. Sulṭān）、バルアラブに委ねられた。（『勝利』269頁）

このように、『勝利』にはヤアルブとバルアラブがサイフ２世の摂政として記されており、qā'im bi 'amr-h あるいは qā'im bi al-dawla の表現が「摂政」regent と訳されている事が分かる[24]。ところが、バジャーがイマームの摂政であると説明したハマド、サイイド・スルターン、サイイド・サイードの３名のマスカトの支配者は、*Imâms* の本文中では摂政と記述されておらず、『勝利』においてもこれら３名は一人として摂政と書かれていない。すなわち、「摂政説」は、『勝利』に依拠したものではなく、バジャー独自の創作である。

ただし、テクストに用いられた語句の問題ではなく、テクストの解釈によっては、イマームではない有力者があたかも摂政として、その権力を行使した、と考えることができるかもしれない。しかしながらこのような方法を用いても、やはり摂政説が『勝利』に基づいているとは判断できない。『勝利』によれば、イマーム・サイードの存命中にマスカトを統治したハマド、バドル・ブン・サイフ、サイイド・スルターン、サイイド・サイードの４名の内、バドル、サイイド・スルターン、サイイド・サイードはイマーム・サイードと敵対し、武力と計略を用いてイマームからマスカトを奪取している。これらのマスカトの支配者に、イマーム・サイードと協力し、彼を補佐する摂政の役割を見いだすことは難しい。むしろ、彼らとイマーム・サイードの間に見いだせるのは、敵対関係である。一方で、ハマドとイマーム・サイードの間には部分的に協力関係が存在していたように記されている。このように、『勝利』の記述に従えば、イマーム・サイードの事実上の摂政とみなしうるのはハマドのみであり、それ以外のマスカトの支配者は語句の上でも、また解釈によっても、イマームの摂政であったとみなすことはできない。

「サイイド説」

いくつかの先行研究が指摘しているように、「サイイド」の称号はアフマド以前から用いられており、特にアフマドによって作りだされた称号というわけではない[25]。また、オマーンでは有力者を「サイイド」と呼ぶ習慣があり、これは特にブー・サイード族に限定して用いられる称号ではない[26]。そもそも、『勝利』において、「アフマドがサイイドの称号を息子に授与した」

という記述や、「アフマドが領土を分配した」という記述はない。もっとも、このような直接的な表現でなくとも、ブー・サイード族の人物が知事（wālī）職にあるような場合、支配者からその任地が与えられたと解釈することもできる。この点について、『勝利』には、アフマドがオマーンの各地に人を配置したり、部隊の司令官を任命する事例が14件確認できる。このうち、アフマドの息子はイマーム・サイード１名のみである（表3-1参照）。このように、『勝利』はアフマドが息子達に領土の分割を行った記述を含んでいない。

ただし、このような直接的な記述ではないものの、ブー・サイード族の特定の集団が継続的に特定の地域を支配していた事例は記されている。『勝利』には、イマーム・アフマドの息子のカイスは、イマーム・アフマドの存命中からスハールを統治しており、その地位は息子のアッザーン１世（1808-1814）

表３-１　アフマドが任命した知事、司令官など

人名	任地（役職）	典拠
ムハンマド・ブン・スライマーン・ブン・アディー・アルヤアルビー	ナフル	155/308
ルザイク・ブン・バヒート	マスカト（会計官）	158/310 165/322
ムハンマド・ブン・ルザイク	マスカト（会計官）	158/310
シャイフ・サーリフ・ブン・サバーヒーヤ	ワーディー・ニズワー	159/311
バヌー・サイードの某	ルスタークの要塞の兵隊長	160/312
ハルファーン・ブン・ムハンマド・ブン・アブドゥッラー・アルブー・サイーディー	マスカト	165/321
某	マスカト	165/321
ハサン・アッサルハンジュ	艦隊司令	165/321
ムハンマド・ブン・アーミル・ブン・アリーク・ブン・アルアダワーニー	マスカト（裁判官）	165/321
ハミース・ブン・サーリム・アルブー・サイーディー	マスカトとマトラフの軍司令	-/321
某	バルカー	172/329
ムハンマド・ブン・ウマイル・アルブー・サイーディー	ガビー要塞	183/337
ラビーア・ブン・アフマド・アッルワーヒー	ナアマーン・バルカー	187/340
サイード・ブン・アフマド	ニズワー	189/342

典拠欄に記した数字は、*Imâms*／『勝利』の該当頁。
出所：*Imâms* と『勝利』の記述を元に、筆者作成。

に受け継がれたと記されている[27]。また、アッザーン１世の死に際してサイイド·サイードは自らスハールに入城してアッザーン１世の代理を追い出し、新しい知事を配置してそこを自分の支配下に組み入れたとされる[28]。1829年にサイイド・サイードがマスカトを離れてザンジバルに向かうと、翌年にはアッザーン１世の息子のフムード（?-1850年）がスハールの住民の支援を得てそこを占領し、1850年に没するまでそこを支配した[29]。このようなカイスとその子孫によるスハール支配の記述は、ブー・サイード族の一部が、オマーンの一部を所領としていたという説明を生み出す根拠にはなり得る。しかしながら、この記述は同時に、所領を得たブー·サイード族の人物が「封建的な服従の義務」を負っていたというバジャーの説明を否定する。『勝利』の記述では、サイイド・サイードはカイスとその子孫が権力を拡大することを懸念してスハールを武力で奪取しており、これに対してフムードはサイイド・サイードからスハールを奪還したとされる。

『勝利』には、一つの系譜集団が集団で領土を支配する記述がしばしば見られ、これはブー・サイード朝に限ったことではない。例えば、ヤアーリバ朝の成立時の記述として、ヤウルブ族はルスターク周辺を支配する一族であったことが記されている。ヤアーリバ朝初代イマームのナースィル·ブン·ムルシドの祖父に当たるマーリク・ブン・アビー・アラブは、ナブハーン時代末期にルスタークを支配しており、ナースィルがイマームに選出された頃には、マーリクの孫達がそこを支配していたと記されていることから、一つの町の支配者の地位が少なくとも３代にわたって継承されていたとする記述が見られる[30]。このため、『勝利』によれば、一つの系譜集団が複数の集落を支配する形態はアフマドによって生み出されたものではなく、アフマドのイマーム就任以前からオマーンで広く見られたことになる。このように、「サイイド」がアフマドによって生み出された称号であるとする説や、また領土の配分を通じた封建的支配体制という説も、『勝利』には基づいていない。

このように、「サイイド説」と「摂政説」は共にバジャーの創作ではあったが、この二つの要素を用いることで、バジャーはイバード派イマーム制を参照しつつ、ブー・サイード族出身のマスカトの支配者をオマーンの支配者とみなす「マスカト史観」に基づいてオマーン史を叙述することを可能とした。バジャーの *Imâms* は湾岸地域に勤務した彼以降の英植民地官僚の著作のほとんど全てに引用されているため、「摂政説」と「サイイド説」も彼らの間で多く用いられるようになる。*Imâms* の出版から3年後の1874年に、当時ブーシェフルのエージェントであったロスが *Annals* を出版した際には、彼は *Imâms* を参照している[31]。ロリマーもまた *Gazetteer* の第1巻第2章「スルタン国の歴史（History of the 'Oman Sultanate）」において、彼が用いた典拠として *Imâms* を挙げ、「オマーンに関する最も総合的な歴史書」と記し[32]、また同書第1巻第2部の補遺で「ペルシャ湾におけるイバード派」の項目を設けており[33]、そこでも *Imâms* や *Annals* が参照されている。事実、*Gazetteer* では「摂政説」が採用され、ハマドが摂政と記述されている[34]。さらに、マイルズも『ペルシャ湾の国家と部族』の中でイマーム・サイードの息子のハマドが父の摂政であったと記述した[35]。

3　『勝利』の簒奪

バジャーの解説抜きに、『勝利』をそのまま読んだだけでは、読者にはサイイド・スルターンやサイイド・サイードはマスカト周辺を支配したように見えるに過ぎず、時にその支配領域が拡大しようとも、彼らをオマーンの支配者と捉えるには相当の先入観や作為的な解釈が必要となる。

これは、『勝利』に記述されたサイイド・サイードのオマーン支配の様子を確認するだけでも明らかである。例えば、ワッハーブ勢力（現在のサウディ・アラビア）の侵攻が1811-13年、1830-33年、1845年と断続的に発生し、その度にサイイド・サイードは窮地に立たされた。1811年には、ブライミーから派遣されたワッハーブ軍は、オマーン地域の内陸部に侵攻した[36]。ジュブール族やヤアルブ族など、オマーンの有力な系譜集団がワッハーブ軍に加わり、これらの軍は内陸部に展開するサイイド・サイードの部隊を追い出し、ワッハーブ軍は自軍に味方する系譜集団にゆだねた[37]。その後、ワッハーブ勢力の指導者であるスウードの息子達がオマーンの遠征に乗り出し、アジュマーンからオマーン地域の海岸に沿って南下し、進軍を続けた。この軍はマトラフの略奪を完了するとマスカトを迂回して南下し、海岸部の諸集落を略奪しつつ、ラース・アル・ハッドにまで到達した[38]。サイイド・サイードは、ワッハーブ軍がオマーンの海岸線を蹂躙するのを食い止めることはできず、唯一彼ができたのはワッハーブ軍に貢納を支払ってマスカトの攻撃を回避することだった[39]。この後、ワッハーブ軍は司令官の死や首都であるダルイーヤへのエジプト軍による進軍を受けてオマーンを撤退し、サイイド・サイードは難を逃れることができた。

ワッハーブ派によるオマーン攻撃は最も甚だしい事例であるが、サイイド・サイードはオマーンの諸勢力から常に攻撃に晒されていた。このため、『勝利』を読む限り、彼は確かに東アフリカにまで領土を拡大させた征服者として称揚される人物ではあったが、オマーンに限定すれば、マスカトとその周辺を支配していたに過ぎない。これに対して、バジャーは『勝利』に記されたマスカトの支配者をオマーンの支配者として読むことを可能とするため、「序論と分析」と「補遺」の二つの部分で『勝利』の英訳を挟み込む形式で、*Imâms* を著した。この結果、*Imâms* の読者はまずバジャーによる長編の「序論と分析」を読み、そこで得られた知識を念頭に置きつつ『勝利』の英訳を読み、その後再度「補遺」を読むことで、バジャーの意図した通りの「読み」を行うことになる。実際、英植民地官僚が主に参照したのは、バジャーが作成した彼独自の解説であり、『勝利』の英訳部分ではなかった。つまり、バジャーの *Imâms* が英植民地官僚に広く受容されたということは、『勝利』の英訳が読まれたのではなく、「摂政説」や「サイイド説」に基づいて構築された「バジャー版」のオマーン史が浸透したことを意味する。

3．隠されたオマーン史表象

1 アッザーン２世の矮小化

カニング裁定以降、マスカト史観はいくつかの試練に晒され、動揺することになるが、それは英植民地官僚の著作には現れず、隠されたオマーン史表象となっている。マスカト史観を否定するような最初の動きは、早くもカニング裁定の直後に現れていた。カニング裁定によってブー・サイード族出身のマスカト支配者がオマーンの支配者に位置づけられたが、その地位は現地社会から全く受け入れられなかった。例えば、カニング裁定後にブー・サイード族内部での権力闘争によって、マスカトの支配者が相次いで交代することとなった。調停が成立した1861年には早くもスワイニーの兄弟でスハールを支配していたトゥルキー・ブン・サイードがスワイニーの地位を認めずに敵対したため、スワイニーはトゥルキーを捕えて幽閉した[40]。この５年後の1866年には、スワイニーはスハールにおいて息子のサーリム・ブン・スワイニーによって暗殺され、サーリムがマスカトの支配者となった[41]。次に、内陸部でブー・サイード族の傍系出身のアッザーン・ブン・カイス２世が挙兵し、その軍はマスカトを占領するに至った。サーリムはマスカトに停泊していた船舶に避難し、そのままインドに亡命した[42]。アッザーン２世は、1868年にオマーン史上で初めてマスカトでイマームに選出され、言わば本物の「マスカトのイマーム」となった。このような状況は全て「マスカト史観」に抵触する。バジャーの「摂政説」では、イマームの権能がその摂政であるマスカトの統治者に受け継がれたと説明される。「摂政説」がイマームの支配者としての地位を正当化することで成立している以上、それはアッザーン２世もまた正当な統治者に位置づける。しかしながら、バジャーはアッザーン２世がイマームに選出されたことを知らなかったようである。*Imâms* が取り扱う『勝利』の英訳部分はサイイド・サイードの晩年で終了しているが、「序論と分析」は1870年までを扱っている。バジャーはそこでアッザーン２世によるマスカトの占領とその後のトゥルキーとの戦いについて言及しており、両者の争いの将来的な予測を行って以下のように記している。

> どちらが勝利するか予想するのは難しい。機会は決定的にアッザーン２世に有利である。なぜなら、彼は既に事実上の支配者であり、国家の収入を獲得し、関税収入を自身の自由に使用することが可能であり、つまりは資力を得ている。しかしトゥルキーは自分を支援する傭兵を雇う資金がない。トゥルキーの正当性に関する主張については、オマーンには

王位継承に関するいかなる承認された法も存在しないことを忘れてはならない。〔略〕アッザーン２世は王朝の初代イマームであるアフマドの直系の子孫であり、アフマドから数えてサーリムと同じ親等にあり、トゥルキーよりも１親等遠いだけである。(*Imâms*, cxviii-cxix)

バジャーがイマーム制ではなく「王位継承に関する制度がないこと」に言及し、またアッザーン２世の支配者としての正当性を、イマームとしてではなくアフマドから数えた親等ではかろうとしていることからも明らかなように、バジャーはアッザーン２世とトゥルキーの争いを支配一族内部の争いと捉えており、イマームとスルタンの争いとは捉えていない。このことから、バジャーはアッザーン２世がイマームに選出されたことを知らなかったことは明らかである。1869年当時の英領インド政府はアッザーン２世がイマームに選出されたという情報を得ていたが[43]、既に英領インド政府の職を離れていたバジャーには、その情報がもたらされなかったのであろう。ただし、アッザーン２世をイマームと見なしても、彼のイマーム就任期間は３年と短く、まもなくイマームではないトゥルキーがマスカトの支配者についたため、このイマームの復活はマスカト史観にとって大きな問題にはならなかった。ロリマーはアッザーン２世について、以下のように記している。

彼の統治の初期において、アッザーンはその宗教界の支持者から公にイマームであると言われていたが、しばしば彼に対して用いられたこの称号が、オマーン全体の部族による承認を経たのかどうか、定かではない。(*Gazetteer* 第１巻第１部、483頁)

2　20世紀におけるイマーム制の復活と、スィーブ条約

次に「マスカト史観」の動揺が見られたのは、1913年に内陸部でイマームが選出された時のことであった。この時復活したイマームは、３代にわたってオマーン内陸部を支配し、1956年にイギリスの空爆で滅ぶまで続いた。サーリム・ブン・ラーシド（位1913-20）、ムハンマド・ブン・アブドゥッラー

(位 1920–54)、ガーリブ・ブン・アリー（位 1954–55）の３名のイマームの中で、サーリムは内陸部を広範囲に支配することに成功し、その支配領域から招集される強力な軍事力を有することとなった。サーリムはこの軍を率いてマスカトを脅かしたため、英領インド政府は 1915 年からスルタンとイマームの間の和平交渉を仲介し、1920 年には相互の内政不干渉を承認するスィーブ条約が締結された。これにより、イギリスは復活したイマームによる内陸部の支配を事実上承認し、同時にマスカトの独立を維持しようとした。在マスカト英領事でスィーブ条約の仲介を行ったR. ウィンゲートは、この条約交渉に関する報告書の中で、イバード派とオマーンの政治、そしてイギリスによるオマーン支配の歴史をまとめている。やや長いが、以下に引用する。

> イスラームの一派のイバード派の教義によれば、イマーム・アルムスリミーン〔イバード派の支配者としてのイマームを指す〕は民衆によって選出されなければならない。継承権は存在しないが、イマームが死んだ際にはその息子がイマームとして受け入れられることもしばしば存在した。
>
> 今日の王朝の創始者であるブー・サイード族のアフマドがイマームに就任したことで、この制度〔イマーム制〕は変化し、スルタン国の支配者は正式にイマームに選出されることなく王朝を継承してきた。これはスルターン・ブン・アフマドが自分の兄弟でイマームに選出されていたサイード・ブン・アフマドから権力を奪取したことが出発点であり、イマーム・サイードは死ぬまでイマーム位を保持したが、世俗の権力は保持しなかった。
>
> 1790 年から 1856 年の間のスルターン・ブン・アフマドとその息子の〔サイイド〕サイードの統治は、海上勢力としての成長、ザンジバルに代表される海外進出、内陸部のルスタークから海岸部へのマスカトへの首都移転〔略〕によって特徴付けられる。首都を海岸部に移動させて内陸部から切り離したことは、スルタン達の内陸部への支配を失うきっかけであり、無分別な行為であった。〔略〕

過去60年にわたるオマーンの諸部族から支配家系への敵対は、以下の事が原因である。
⑴宗教：イバード派の教義によれば、支配者は選出されなければならない。この手順を経ないスルタン達は、権力の簒奪者である。
⑵スルタン達の個人的性格：この上なく退廃的であり、オマーンの諸部族がスルタン達を支配者に適格ではないと述べるのも、正当化できてしまう。
⑶スルタンの支配の特徴：蔓延している不正を解消するような、個人的な管理能力は完全に欠如している。
⑷外国の介入：これは狂信的なそして無知なオマーン人の目には、自分たちが最も大切にしてきた武器や奴隷の輸入の権利に敵対しているものと映る。スルタンは自分の臣民には全く相談を行わないままに、大金を受け取って外国の介入を黙認するが、受け取った金額の1ペニーたりともオマーン人の目に触れさせることはない。〔略〕
我々のマスカトに対する政策を考慮するに、上記の最後のポイントを決して忘れてはならない。スルタン国の支配者との条約や協定を少しでも吟味するなら、我々の介入が完全に我々の私欲に基づくものであり、この国とその支配者の政治的・社会的状況を全く考慮していないことが分かるだろう[44]。

ウィンゲートは、ルスタークを支配していたイマームの権力が世俗と宗教に分離し、首都の移転と共に世俗の権力がマスカトのスルタンに移行したという「マスカト史観」に基づいた説明を行いつつも、そのような行為が内陸部の部族の反発を招く原因になったと否定的に捉えている。上記の引用には「過去60年にわたるオマーンの諸部族から支配家系への敵対」という表現があるが、この報告書が作成されたのが1920年であるから、ここで言及される60年とは、1860年から1920年の期間を指す。すなわちこの報告書は、「カニング裁定」から「スィーブ条約」まで、マスカトの支配者は常にオマーンの系譜集団からその正当性を承認されておらず、その原因は支配者がイマーム位を喪失し、首都をマスカトに移転したこと、そしてそのような人物をイギリスがオマーンの支配者として支援し続けたことにあると明言している。*Imâms*、*Annals*、『ペルシャ湾の国家と部族』、*Gazetteer* といった英植民地官僚の著作が取り扱う時代は *Gazetteer* が最も長く、1907年までであるため、これらの作品は内陸部でイマーム制が復活したことはもとより、スィーブ条約も取り扱っていない。このため、ウィンゲートが作成した報告書に見られるマスカトの支配者への評価は、一般には決して明らかにされなかった。

この5年後の1925年、インド庁の事務次官補であったJ.G.ライスウェイトは、秘文書の記録として当時のマスカト内政を取りまとめる中で、以下のように記述している。

> 1783年まで、マスカト国の首都は内陸部のルスタークにあった。1793年[45]まで、イバード派イスラームの教義に従って、世俗と宗教の両面を有する支配者が、人民から選出されていた。首都を海岸部のマスカトに移動させたことは、内陸部の狂信的な部族をそれまで彼らが従っていた直接的な支配から解放し、一方でスルターンが1793年に権力の簒奪を行って選出の手続きを軽んじたことで、内陸部の部族は自分たちの名目上の支配者を簒奪者と見なすようになった。首都の移転が生み出した異教徒の外国勢力との関係や、やはり首都移転の影響である支配家系の能力の低下は、オマーンの部族に対するスルタンの地位の低下を招いた[46]。

ここでは、ライスウェイトは *Gazetteer* の第1巻417頁前後を典拠として明示しながら、オマーン史を記述し、首都移転やイマームの権能の分離などに言及しており、「マスカト史観」に基づくオマーン史であることは明白である。また、ウィンゲートと同様に、イマームからスルタンへ、内陸部からマスカトへの権力の移行が、オマーンの政治の混乱を招いたと主張する。

このように、スィーブ条約の締結をきっかけに、英植民地官僚はマスカトの支配者がイマーム位を喪失したことを失敗とみなしていたのであり、マスカト史観はマスカトの支配者が内陸部への影響力を喪失する「失敗物語」の原因を説明する枠組みに転換された。この歴史観は、1920年前後の一時的なものではなく、イマームによる内陸部の支配が続いていた1950年代まで、英植民地官僚の間で定着していたようである。例えば、1951年に作成されたイマーム国の行政機構に関する報告書では、以下のように記されている。

> 1793年まで、マスカト国の支配者は選出されており、その首都は1783年までは内陸部のルスタークにあったが、その後マスカトに移された。その結果、内陸部の部族への支配は失われた。1793年のスルターンによる権力の奪取と、その後の支配者の選出手続きの放棄により、内陸部の部族は支配者を簒奪者とみなすようになった[47]。

この報告書には典拠が示されていないが、上記二つの報告書と酷似していることが明らかであり、1920年から1951年まで、マスカト史観が失敗物語として英植民地官僚の間で伝達・複製されていたことが明らかである。

第2期の末期、すなわちオマーン問題が発生する直前には、英外務省の内部文書では、オマーンの内陸部のほぼ全域がイマームの支配下にあることが記載されるに至っている。1954年に現在のオマーンとアブダビの間に存在するブライミーオアシス周辺に対してサウディ・アラビア政府が領有権を主張した[48]ことで「ブライミー問題」が発生した際、英外務省はこの地域の領有権を調査し、「オマーンのイマームとマスカトのスルタンの小史」[49]と題する覚書を作成した。この覚書には「イマームの支配権の及ぶ範囲を非常に大まかに示している」地図が添付されており（図3-2）、それはオマーンの内陸部のほぼ全てがイマーム国の主権下にあることを事実上認めるものであった。しかしながら、この報告書は英外務省の内部資料であり、一般公開されることはなかった。一般に広く知られたオマーン史とは、バジャー、ロス、マイルズらが作り出したものであり、イマームの権能がマスカトの支配者に継承され、それゆえにマスカトの支配者にはオマーンの統治者としての正統性があるとみなす歴史であった。

図３-２　英植民地官僚が記したイマーム国の支配領域

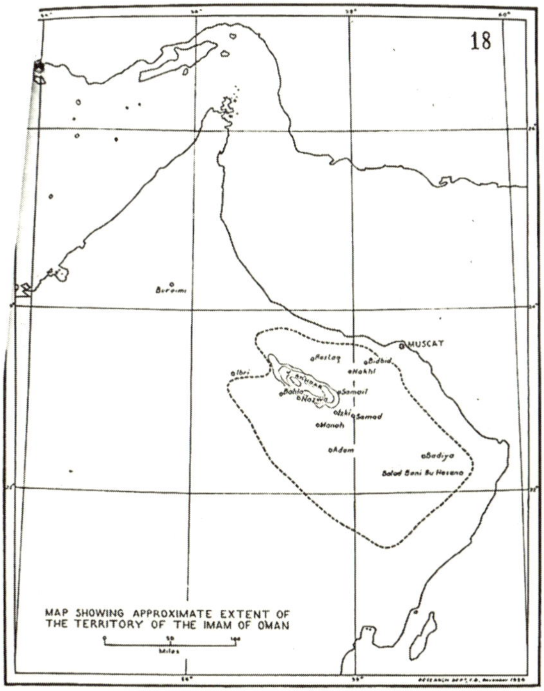

点線で示されている部分が、イマーム国の支配領域を示す。
出所：FO 371/114578. Brief history of Imam of Oman and Sultan of Muscat up to present day, attaching map showing approximate extent of the territory of the Imam of Oman, Foreign Office Minute, Research department, 24/12/54.（部分）

●注

1　Stephen, L. and S. Lee. *The dictionary of national biography*, vol.XXII, supplement, Oxford University Press, 1959-60（1917）, pp.94-95.

2　*The English Governess at the Siamese Court*（1870 年）と *The Romance of the Harem*（1872 年）を著し、『王様と私』に登場するシャム王の家庭教師のモデルとなった人物（小泉順子『歴史叙述とナショナリズム　タイ近代史批判序説』東京大学出版会、2006 年、第５章を参照）。

3　福田安志「ヤアーリバ朝における通商活動とイマーム」『オリエント』34-２号、1991 年、77 頁。

4　Bhacker, R. M., *Trade and empire in Muscat and Zanzibar: roots of British domination,* Routledge, 1992, p.93. なお、サイイド・サイードのザンジバルへの「遷都」には、湾岸地域における領土拡張政策の行き詰まりや、東アフリカ沿岸部でのプランテーションの成長などの理由が指摘されている。

5　Kelly, *Britain and the Persian Gulf:1795-1880,* Clarendon, 1968, p.535.

6　Henderson, P.D. "Précis of Correspondence relating to Zanzibar affairs from 1856 to 1872", 1872, in Bailey, R. W. *Records of Oman 1867-1947,* Archive Editions, 1988, vol.1, p.90.

7　Kumar, R. *India and the Persian Gulf 1795-1880,* Clarendon, 1965, p.28.

8　Henderson, *op. cit.,* p.106.

9　Kumar, *op. cit.,* p.26.

10　Henderson, *op. cit.,* p.89.

11　Sheriff, A. *Slaves, spices & ivory in Zanzibar: integration of an east African commercial empire into the world economy, 1770-1873,* James Currey, 1987, p.211.

12　Henderson, *op. cit.,* p.7.　リグビーはこの情報を、当時ザンジバルを訪問していたヒラール・ブン・ムハンマド（引用に見られるスワイクの支配者ムハンマド・ブン・アフマドの息子）から聞いたと報告している。なお、この引用の最後に「スワイニーとトゥルキーとマージドの三人の息子達」とあるのは、当時の英領インド政府が、スハールを統治するトゥルキーを他の２人の兄弟に比肩する権力を有するとみなしていたため、リグビーはスワイニーがマスカトを、マージドがザンジバルを分割されたように、トゥルキーもまたサイードからスハールを分割されたと説明したのであった。

13　Hamerton, A. "Brief notes, containing information on various points connected with His Highness the Imaum of Muskat and the nature of his relations with the British Government, &c", 1855, in *AGI* p.237.

14　サイイド・サイードからアバディーンへの手紙については、Bhacker, *op. cit.,* Appendix ２: Said B Sultan's 1844 letter to Aberdeen を参照。

15　Henderson, *op. cit.,* p.89.

16　このサイイド・サイードの遺書については、IOR/P/204/41 Fort William Proceedings for April 1861, Appendix C を参照。

17　IOR/P/204/41, Fort William Proceedings for April 1861, p.91.

18　Kumar, *op. cit.,* pp.17-18.

19　Coupland, R. *East Africa and its invaders: from the earliest times to the death of Seyyid Said in 1856,* Clarendon, 1938; Henderson, *op. cit.,* p.28.

20　Henderson, *op. cit.,* pp.25-28.

21　IOR/P/204/41, Fort William Proceedings for April 1861, p.92.

22　バジャーが *Imâms* の出版にあたって参照した書籍については、同書につけられた参考文献一覧を参照（*Imâms,* "Editions of books quoted or referred to by the editor"）。

23　サイイダ（アラビア語では al-sayyida）はサイイドの女性形である。

24　*Imâms,* 101 および 105 頁を参照。

25　福田安志「イマームとサイイド――18世紀オマーンにおける軍制の変化――」『オリエント』32-2、1989年、119頁；Wilkinson, *The Imamate Tradition of Oman*, Oxford University Press, 1987, xvii.
26　Bhacker, *op. cit.*, p.212n49. なお、これはオマーンに限定されず、他のアラブ諸国でも有力者や著名人に「サイイド」が用いられる場合は多い。
27　『勝利』434頁。
28　『勝利』461-462頁。
29　『勝利』474-475頁。
30　松尾昌樹「ヤアーリバ朝成立期におけるオマーンの部族とイマーム――部族間の協力・敵対関係とイマーム支配の成立過程」『イスラム世界』56号、2001年、23-25頁。
31　*Annals*, p.1.
32　*Gazetteer*, vol.1, p.397.
33　ibid., vol.1, p.2373.
34　*ibid.*, vol.1, p.419.
35　Miles, S. B. *The Countries and tribes of the Persian Gulf*, Frank Cass, 1966, vol.1, pp.283-284.
36　『勝利』437頁。
37　『勝利』438頁。
38　『勝利』453-454頁。
39　『勝利』454頁。
40　From senior lieutenant W. M. Pengelley, H. M.' s I. N. British Agent at Muscat to A. Kinloch Forbes Esq. Acting secretary to Government Political Department Dated Seeb 17th July 1861, in Rush, A. de L. (ed.) *Ruling families of Arabia: Sultanate of Oman: the royal family of Al Bu Sa'id*, Archive Editions, 1991, vol.1, p.216; From senior lieutenant W. M. Pengelley H. M.' s I. N. British Agent at Muscat to A. Kinloch Forbes Esq. Acting secretary to Government Political Department Burka 30th July 1861, in *ibid.* vol.1, pp. 217-218.
41　『名作』第2巻247-248頁。
42　『名作』第2巻252頁。
43　IOR/L/PS/5/263 No.396, dated 25th July 1869. From Lieutenant-colonel H. Disbrowe, Political Agent, Muscat to C. Gonne, Secretary to Government of Bombay. ただし、当時の英領インド政府は、まだ *Imâms* が出版される前だったこともあり、「イマーム」についてそれがイバード派の教義によって正当性を付与された支配者であることを知らなかったようである。
44　IOR/R/15/6/264 Confidential No.2052, dated the 14th October 1920, from Wingate, Political Agent and His Britannic Majesty' s Consul, Muscat to the deputy political resident, Bushire, in Bailey, *op. cit.*, vol.3, pp.198-200.
45　1783年はハマド・ブン・サイードによるマスカト管理の開始を指す。また、1793年はスルターンによるマスカトの占領、すなわちイマーム・サイードからスルターンへの支配権の移行を意味する。

46　IOR/L/P&S/18/B400 Muscat: 1908-1928, in Bailey, *op. cit.*, vol.3, p.326.

47　IOR/R/15/6/245. Additional notes on shaikhs and tribes of Oman: note on the Imam's administration, 1951.

48　この問題をめぐって1950年代から60年代を通じて、小規模な衝突が発生した。今日ではブライミーはオマーンとアブダビの共同統治となっている。

49　FO 371/114578. Brief history of Imam of Oman and Sultan of Muscat up to present day, attaching map showing approximate extent of the territory of the Imam of Oman, Foreign Office Minute, Research department, 24/12/54.

第4章
オマーンにおける歴史の産出と伝達

はじめに

Imâms の原典となった『勝利』は、オマーン史研究、とりわけ19世紀のオマーン史研究において、同時代に著された史料がこれ以外には存在しないため、その史料価値が高く評価される場合が多い。これに対して、オマーン史とイバード派研究の碩学であるJ.C. ウィルキンソンは、『勝利』やそれと同等にオマーン史研究者によく知られ、また『勝利』が多くを依拠している『悲嘆の開示』が、それらに先行する史料から大量の引用を行っていることから、これらの作品を「ごた混ぜ」[1]、あるいは「剽窃以上のものではない」[2]と評している。またウィルキンソンはこれとは逆に、20世紀初頭に活躍した著名なイバード派ウラマーであるサーリミーの『名作』を、「原典から正確に写し取った」「完全に信頼できる」[3]ものと評価する。ウィルキンソンの言う「正確」「信頼できる」とは、『名作』の引用部分の多くに典拠が明示されていることを意味する。『勝利』やそれ以外のオマーンの歴史書には、典拠一覧のようなものはなく、本文中には引用元の作品の著者名が何の予備情報もなく当然のように現れる。また引用元の著者名すら明示されず、引用文があたかも地の文のように挿入されることも多い。このような特徴はオマーンの歴史史料だけのものではなく、広く一般に歴史史料に見られるものである。このため、歴史書の読解には、その中に頻繁に表れる「某曰く…」といった表現が、先行する史料の作成者の名前であり、そして文章の一部が他の史料からの引用であると理解できる程度には、当該地域や対象とする時

代の歴史家や諸史料に関する知識が必要である。このような知識に基づいて読解を行うことは、オマーン史に限らず、歴史研究の基本的な技術である。このような技術に基づいて新たな知見を得ることが歴史研究（特に文書研究）の営為の一つであることから、上記のようにウィルキンソンがオマーンの歴史書における引用形式に注目するのも、当然のことであった。

しかし、オマーンの歴史書に対する上記のウィルキンソンの評価は、以下の二つの観点から適切ではない。第一に、ウィルキンソンが高く評価する『名作』においても、典拠なしであたかも「剽窃」のように引用が行われている部分が散見される。また『名作』はウィルキンソンが低く評価する『勝利』からも多くの引用を含む[4]。第二に、「剽窃」とは否定的な評価であり、そこでは「剽窃」ではない方法、すなわち典拠を明示した上で引用を行う方法が「正しい」方法であることが前提とされているが、『名作』が典拠を明示する形式を比較的多くの部分で採用していることは、他の歴史書に比して例外的な事例であり、例外的な史料を高く評価して一般的な史料を低く評価することは、オマーンの史料全体への評価を誤ることになる。また、典拠が明示されていないということは、明示する必要がなかったこと、すなわちオマーンの著述家の間で典拠が知られていたことをうかがわせる。このような典拠を明示しない引用形式が一般的であったことを考慮すれば、これを「剽窃」と評価すべきではない。本章の分析で明らかなように、特に『悲嘆の開示』以降のオマーンの歴史書では、典拠を明示せずに大量に引用し、そこに著者の同時代の出来事を付け加えてゆく「追記方式」が一般的であったと考えて良い。このような、場合によっては否定的な評価を受けるような特徴に注目することで、オマーンにおける歴史産出の独自性が明らかになる。本章では、オマーンの歴史書がそれに先行する史料からどのように引用し、またそこに追記して新しい歴史書を生み出していたのか、史料の中で伝達される歴史記述を追うことで、この問題を明らかにしてゆく。

1．イブン・ルザイクと『勝利』

イブン・ルザイクは、オマーンの歴史家で最も広く知られている者の一人である。彼の複数の著作の校訂を手がけたH.M. ナーブーダによれば、イブン・ルザイクはイマーム・アフマドの葬儀を記憶しており、当時（1792年）に10歳前後であったことから、1780年代に生まれたと推測している[5]。一方で、イブン・ルザイクと面会したこともあるロスは、彼が1873年に没したと記している[6]。イブン・ルザイクは、ヤアーリバ朝時代にマスカトの徴税官を務めていたルザイク・ブン・バヒートの孫にあたる。ブー・サイード族のアフマドがイマームに就任すると、ルザイク・ブン・バヒートはイマーム・アフマドからその職を継続するように命じられ[7]、ルザイクの死後にはその職は息子（すなわちイブン・ルザイクの父）のムハンマド・ブン・ルザイクに引き継がれた[8]。その後、ハマドがマスカトを支配するようになると、徴税官の職はムハンマドから召し上げられた。ただし、イブン・ルザイクがブー・サイード族のハマド・ブン・サーリム・ブン・スルターン（イマーム・アフマドの曾孫にあたる）から依頼を受けて『勝利』を作成したという経緯を考慮すると、徴税官としての職は失われたものの、その後も彼とブー・サイード族との密接な関係は継続されていたことを窺わせる。イブン・ルザイクは、『勝利』の序文で以下のように記している。

> 学殖の人であり礼節の人、慈悲と高貴の人、サイイド・ハマド・ブン・サーリム・ブン・スルターン・ブン・アフマド・ブン・サイード・アルブーサイーディーは、誉れ高きイマームのアフマド・ブン・サイードの系譜について、そして彼について聞かれる伝記、栄光あるその王国が賞賛されるものであることについて、系譜と正しい情報を持つ有識者から私が聞いて記憶していることを詳らかにするように依頼なさった。（『勝利』１頁）

彼が『勝利』を著す目的は明快であり、それはイマーム・アフマドとその子孫を称揚する歴史を著すことであった。

このようなイブン・ルザイクとブー・サイード族との密接な関係は、これまでのオマーン史研究でも言及されてきたが、一方で彼が歴史家でありながら同時に詩人であったことにはほとんど関心が持たれていない。イブン・ルザイクは『勝利』以外にも多くの著作を残しており、その一つを校訂したアルサーリミー[9]によれば、現在のところ15編の著作が確認されている[10]。その中で歴史叙述を取り扱うものは以下の５編であり、これら以外は全て詩集である。イブン・ルザイクをウラマーと見なすものもあるが[11]、少なくとも彼は１編のイバード派の宗教関連書籍も著したことはなく、また前章の分析で明らかになったように、『勝利』にもイバード派の教義に関する記述はない。オマーンの史料でウラマーと言及される人物、すなわち卓越したイバード派の知識によってイマーム制を支えた知識集団の構成員という特徴は、彼にはない。サーリミーもイブン・ルザイクを引用する際に、「近代の詩人」（al-sha‘r al-muta'akhkhir）と記している[12]。

イブン・ルザイクの著作の中で、オマーン史に関するものは以下の通りである。

(a)『アドナーンの一葉』（*al-Ṣaḥīfa al-‘adnānīya* 1841年）[13]
(b)『カフターンの一葉』（*al-Ṣaḥīfa al-qaḥṭānīya* 1852年）[14]
(c)『幸福なるブー・サイード族の伝記』（*al-Sīra al-jalīya sa‘d al-su‘ūd al-Bū Sa‘īdīya*、以下『ブー・サイード族』、1854年）[15]
(d)『満月　偉大なるサイイド・サイード・ブン・スルターンの伝記』（*Badr al-tamām Sīra al-sayyid al-himām Sa‘īd b. Sulṭān*、以下『満月』、1856/57年）
(e)『オマーンのイマーム達の記憶の光り輝く光跡』（*al-Shu‘ā’ al-shā’i‘ bi al-lam‘ān fī dhikr ’a’imma ‘Umān*、以下『光跡』、1857/58年）[16]
(f)『勝利』（1858年）

ここで簡単にこれらの史料の内容を説明しておこう。(a)と(b)は、その題名から推測されるように、その内容は対になっている。ここで(b)を例にその内容を簡単に確認すると、「カフターン系の主要な系譜集団」「カフターン系の預言者」「カフターン系の諸王」「カフターン系の教友」「カフターン系のウラマー達」「カフターン系のオマーンのイマーム達」からなる。カフターンとは、系譜によってアラブを二分する一方の集団を指す（第２章の議論を参照）。すなわち、『カフターンの一葉』は南アラブに分類されるアラブの系譜集団やイマーム達の事蹟を記録したものであり、『アドナーンの一葉』はこれを北アラブについて行ったものである。(c)『ブー・サイード族』は、前半にブー・サイード族の系譜情報が、後半には「ヤアーリバ朝からブー・サイード朝への王朝の移行」という章が設けられ、そこでブー・サイード朝の成立経緯が提示される。それに続いてブー・サイード朝の初代イマームであるアフマド・ブン・サイードから、その孫のサーリムとサイイド・サイードまでの事蹟が取り扱われる。(d)『満月』はブー・サイード朝の黄金期を現出したサイイド・サイード個人を称揚する伝記である。(e)『光跡』は、オマーンの初代イバード派イマームのジュランダーから、ブー・サイード朝初代イマームであるアフマドまで、25名のイマームの事蹟が、それにまつわる詩と共に紹介されるという独特な形式をとったイマーム伝である。

2．『勝利』の典拠

1　『勝利』の構成

『勝利』の章立ては以下の通りである[17]。

第１章　ブー・サイード族のサイイド達：彼らの系譜、出自、支族
第２章　オマーンのイマーム達
第３章　傑出したオマーン人であり、イマームのアフマド・ブン・サイード・ブン・アフマド・ブン・ムハンマド・アッサイーディー・アルアズディー[18]
ブー・サイード族の子孫

サイイド・サーリム・ブン・スルターン
『満月』

第1章はブー・サイード族が含まれるアズド系諸集団の系譜と、その中の主要な系譜集団、およびウラマーや教友、アンサール[19]を取り扱う。ここでは、ブー・サイード族が属するアズド系アラブの事蹟を称揚し、その血筋を高貴で華々しいものとして叙述することが目的だと思われる[20]。第2章はオマーンの初代イバード派イマームであるジュランダーから、ブー・サイード族の初代イマームであるアフマドまでを取り扱い、歴代イマームの事蹟が就任順に記述される。第3章はアフマドからサイイド・スルターンの死までを扱うもので、形式は第2章と同様である。第3章の後には、「ブー・サイード族の子孫」という節が設けられ、イマーム・アフマドの子孫の中の主要人物の名前が列挙される。この次には「サイイド・サーリム・ブン・スルターン」という節が設けられ、サイイド・サイードと協力してマスカトの統治に当たりながらも夭逝したサーリムについて、その伝記が記され[21]、最後にイブン・ルザイクの別の作品である『満月』が収録されている[22]。

2 『勝利』第1章と『ブー・サイード族』、『カフターンの一葉』

『勝利』と前節で紹介した『ブー・サイード族』には、内容が酷似している部分が散見される。例えば、『勝利』の第1章と、『ブー・サイード族』の第1章は、共に全く同じ題目（「ブー・サイード族のサイイド達：彼らの系譜、出自、支族」(al-Sāda al-Bū Saʿīdiyūn, nasab-hum, ʾaṣl-hum wa frūʿ-hum)）であるばかりか、その内容も一言一句同じ部分が散見される。『勝利』の第1章の冒頭部分は、以下のように始まる。

> 知れ、尋ねる者よ。<u>知識が馥郁と香る者よ、その知識を手段とする者よ。</u>ブー・サイード族のサイイド達は、その系譜が、王冠と名士の民であるところの、シャームやオマーンにまで至った民、すなわち高貴なるアズドに連なる者達である。彼らはそれらの地で堅く稀なる歓迎を受けた。

アズド、すなわち彼はイブン・ガウス・ブン・マーリク・ブン・ザイド・ブン・カフラーン・ブン・サバア・ブン・ヤシュジャブ・ブン・ヤウルブ・ブン・カフターン・ブン・ハウド―預言者なるハウドに平安あれ―なり。アズドは息子としてナスル・ブン・アズドをもうけた。ナスルは息子としてマーリクをもうけた。マーリクはといえば彼は…（『勝利』3頁、下線は筆者による）

この導入部は、「知識が馥郁と香る者よ、その知識を手段とする者よ」という下線を付した部分が『ブー・サイード族』に存在しないことを除いて、一言一句同じである[23]。1、2の単語が共通しているだけではなく、文章の単位で全く同じであるということは、一方が他方を模倣・引用したことの証である。『ブー・サイード族』が『勝利』よりも先に生み出されたことを考慮すれば、これは前者の記述に「知識の香る…」の語句を新たに付け加えて、後者の記述が生み出されたと理解すべきである。

このように、僅かな語句の違いを除いてほぼ同一の文章が多数見いだされる一方で、『ブー・サイード族』の記述に比較的長い部分が追記されたように見られる部分も多い。例えば、上記の第1章の冒頭から少し読み進むと、『勝利』はアズド系のカフラーン族に属するアムルウ・カイス族の事蹟を取り扱い、さらにアズド系マフラブ族の事蹟、タイイ族の事蹟へと進む。『勝利』はこの後、アズド系から輩出されたムハンマドの教友と、アンサールの情報に話題を移す[24]。これらの中で、アムルウ・カイス族からタイイ族までのアズド系諸族の記述は、『ブー・サイード族』には見られない[25]。また、アズド系の教友とアンサールに関する記述についても、『勝利』の情報は『ブー・サイード族』に比して詳細であり、『ブー・サイード族』に存在しない人名が『勝利』に見られる場合も多い[26]。

では、『ブー・サイード族』に書かれていない部分で、『勝利』の第1章に書かれている部分は、何に依拠して書かれたのだろうか。その全てを特定することはできないが、一つの典拠は、イブン・ルザイクの『カフターンの一葉』の一部である。前記の通り、『カフターンの一葉』はカフターン系アラブの多様な情報が集積されたものであり、アズド系アラブはカフターン系の支族を構成するため、アズド系アラブの情報もまた『カフターンの一葉』の中に見いだすことができる。『勝利』の第1章にあって『ブー・サイード族』に書かれていない部分の中で、タイイ・ブン・アダド族に関する部分の多くは、『カフターンの一葉』に設けられた一節「タイイ・ブン・アダドの系譜」(Nasab Ṭayyi' b. 'Adad)の記述と、内容だけではなく、使用されている語句や文章の水準において一致する[27]。同様に、アムルウ・カイスの事蹟についても、『カフターンの一葉』と一致する記述が散見される[28]。また、『勝利』の第1章には、一見するとハディースに依拠して記述されたと思われる部分が存在するが、それらは実際には『カフターンの一葉』の引用である。預言者ムハンマドの言行録として取りまとめられたハディースには、預言者ムハンマドに関する事柄以外にも多くの情報が収められており、例えば個々の教友の系譜が記載されている場合がある。ハディースはその伝承経路の確定作業を通じて内容の「正しさ」が確証されたものとして多くのムスリムから受け入れられていたことから、そこに含まれる情報は後世の歴史書で特定の人物や集団の系譜を記述する際に典拠として用いられることがあり、『勝利』の第1章においてもしばしばハディースが引用されている。例えば、第1章に収録されている「アズド族:預言者ムハンマドの教友とアンサール」の節には、イブン・イスハークによるハディース集からの引用が散見される[29]。しかしながら『勝利』の第1章に「イブン・イスハークによれば…」と書かれている部分は、その前後のハディースからの引用ではない記述部分を含めて、全く同じ記述が『カフターンの一葉』にも見られる[30]。このように、『勝利』の第1章は、『カフターンの一葉』からの流用である。

さらに一歩進んで、では『カフターンの一葉』の典拠は、ハディース以外には何があるのだろうか。『勝利』と『ブー・サイード族』、または『勝利』と『カフターンの一葉』の文章の間に見られるような広範な類似性を持つ史料は発見できなかったが、部分的に類似する史料として、アウタビー(後述)による『系譜』(*al-'Ansāb*)[31]を挙げることができよう。『系譜』はオマーンで成立した「系譜書」として最も古く、また最も影響を与えたものであり、『カフターンの一葉』の中にはアウタビーに依拠したと思われる部分がはっきりと見いだされる。例えば、『カフターンの一葉』には、前出のタイイ・ブン・アダドについて、「タイイ・ブン・アダドとその子孫の拡散に関する知らせ」(Akhbār Ṭayyi' b. 'Adad wa intishār walad-h) [32]という節があり、『系譜』にもこれと全く同じ名称の節があり[33]、その内容の多くが酷似する。この部分は、『カフターンの一葉』には、「イブン・アルカルビーによれば」という表現に続いて情報が記述されており、あたかもアラブの系譜学の大成者であるイブン・アルカルビー[34]に依拠して書かれているように見えるが、実際には「イブン・アルカルビーによれば」という部分も含めて、『系譜』からの引用である。

3　『勝利』第２章と『悲嘆の開示』

これと全く似たような構造が、『勝利』の第２章「オマーンのイマーム達」('A'imma 'Umān) にも見られる。ただし、こちらの原典はアズカウィーの『悲嘆の開示』である。『勝利』の第２章では、オマーンの歴代イマームの就任年や没年、事蹟などが就任順に記述される。ここでは、例として『勝利』第２章の冒頭部分に注目しよう。この部分では、導入に続いてウマイヤ朝時代のオマーンの状況が簡単に記され、続いてアッバース朝時代のオマーンが取り扱われる[35]。アッバース朝時代の記述において、オマーンで最初のイマームであるジュランダー・ブン・マスウードが登場する辺りから、その記述内容は『悲嘆の開示』とほぼ同じものになる。このことを、ジュランダー・ブン・マスウードがアッバース朝の派遣したハーズィム・ブン・フザイマの率いる軍隊と戦って敗れたエピソードから確認しよう。この記述は、『勝利』には以下のように現れる。

> ジュランダーによるイマームの統治は２年と１ヶ月であった。イマーム・ジュランダー・ブン・マスウード・ジュランダーニー・ヒナーイーを殺害したのは、ハーズィム・ブン・フザイマであると言われている。〔略〕ある男が、オマーンからハッジに出かけた。この男はバスラ出身の男と

同行することとなった。ところでこのバスラ出身の男は、夜に騒がしく眠ることがない。そこでオマーンの男は、一体どうしたのだと尋ねた。するとバスラの男は、相手がオマーン出身であると知らずに言った。私はハーズィム・ブン・フザイマと共に出征し、オマーンで今まで見たこともないような姿形の者達と戦った。するとその夜からこんな感じで、全く眠れないのだ。これを聞いたオマーン人の男は、心の中で独りごちた。一緒にいる相手がおまえの戦った当のオマーン人であるのだ、眠れないのも当然だろう。

ジュランダーとその一党—彼らにアッラーの慈悲があらんことを、彼らに赦しを与えんことを—が殺害されたとき、専制者がオマーンを支配し、荒廃させた。その不正と腐敗は甚だしかった。これらの専制者の中には、ムハンマド・ブン・ザーイダとラーシド・ブン・シャーザーン・ブン・ナディルの二人のジュランダー族の者がいた。この二人の時代には、ムハーリブ族のガッサーン・ヒナーイーの事件があった。彼はニズワーを略奪し、ナーフィウ族とハミーム族の多くを殺害し、彼らに襲いかかった。これはヒジュラ暦145年シャアバーン月のことである。(『勝利』196頁)

『勝利』の第2章の記述は、主としてイマームの、稀に世俗支配者の支配開始年と終了(没)年とその支配にまつわる出来事が、為政者の就任順に配列される。上記の引用部分は、オマーンの初代イマームであるジュランダーの支配が終わり、その統治期間が示された後、ジュランダーの死に関係するエピソード(それは上記の巡礼者のエピソードのように直接オマーンの政治の展開には関係のない事柄であることも多い)が挿入されつつ、その後の政治状況—ここではジュランダー族の有力者がイマームではなく「圧制者」としてオマーンを支配し、その混乱期に系譜集団間の衝突が発生したこと—が示される。このような形式は、『勝利』に典型的なものである。

我々は、上記の引用部分と全く同じ文章を、『悲嘆の開示』に見いだすことができる[36]。この部分は、オマーン史を作成するために必要な部分を抽出して引用したというものではなく、上記の通りほとんどオマーン史の成り行きに関係のないようなエピソードまでも含めて、丸ごと引用している点に特徴がある。共通する部分はこれに留まらず、『勝利』の第2章で展開されるジュランダー以降のイマーム達の事績に関する記述は、記述対象となる人物、エピソード、それらの配列される順が、『悲嘆の開示』の第33章から第38章とほとんど同じである。しかも、使用される語句や文章も多くの部分で共通している。このように、『勝利』の第2章は実質的に『悲嘆の開示』の丸写しとみなして差し支えない。なお、イブン・ルザイクの『光跡』もまた、『悲嘆の開示』と共通する文章を多く含んでいる。例えば、前記の引用部分とほぼ同じ文章を、『光跡』にも見いだすことができる[37]。イブン・ルザイクにとって、『悲嘆の開示』は『勝利』だけではなく、ブー・サイード朝より前のオマーンの歴史を記述する際に引用すべき典拠として利用されていたことがうかがえる。

4　『勝利』第2章とスィーラ

最後に、もう一つ別の先行する史料の使用例をあげよう。『勝利』の第2章の一部に、次のような文章がある。

> イマーム・ムハンナーはヒジュラ暦237年第2ラビーア月26日に没するまで、イマームの地位にあった。〔中略〕シャイフ・アブー・カフターンのスィーラには、以下のような文言がある。偉大なるシャイフのムハンマド・ブン・マフブーブと、シャイフ・バシールの二人は、ムハンナーをイマームから廃位することに言及し、ムハンナーの行いを否定した、と。真実はアッラーのみぞ知る（『勝利』204頁）。

この引用部分は、9世紀のオマーンのイバード派イマームの一人、ムハンナー・ブン・ジャイファル（位841–51年）に関する記述であり、当時の著名なウラマーであるムハンマド・ブン・マフブーブとバシールの2名が、ムハンナーをイマームとして不適格であると見なし、彼を廃位しようとしていた、という出来事の説明である。ムハンナーについては、死ぬまでイマーム位にあったという説と、死ぬ前に廃位されたという異なる二つの説が存在する。イブン・ルザイクは、ムハンナーが死ぬ前に廃位された説を記述するための情報源として「シャイフ・アブー・カフターンのスィーラ」を使用しているのである。前記の通り、『勝利』の第２章の大半は『悲嘆の開示』からの丸写しであり、このスィーラからの引用部分もまた、『悲嘆の開示』からの引用であるため、このスィーラは孫引きということになる[38]。

ここで情報源として用いられている「シャイフ・アブー・カフターンのスィーラ」とは何か。スィーラ sīra（複数形は siyar）とは、オマーンに固有の歴史史料のジャンルであり、特にイバード派の教義に関して、ウラマーやイマームの間で、あるいは彼らから信徒に向けて書かれた、書簡の体裁をとることが多い（詳しくは後述)。またシャイフ・アブー・カフターンとは、イマーム・ムハンナーと同時代のウラマーの一人である。このため、「シャイフ・アブー・カフターンのスィーラ」とは、アブー・カフターンによって９世紀に作成されたスィーラと特定される。実際に、「アブー・カフターン・ハーリド・ブン・カフターンに帰せられるスィーラ」(Sīra tunassab' ilā 'Abī Qaḥṭān Khālid b. Qaḥṭān) と呼ばれる史料が現存しており、それを参照すると、我々は前記の引用部分と全く同じ記述を発見することができる[39]。

さて、我々の取り扱う情報がやや多く複雑になってきたので、ここで一度整理しておこう。オマーン史研究でしばしば参照され、バジャーの *Imâms* の原典としても広く知られているイブン・ルザイクの『勝利』は、三つの章とその他の小節から構成されており、第１章はイブン・ルザイクの『ブー・サイード族』を元に作られ、『ブー・サイード族』はやはりイブン・ルザイクの『カフターンの一葉』を、『カフターンの一葉』はアウタビーの『系譜』やハディースを引用して作られていた。第２章はアズカウィーの『悲嘆の開示』を元に作られており、またイブン・ルザイクは『悲嘆の開示』を他の自分の著作でも頻繁に引用していた。さらにこれらの作品とは別に、イブン・ルザイクは「スィーラ」と呼ばれるオマーンに独特な史料もまた、『勝利』の情報源として使用していた。

3．オマーンの歴史史料

『勝利』がそれに先行する多様な歴史史料の引用を多く含むことが明らかになった。ここでは、それらの先行する史料の内容を確認することで、オマーンにおける歴史の産出と伝達の様式を明らかにする。なお、先行する歴史史料として、ここではハディースやアラブ世界の古典的な歴史書、地理書は扱わず、オマーンの歴史史料に焦点をあてる。

1 スィーラ

スィーラはオマーンの史料の中で、最も古くから存在するものであり、７世紀には既に存在していたとする見解もある。今日ではそれらの一部は校訂を付されてスィーラ集の形にまとめられ、出版されているものもあるが、大半は写本のまま、オマーン国内のいくつかの図書館に所蔵されている。それぞれのスィーラの写本は２、30 枚程度の小さな束に過ぎない。

オマーンの主要な歴史史料の簡単な内容分析を行ったウマルは、スィーラを「短い政治的且つ教義的な覚え書きであり、諸事に関する個人的な見解を表明したもの」と定義する[40]。スィーラに関する研究を行っているアルサーリミーによれば、スィーラとは、ウラマーやイマームによるイバード派の教義解釈、あるいはあるウラマーの間で、またはウラマーとイマームとの間で交わされた教義的な解釈をめぐる論争、さらにはそれらの人物が発出したファトワー（法学的見解）といった情報を含む史料群を指す[41]。すなわち、上記のウマルの定義における「諸事」とは、教義解釈やイバード派の歴史を理解する上で具体的な議論の対象となる事件を指し、「個人的な見解」とは、ウラマーやイマームの見解を指すとみなせばよい。スィーラは７世紀にさかのぼり、それ以降 17 世紀前半まで、およそ千年に渡って作成され続けた。しかしながら 17 世紀以降にはスィーラの作成は衰退し、それに代わって「伝記」形式が一般的となる[42]。このような変化はオマーンにおけるイバード派の教義の伝達手段の変化という観点から非常に興味深いが、この変化の理由

写真　スィーラ写本

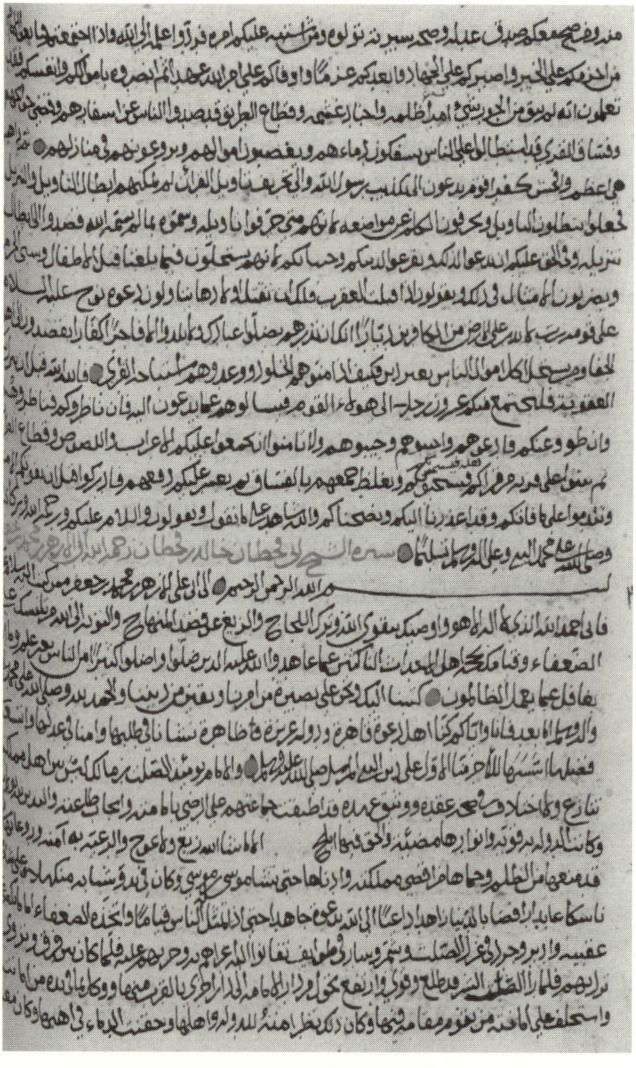

オマーンのサーリミー図書館（Maktaba al-Sālimī）所蔵のスィーラ写本（部分）。中央部分に「シャイフ・アブー・カフターンのスィーラ」と書かれているのが分かる。

出所：『Siyar の書』(*Kitāb al-Siyar,* Maktaba al-Sālimī, 1708)

は明らかではない。

アルサーリミーは、全140編のスィーラを作成時代によって４つに分類した。彼が用いた時代区分は、第１期がイスラームの開始（７世紀前半）から第１イマーム制（886年）まで、第２期が内乱期（886年から923年）、第３期が第２イマーム制（923年から1154年）、第４期がナブハーン時代（1154年から1624年）である[43]。２世紀半程度の期間を扱う第１期のスィーラが58編、半世紀弱の第２期が24編、２世紀程度の第３期が40編、５世紀近くの期間を扱う第４期が18編となっている。第１期や第２期に多くのスィーラが存在するのは、第１期にイバード派がその形を整え始め、第２期に内乱に呼応して教義論争が盛んに行われたためと考えられる。また、内乱期に成立したイバード派内部での学派間対立が尾を引いていたために、やはり多くの議論が交わされた第３期に、ある程度の数のスィーラが作成されたのだと推測される。一方で、統治者がイマームではないナブハーン時代にイバード派の教義解釈が必要とされる事態はほとんどなく、このため第４期にはスィーラはほとんど作成されなかったと考えられる。あるいは、長く続いたイマーム不在の時代によって、イバード派の教義の議論を交わす意味が薄れ、スィーラの伝統そのものが消失したためとも考えられる。

スィーラは作られなくなったが、オマーンにおける歴史の産出現場において、スィーラが全く忘れ去られたというわけではない。本章第２節で引用したアブー・カフターンのスィーラのように、『勝利』にはスィーラからの引用があり、それはまた『悲嘆の開示』からの孫引きであった。スィーラはオマーンの歴史家に広く知られていた史料のようで、これ以外にも多くの歴史書の中で、いくつかのスィーラが頻繁に引用されている。例えば、オマーン史あるいはイバード派の研究者にはよく知られたエピソードとして、イバード派の名祖となったアブドゥッラー・ブン・イバードが、当時のウマイヤ朝カリフであるアブドゥルマリク・ブン・マルワーンとの書簡のやりとりを通じて、カリフをイバード派に改宗させようと試みたとされるエピソードがある[44]。この時にやり取りされたとされる書簡も「アブドゥッラー・ブン・イバードからアブドゥルマリク・ブン・マルワーンへのスィーラ」（Sīra ʻAbd

Allāh b. Abāḍ[45] 'ilā 'Abd al-Malik b. Marwān）として残されており[46]、『悲嘆の開示』の第27章にそのまま収録されている[47]。さらにこのスィーラは、20世紀に著されたサーリミーの『名作』にもその一部が収録されている[48]。このことは、スィーラはそれぞれの時代で参照され、これは20世紀まで続き、新たな歴史記述を生み出す素材として参照され続けてきたことを示している。

イブン・ルザイクの著作を初め、オマーンの歴史書では「某は言った…」（qāla fulān ...）という形式で情報が記述されることが多い。そこでは、情報源はその情報の伝達者の人名として明示される。また、「…〔という事柄が〕我々に伝わった」（balaghnā 'anna ...）、「…と言われている」（qīla 'inna ...）といった形式で匿名の情報として提示されることも非常に多い。これらの記述部分では、「スィーラ」という単語は明示されないものの、実際にはその内容がスィーラであることが多い。例えば、『悲嘆の開示』には、以下のくだりがある。

> ムハンマド・ブン・マフブーブは言った。イマームが民を圧政から守らないのであれば、イマームには民に税をかけたり、民からサダカを受け取ったりすることはできない。もしもこれを行うならば、そのイマームは民に圧政を敷く者となる。（『悲嘆の開示』921頁）

これは、イマーム・アブドゥッラー・ブン・ムハンマド・カルン（位1560-61）がイマームとして適格ではなかったことを説明するくだりの一部である。「スィーラ」という単語はないが、「ムハンマド・ブン・マフブーブは言った」という文句は、これに続いてムハンマド・ブン・マフブーブのスィーラが引用されることを示す表現である。実際にムハンマド・ブン・マフブーブのスィーラ[49]を参照し、内容の一致が確認されることで、この部分がスィーラであることが確証される。

2　『系譜』

アラブ・イスラーム世界の知的営為の中には、系譜学（ʻilm al-nasab）と呼ばれる分野があり[50]、それはイスラーム的創世観（アッラーによって世界が、そして最初の人類であるアダムが生み出され、アダムの子孫として地上に人類が増えてゆく）を反映し、人類の種的・民族的多様性をアダムの子孫が様々に分岐した結果と見なす。そこでは、現在の「人種」あるいは民族集団をアダムの子孫に位置づけた系譜によって、体系的に把握することが試みられると同時に、アラブの血縁集団を系譜によって整理・統合することが目的とされる。アラブ圏で最も知られている系譜学の成果は、イブン・カルビーによる『大系譜書』である[51]。『勝利』が依拠しており、またオマーン史研究においてもよく知られる『系譜』は、この『大系譜書』からの引用と思われる部分が多く、おそらくアウタビーはこれを元に『系譜』を作成したと考えられる。ここでは、その記述内容を確認するために、オマーンの歴史史料に頻繁に登場するマーリク・ブン・ファフムの系譜を参照しよう。『系譜』は、マーリク・ブン・ファフムについて以下のように伝える。

> マーリク・ブン・ファフム・ブン・ガーニム・ブン・ダウス・ブン・アドナーン・ブン・アブドゥッラー・ブン・ザフラーン・ブン・カアブ・ブン・ハーリス・ブン・カアブ・ブン・アブドゥッラー・ブン・マーリク・ブン・ナスル・ブン・アズド。〔中略〕マーリク・ブン・ファフム・アルアズディーは、アズド族の中で最初にオマーンに向かった人物である。これは、アムルウ・ブン・アーミルの下で一団を形成していたアズド族の中にいたマーリクが、恐ろしい洪水がアズド族をばらばらにした際に、マアリブの土地から離れた時のことである。（『系譜』第2巻181頁）

アラビア語の古典的な用法では、個人名とその父の個人名を「ブン」で結合することで人名を示す。系譜書はこの手法に基づいて祖先の名前を次々に「ブン」で連結して遡及することで、長大な系譜を示す。また、このような系譜と共に、記述対象となる系譜集団に関連するエピソードが挿入される。

なお、ここで提示されている系譜が現実に存在した血縁関係を反映したものであると捉える研究者はほとんど存在しない。系譜書の内容は「基本的にフィクションの産物であることが明白」[52]と見なされているためである。

前記の引用に続く記述によれば、マーリク・ブン・ファフムは現在のイエメンにあるマアリブを離れ、その後苦難の旅を経てオマーンに到達することになる。マーリク・ブン・ファフムはそれまでオマーンを支配していたペルシャに勝利し、そこで初めてアラブの支配を確立した人物として、オマーン史において非常に重要な位置を占める。アウタビーの『系譜』にかかわらず、アラブの系譜書は系譜の記述に加えて、記述対象となっている系譜集団に含まれる著名人の事績について言及することが多い。このため、系譜書を歴史史料の一種とみなすことができる。とりわけ上に引用したマーリク・ブン・ファフムのオマーンへの移住のエピソードは、数ある系譜集団の中の一つの移住の物語ではなく、オマーンへのアラブの移住を取り扱っている点において、オマーンの「国作り物語」の重要な要素とみなされているようで、多くのオマーンの歴史書で引用されている。

なお、アウタビーは『大系譜書』だけではなく、マスウーディー、イブン・アルアシール、タバリー[53]といった、アラブ世界の地理学者、歴史学者の著作も頻繁に参照している。このことは、11世紀のオマーンにおいて、広くアラブ・イスラーム世界の知を学び、そこからオマーンに関連する情報を収集する営みが存在し、そのような情報にオマーン独自の情報を追記して生み出されたのが、アウタビーの『系譜』であることを示している。

3 『悲嘆の開示』

『悲嘆の開示』が著されたのは、その記述が終了している年代を元に、1728年頃のことであったと考えられている。『悲嘆の開示』は全40章に細かく分けられているが、その内容を頁順に分類すると以下のようになる。

創世と諸宗教、諸民族の誕生（第１章から第３章）

アラブのオマーンへの移住（第４章）

預言者ムハンマドとその治世（第5章から第20章）
正統カリフ時代（第21章から第26章）
イバード派とイスラームの諸派（第27章から第32章）
オマーンのイスラーム化とナブハーン時代まで（第33章から第35章）
後期ナブハーン時代（第36章）
ヤアーリバ朝（第37章から第38章）
オマーンのウラマー伝（第39章）
宗派間の見解の相違（第40章）

『悲嘆の開示』は『系譜』と同様に、旧約聖書の歴史観にも通ずる創世記的歴史観を有しており、歴史の始まりにアッラーによる創世をあげ、そこから歴史叙述を開始する。これはオマーンに限らず、アラブ・イスラーム圏の歴史書に共通する「イスラーム世界史」とも呼べる形式である[54]。『悲嘆の開示』では第5章から第20章にかけて預言者ムハンマドの生涯が、第21章から第26章にかけて正統カリフ時代の歴史が取り扱われており、これらのテーマもアラブ･イスラーム圏の歴史書に共通するものである。このように、アズカウィーが古典的な歴史書の形式に倣ったことは容易に推察される[55]。

預言者ムハンマドや正統カリフ達は取り扱われるが、その後のウマイヤ朝やアッバース朝は、これら中央の政府が派遣してきた軍隊とオマーンのイバード派イマーム軍の衝突の中で部分的､間接的に言及される場合を除いて、ほとんど記述されない。これはおそらく、正統カリフ時代の後にイバード派がその姿を形作ったためで、『悲嘆の開示』の目的がイバード派とオマーンの歴史を編纂することにあったためと考えられる。これは『悲嘆の開示』の後半がイバード派の教義と初期イバード派の歴史（第27章から第32章)、およびオマーンの歴代イマームの事蹟を中心とするオマーンで発生した歴史事象の記述(第33章から第39章)である点からも明らかである。このように､『悲嘆の開示』はアラブ・イスラーム圏の歴史叙述を範にとりながら、明らかにオマーンのイバード派の歴史を記録することを目的としている。

なお、ウィルキンソンはアズカウィーの『悲嘆の開示』の原典がカルハーティーの『開示と明示 *Kashf wa al-bayān*』[56]であり、前者は後者の「しばしば一言一句同じ、盗用である」と主張する[57]。『開示と明示』は13世紀前半に著されたと考えられ、イバード派の教義解説書としては最も古いものの一つとされる。その内容はオマーンの歴史というよりむしろ初期イバード派の歴史と、イバード派の教義解説からなる。ウィルキンソンの上記の主張は、『悲嘆の開示』と『開示と明示』を比較すると、ある程度正しいことが分かる。特にイバード派やその他のイスラーム諸派の教義を説明する『悲嘆の開示』の第28章と第29章は、ウィルキンソンの指摘するとおり、『開示と明示』の第38章から第43章と一言一句同じ文章が見られる。このことから考えると、『悲嘆の開示』は『開示と明示』からイスラームに関する情報を抽出し、またスィーラから適切な部分を引用することでヤアーリバ朝より前の歴史を記述したと考えられる[58]。

4 『悲嘆の開示』の異本

イブン・ルザイクは、支配者の行為については『悲嘆の開示』をほぼ丸写ししながらも、なぜ引用部分を第33章から第38章に限定したのだろうか。この理由は明らかではないが、以下に紹介する歴史書がこの問題の手掛かりになるかもしれない。『悲嘆の開示』に酷似する歴史書は、現在までに２種が確認されている。その一つはマウワリーによる『オマーンで流布している物語と説話』(*Qiṣaṣ wa'akhbār jarat fī 'Umān*、以下『物語と説話』)[59]である。『物語と説話』を校訂したハーシミーによれば、著者のマウワリーは、イブン・アリーク、またアブー・スライマーンとしても知られる、18世紀のオマーンを代表する知識人の一人である。彼はヤアーリバ朝末期の18世紀初頭に生まれ、1777年1月24日にマスカトで没した[60]。アフマドのイマーム就任式に参列したとされ、またアフマドに任ぜられてマスカトのカーディー（裁判官）を努めた[61]。『物語と説話』には、オマーン国家遺産文化省所蔵写本（２種）、パリ国立図書館写本、大英図書館写本、シリア・ザーヒリーヤ図書館写本の５種の写本が存在しており、決してユニークな歴史書というわけではない。もう一つの異本は、*Anonymous titleless History of Oman*[62]と題された大英図書館所蔵写本の一部である。この写本は、二つの異なる写本が何らかの理由で合本となったものであるが、現在は前半部分（第1巻）が『悲嘆の開示』の異本であり、後半部分（第2巻）はイブン・カイサルによる『公正なるイマーム、ナースィル・ブン・ムルシドの伝記』（*Sīra al-Imām al-ʻādil Nāṣir b. Murshid*）[63]であることが判明している[64]。

『物語と説話』と著者不明の歴史書の記述形式は、統治者の主要なエピソードをそれらの治世毎に時系列で配置したものであり、形式と内容は『悲嘆の開示』の第4章、及び第33章から第38章と酷似する。一読すると即座に判明するが、『物語と説話』および大英図書館所蔵の著者不明の写本の大部分は『悲嘆の開示』の丸写しである。すなわち、これらの写本は『悲嘆の開示』から、その第4章と第33章から第38章というオマーンで発生した出来事が叙述される部分、つまり「オマーン史パート」のみを抽出した作品である。この二つの異本の相違点は、記述対象となる時代の終了年代である。『悲嘆の開示』が取り扱う「オマーン史パート」は、オマーンへのアラブの移住から始まり、ヤアーリバ朝の内乱期に発生したサイフ2世の2度目のイマーム就任（ヒジュラ暦1140年/西暦1728年）で終了している。これに対して、『物語と説話』はサイフ2世とその次のイマームであるスルターン・ブン・ムルシドとその死亡、彼らに代わってブー・サイード族のアフマドがペルシャ軍を駆逐してオマーンを掌握する頃（1744年頃）までを扱う。このため、『物語と説話』に独自の記述は、1728年から1744年までの16年間の部分である。同様に、著者不明の歴史書はサイフ2世の2度目のイマーム就任、その次のイマームであるスルターン・ブン・ムルシド、さらにその次のヤアーリバ朝最後のイマームとなるバルアラブ・ブン・ヒムヤルの治世、アフマドのイマーム就任、その息子のイマーム・サイードの治世、サイイド・スルターンによるマスカト奪取まで（1790年頃）が記されている点が異なる。このように、この二つの歴史書は、『悲嘆の開示』に追記したものである。

ここで注目すべきは、この二つの異本が『悲嘆の開示』から抜き出している「オマーン史パート」が、第4章を除いて、『勝利』の第2章と全く一致するという点である。このため、『勝利』の第2章もまた『物語と説話』などと同じく、『悲嘆の開示』の異本に近いとすら言えよう。なお、『悲嘆の開示』の異本は、新たに追記された部分に限定すると、記述対象となる人物は共通するものの、表現や文章をそのまま引用したような形跡は見られない。すなわち、『悲嘆の開示』の異本と『勝利』の第２章は、『悲嘆の開示』のオマーン史パートから分岐してそれぞれ独自に作成されたものであると考えられる。

4．『名作』

『勝利』が著されたおよそ半世紀後に、『名作』は生まれた。このため、『名作』は『勝利』や *Imâms* の典拠ではないが、しばしば『勝利』と並んでオマーンの代表的な歴史書として扱われ、また『勝利』がブー・サイード族のマスカトの支配者を顕彰するのに対して、『名作』はマスカトの支配者の権威を否定する。このため、『名作』はしばしば『勝利』と対照的な歴史書として扱われる。そこで、ここでは以下に『名作』の内容についても確認しておく。

著者のサーリミーは、20 世紀のイバード派ウラマーで最も知られた人物である。1869 年にルスタークに近いハウカインで生まれ、その後アッザーン２世のイマーム擁立に深く関わったウラマーに師事し、彼らの遺志を受け継いで 1913 年にイマーム制を復活させる中心人物となった[65]。『名作』以外にも多くのイバード派に関する著作を残しており、M.H. カスターズによれば、現在までにその数は 63 編が確認されている[66]。『名作』が取り扱う時代は 20 世紀初頭までで、『勝利』よりも半世紀ほど長く、アッザーン２世のイマーム制復活の経緯や、20 世紀のイマーム制復活に至る動きが記述されている。これらの情報を含むオマーンの歴史書は『名作』のみであるため、特に 19 世紀以降のオマーン史研究において高い資料価値を認められている。名作の構成は、以下の通りである。

第１巻

オマーンの基礎情報（第１章）

オマーンへのアラブの移住（第2章から第9章）
オマーンのイスラーム化（第10章から第18章）
イマーム・ジュランダーの時代（第19章から第25章）
イマーム達の事績（第26章から第62章）
ナブハーン族の時代（第63章から第71章）
第2巻
ヤアーリバ朝（第1章から第42章）
アフマドとサイード・ブン・アフマド（第43章から第50章）
サイイド・スルターンとサイイド・サイード（第51章から第52章）
ルスターク周辺の内陸部の状況（第53章から第55章）
フムードとイマーム制復活の動き（第57章から第59章）
サイイド・サイードの死とブー・サイード族の争い（第60章から第65章）
イマーム・アッザーン2世の統治（第66章から第85章）
アッザーン2世没後のオマーン（第86章から第95章）

『名作』は、オマーンへのアラブの移住やマーリク・ブン・ファフムの歴史から始まり、歴代のイマームの事蹟を記述する。この構成は、『悲嘆の開示』の異本や『勝利』の前半部分の構成、すなわち『悲嘆の開示』の「オマーン史パート」を抽出した部分の配列と非常に似通っており、それらを踏襲するものである。例えば、本章第1節で紹介した、『勝利』が『悲嘆の開示』から丸ごと引用した、バスラ出身の男が巡礼に出るエピソードは、その前後のエピソードと併せて、ほとんど同じ内容で『名作』にも収録されている[67]。また第2巻第1章から第42章のヤアーリバ朝に関する記述には、『悲嘆の開示』と全く同じ文章が頻繁に登場する。このことは、『名作』のこの部分は、『勝利』がそうであるのと同様に『悲嘆の開示』からの引用（あるいは『勝利』からの引用）ということになる。

また、第1巻のオマーンへのアラブの移住、オマーンのイスラーム化については、『系譜』の記述が多く引用されている。ナブハーン時代よりも前のイマーム達の事績については、『悲嘆の開示』の記述と合致する部分も散見されるが、『悲嘆の開示』よりもスィーラから多くを引用しており、これはおそらくサーリミーが『悲嘆の開示』からスィーラを孫引きしたのではなく、スィーラの原典を参照していたことを示している。このように、特にナブハーン時代以前のイマームの支配に関する記述で細かい違いはみられるものの、それら以外の部分はおおむね『悲嘆の開示』と似通っており、つまりは『勝利』とも共通している[68]。

『名作』が『勝利』と比較して異なる点は、『勝利』がその後半においてブー・サイード族の記述を中心とするのに対して、イマームに就任したアフマド・ブン・サイードとサイード・ブン・アフマドに関する記述は存在しても、これ以降のマスカトの支配者をほとんど取り扱わないところにある。『名作』ではこの２名のブー・サイード族のイマームの治世については比較的多くの頁が割かれているが、それに続くサイイド・スルターンに関する記述は非常に短い。さらに、『勝利』が１章を割いて丹念に描いたサイイド・サイードの事蹟は、『名作』では第52章で僅か４頁に納められ、その大半でワッハーブ勢力のオマーン侵攻に対して守勢にまわる姿が描かれており、そこには海洋帝国を建設した栄光の歴史はない。

『名作』では、19世紀半ば以降の記述として、サイイド・サイードではなく、スハールを支配したフムード・ブン・アッザーンの事跡（第57章から第59章）、アッザーン２世によるイマーム制の復活（第66章から第85章）に重点が置かれている。フムードはイマーム・アフマドの曾孫にあたり、1846年にルスタークにおいてイマームを選出する会合が持たれた際に、イマームの候補となった人物である。彼を推す声は大きかったが、意見の一致を見ず、フムードはイマームに選出されることはなかった[69]。一方、アッザーン２世はフムードの甥にあたり、1867年に当時のマスカトの支配者であったサーリムをマスカトから追い出し、マスカトでイマームに選出された人物である。イマームの在／不在だけを見れば、イマーム・サイードの死からアッザーン２世のイマーム就任までの半世紀は、イマーム制が途絶えていた期間のように見える。しかしながら、『名作』によればフムードの時代からイマームを選出しようという動きがずっと伏流しており、アッザーン２世の時代にそれが結実したとみなされる。『名作』の第２巻の後半部分はこのような歴史観に基づいており、この部分は明らかに「イマーム史観」に基づいていると見なすことができる。

ただし、『名作』が全編にわたって「イマーム史観」に貫かれているというわけではない。ナブハーン時代に関する記述が欠落しているのはオマーンの歴史書の特徴であり、サーリミーもまたナブハーン時代について多くを伝えていないが、彼はこの時代について明らかに情報を収集しようとしていた。例えば、サーリミーはサターリーが編んだナブハーン族を称揚する詩の中に、前期ナブハーン時代の支配者の名前を見つけ出し、それを列挙して紹介している[70]。また、ナブハーン時代にアラブの大旅行家であるイブン・バトゥータがオマーンを訪問しており、サーリミーは彼の『大旅行記』を引用することで、この時代のオマーンの状況を伝えようと試みている[71]。このように、サーリミーは意図的にナブハーン時代を削除したのではなく、この時代の史料がほとんど存在しないために記述しなかったのであり、むしろナブハーン時代の史料を積極的に収集しようと努めていたのである。

5．オマーンにおける歴史の産出と伝達の様式

本章のこれまでの分析で、『勝利』の第１章と第２章は基本的に先行する様々なオマーンの歴史史料の寄せ集めであり、彼の独自の記述は第３章以降の部分、すなわちイブン・ルザイクと同時代の時代を取り扱う部分に限定されることが明らかである。先行する様々な歴史史料を大量に引用し、自身と同時代の情報を追加する方式を、ここでは「追記方式」と呼ぶ。この追記方式は、イブン・ルザイクに限定されるものではない。彼が依拠した『悲嘆の開示』もまた、『開示と明示』等の先行する歴史表象から大量の引用をおこないつつ、そこに著者であるアズカウィーと同時代のヤアーリバ朝の情報が追加されたものであった。この方式は『悲嘆の開示』の異本にも見られ、さらに『名作』にも見られる。この追記方式は、オマーンにおける歴史記述の最大の特徴である。この方式を念頭において『勝利』、『悲嘆の開示』とその

異本、『名作』といったオマーンを代表する歴史書の内容を成立年順に比較すると、これらの歴史書の成立経緯を次のように整理できる。

本章で取り扱った通史的歴史記述を行う歴史書の中で、最も古い『悲嘆の開示』が依拠する主要な史料は、スィーラや『系譜』、『開示と明示』といったオマーンに固有の歴史史料であり、また古典的なアラブの歴史・地理書であった。アズカウィーはこれらの先行する史料に、自身の同時代の情報であるヤアーリバ朝の歴史を加え、『悲嘆の開示』を完成させた。『悲嘆の開示』の重要性は、第一にこのような追記方式を生み出したこと、第二にアズカウィーのオリジナルの部分、すなわちヤアーリバ朝の情報に存在する。

『悲嘆の開示』以前には、イブン・カイサルが作成した伝記（本章第３節 4 を参照）が例外的に存在していたが、オマーンの歴代のイマーム達の事蹟を通史的に取りまとめた史料は存在しなかった。それまでオマーンで生産されていたイマームの事蹟に関する史料は、主としてスィーラであり、それらが取りまとめられたスィーラ集を参照することで、複数のイマーム達の事績を理解することができる。しかし個々のスィーラ集に納められたスィーラが取り扱う時代はばらばらであり、そこから得られる情報は通史的な歴史把握にはほど遠い。これに対して、アズカウィーは多様なスィーラから得られた情報を通史的に取りまとめることで、イマーム達の事績を簡便に把握するスタイルを生み出した。スィーラは基本的にイバード派の教義やその実践に関するウラマーやイマームの間でやり取りされた書簡であるため、イマームではないナブハーン族の支配を取り扱わないのは当然のことであった。

このようにして先行する歴史史料を元にヤアーリバ朝以前の歴史をとりまとめ、そこに自身の同時代の情報であるヤアーリバ朝の歴史（その情報源はもはやスィーラではなく、おそらくは伝承によるもの）を追記することで、アズカウィーは預言者ムハンマドからヤアーリバ朝末期までの通史を作成することに成功した。これはオマーンの歴史の産出において画期的な出来事であり、アズカウィー以降の歴史家がこのスタイルを踏襲したのは当然のことであった。また、オマーンに残されている歴史史料として、ヤアーリバ朝のイマーム達の事蹟を伝えるものは、一部の詩に断片的に含まれる情報を除けば、

『悲嘆の開示』以外にはない。『悲嘆の開示』以降のオマーンの通史を扱う歴史書の全てにおいて、とりわけヤアーリバ朝について『悲嘆の開示』が主要な典拠になっている一つの理由は、ここにある。

次に生み出された『悲嘆の開示』の異本は、『悲嘆の開示』からオマーン史パートを抽出し、それに自身の同時代の情報を追記したものであった。これまでのオマーン史研究では、『悲嘆の開示』の異本は、質の低い複製と位置づけられ、ほとんど注目されていなかったが、18世紀末以降のオマーンにおける歴史叙述のスタイルがこれらの異本において初めて確立したという点で、大きな重要性を持つ。これらの異本の編纂方針—『悲嘆の開示』を元に、そこに含まれていたイバード派や他宗派の教義に関する情報を削除し、オマーンへのアラブの移住と歴代イマームの事蹟を抽出･追記すること—は、オマーンにおける通史編纂のスタイルの模範となった。このような記述方式が定着した理由は明らかではない。『悲嘆の開示』において展開されていた、イバード派や他宗派の教義解説に関する内容は、アッラーには果たして顔があるのか、コーランは創造されたものか否かといった、ムウタズィラ派の学説の解説を含んでいるが[72]、これらは一般にイスラーム神学やイスラーム哲学の分野で取り扱われる問題であり、歴史書が取り扱う題材ではない。このようなイスラーム神学あるいはイスラーム哲学の内容が削除されることで、『悲嘆の開示』の異本は過去の出来事を時系列に並べる歴史書としての性格を強めることになった。10世紀に発生したブワイフ朝やカルマト派の侵入を最後に、長らくオマーンにおけるイバード派の信仰が脅威に晒されることがなく、それ故イバード派の教義を防衛する意義が薄れ、教義を整理して伝える目的が喪失したのかもしれない。このような活動は、記述対象をオマーンに関連する事象に特化する動きと一致していた。これにより、『悲嘆の開示』に含まれていた創世的歴史観や、北アフリカのイバード派の歴史、預言者ムハンマドの時代に関する記述は削除され、オマーンに特化した歴史書が誕生した。

異本の次に編纂されたのが『勝利』であり、それに続いて『名作』が生み出された。『勝利』と『名作』は、ヤアーリバ朝末期までの記述内容はほとんど変わりがない。ヤアーリバ朝以前の時代についてはスィーラ以外にはほとんどオマーンに固有のオマーン史表象は存在せず、その他にはアラブ圏全般に広まっていた古典的な歴史書・地理書に依拠せざるを得ないため、必然的に記述内容は『悲嘆の開示』と同じものに収斂する。『悲嘆の開示』が取り扱う時代が終了する1728年以降の記述は、上記の通り、『勝利』と『名作』の間で全く異なる。イブン・ルザイクはブー・サイード族を顕彰するために『勝利』を作成したのであり、一方でサーリミーは、イマームを軸としたオマーン史表象を生み出したのであった。

6. バジャーとイブン・ルザイク

我々は、『勝利』にみられる「シャイフ・イブン・カフターンのスィーラ」というアラビア語で僅か4単語の短い記述から、19世紀にイブン・ルザイクが『勝利』を著す際に、千年前の9世紀にアブー・カフターンが作成したスィーラを参照していたことを理解することができる。当然のことながら、イブン・ルザイクが手にしていたスィーラは、千年前に書かれたそのものではなく、何世代にもわたる写本家の手を経たものであり、あるいは、他の史料（例えば『系譜』や『悲嘆の開示』）の中に引用されてきたスィーラの孫引きかもしれない。いずれの場合においても、千年前の史料が、別の史料を生み出す際に用いられることで新しい史料の中に保管され、後世に伝達されてきたことは確かである。

今日のオマーン史研究者あるいはイバード派の研究者は、スィーラという歴史史料が存在していることを知っている。そこから、研究者は『勝利』や『悲嘆の開示』に散見される「某が言った」という表現がスィーラからの引用であることを想定し、実際にスィーラ集にあたることでそれを確認し、分析を行う事ができる。しかしながらバジャーはそうではなかった。本章で引用した『勝利』に見られるアブー・カフターンのスィーラは、*Imâms*から全て欠落している[73]。バジャーが*Imâms*を作成する際に参照したアラビア語の写本にこのスィーラからの引用部分が書かれていることから[74]、この欠損が彼の参照した写本に起因するものではなく、意図的になされたものであることは明らかである。この削除によって、*Imâms* を通じてオマーン史に接近する読者は、*Imâms* の原典が千年前から続く歴史史料の蓄積の上に成り立っていることを、知ることができない。

また、そもそもバジャーは『勝利』の全てを英訳したわけではなく、彼は『勝利』の第1章の全てを *Imâms* に収録しなかった。イブン・ルザイクがブー・サイード族をアズドの系列に位置づけており、『勝利』の第1章でアズド族の偉人を列挙することで、ブー・サイード族をそれに連なる集団として称揚していることは明らかである。バジャーは『勝利』の第1章を削除したことで、アラブの系譜分類に基づいてブー・サイード族をアズドの系列に位置づけるという『勝利』の特徴の一つが消失したが、そこにバジャーの意図が存在したのかどうかは不明である。しかし、彼はアズドの系譜によってブー・サイード族を顕彰する代わりに、「摂政説」と「サイイド説」を用いたのであり、これによって『勝利』は当初のイブン・ルザイクの意図からかけ離れた全く別のテクストに書き換えられたことになる。

バジャーは第1章が「主としてヤマン系のアラブ部族の込み入った系譜であり、所々にこれら部族の移住の描写が挿入されたもので、ヨーロッパ人の東洋学者にはなじみのある情報源から写し取られたもの」[75]であることを紹介するが、なぜこれを削除したのかについては明確な説明はない。同様に、バジャーがなぜアブー・カフターンのスィーラを削除したのか、その意図は明示されない。ただし、このような削除によって、『勝利』の持つ難解さが排除されている点は重要である。すなわち、*Imâms* はスィーラとはなにか、あるいはアラブの系譜上の分類とは何かを理解することなく、オマーン史を理解することを可能とする。このような結果から推測すると、おそらくバジャーが行った削除の意図は、難解な部分を削除し、より明瞭且つ簡潔に通史としてオマーン史を提示することにあったと考えられる。より平易なオマーン史を生み出すために、『勝利』が依拠していたオマーンに伝統的な歴史記述の産出様式は切り刻まれ、全く別の歴史表象、すなわち *Imâms* として流通することになったのである。

オマーンにおける伝統的な歴史記述様式は、『名作』を最後にオマーンから姿を消す。20世紀半ば以降には、国連を舞台としたオマーン問題において、また1970年以降のオマーンでは、近代教育制度の一部である歴史教育において、全く別のオマーン史が生み出されることになる。

●注

1 Wilkinson, J. C. "Bio-bibliographical background to the crisis period in the Ibāḍī Imāmate of Oman (end of 9th to end of 14th century)", *Arabian Studies*, III, 1976, p.145.

2 idem., *Ibâḍism: origins and early development in Oman*, Oxford University Press, 2010, xxxvii.

3 idem., "Bio-bibliographi cal...", p.142.

4 『名作』第2巻103頁にイブン・ルザイクの名前が明記され、『勝利』の207頁からの引用が行われている。

5 Ḥumayd b. Muḥammad b. Ruzayq b. Bakhīt. al-*Ṣaḥīfa al-qaḥṭānīya*, Dār al-Bārūdī, vol.1, 2008, p.7.

6 *Annals*, p.2, p.82n.1

7 『勝利』310、322頁。

8 『勝利』310頁。

9 本書では、20世紀初頭に活躍したウラマーであり、『名作』の著者である 'Abd Allāh b. Ḥumayd al-Sālimī をサーリミーと記述し、本章で取り上げるオマーン史およびイバード派の研究者である 'Abd al-Raḥmān b. Sulaymān Al-Sālimī を、アルサーリミーと記述して区別する。

10 Al-Sālimī, 'Abd al-Raḥmān b. Sulaymān, "Muqaddima", in Ibn Ruzayq, Ḥumayd b. Muḥammad, *al-Sīra al-jalīya sa'd al-su'ūd al-bū sa'īdīya*, WTQTh, 2007, pp.29-30.

11 例えば、'Umar, Fārūq. *Muqaddima fī dirāsāt maṣādir al-ta'rīkh al-'umānī ((al-khalīj al-'arabī))*, 1979, p.89.

12 『名作』第2巻103頁。

13 この史料は現在まで校訂版がなく、大英図書館所蔵写本の存在が知られている。(B.L. Or.6569)

14 本書では、以下の版を使用する。Ibn Ruzayq, Ḥumayd b. Muḥammad. *al-Ṣaḥīfa al-qaḥṭānīya*, Dār al-Bārūdī, 2008.

15 本書では、以下の版を使用する。Ibn Ruzayq, Ḥumayd b. Muḥammad. *al-Sīra al-jalīya sa'd al-su'ūd al-bū sa'īdīya*, WTQTh, 2007

16 本書では、以下の版を使用する。Ibn Ruzayq, Ḥumayd b. Muḥammad. *al-Shu'ā' al-shā'i' bi-l-lam'ān fī dhikr 'aimma 'Umān*, WTQTh, 1978.

17 この目次は、オマーン国家遺産文化省版に依拠した。この目次にある『満月』の章は、元来は別の書籍である。本章注22参照。

18　原典には序文に各章のタイトルが記載されているが、それらは正確でない。例えば、序文には第2章のタイトルが「アズド族の諸集団とその子孫たる高貴なるスルタン達の記憶」となっているが、これは本文の第1章の内容（アズド系諸部族の記述）であり、第2章の内容ではない。また同じく序文には第3章のタイトルとして「オマーンのアズド系のイマーム達の記憶、ジュランダー・ブン・マスウードからアフマド・ブン・サイードまで」と記されているが、こちらは本文の第2章の内容である（『勝利』2頁）。おそらく、イブン・ルザイクがこの章立てを記述した時点ではまだ全体の構成が完成しておらず、それが後になって改変されたために、各章のタイトルと内容に齟齬が生じたと思われる。

19　教友は、預言者ムハンマドと接触したことのある人物を指し、またアンサールは預言者ムハンマドと彼に従ったイスラーム教徒がメディナに移住した際に、そこでイスラーム教徒を支援した人々を指す。

20　福田安志「オマーンにおける部族連合とイマームの統治」『アジア史研究』白東史学会、14号、1990年、82頁。

21　この二つの節のタイトルは校訂者が作成したもので、原典の写本には特に節のタイトルはない（MS Cambridge Add. 2892, f407.）。

22　本書が依拠している『勝利』の国家遺産文化省版は、校訂が付されて出版されている唯一のものであるが、その原本であるケンブリッジ大学所蔵写本において、第3章に続いて『満月』が収録されていることが反映され、国家遺産文化省版でも『満月』が『勝利』の一部となっている。ただし、本章の第1節に記した通り、イブン・ルザイクは『勝利』の1年前に『満月』を完成させていたのであり、この二つは元来別々の書物である。

23　『ブー・サイード族』49-50頁。

24　『勝利』9-70頁。

25　『ブー・サイード族』62頁。

26　『勝利』70-113頁、『ブー・サイード族』62-101頁。

27　『勝利』65-68頁、『カフターンの一葉』第1巻61-66頁。

28　『勝利』10-14頁、『カフターンの一葉』第1巻389-393頁。

29　『勝利』74-75、80頁。なお、ここで引用されているイブン・イスハークのハディースは、イブン・イスハーク著、イブン・ヒシャーム編註、後藤明、医王秀行、高田康一、高野太輔訳『預言者ムハンマド伝』2010年、岩波書店、第3巻、220-222頁にある。

30　『カフターンの一葉』第2巻56、69頁。

31　本書では、次の版を使用する。al-ʻAwtabī, ʼAbū al-Mandhir Salma b. Muslim. *al-ʼAnsāb*, WTQTh, 1984.

32　『カフターンの一葉』第1巻367頁。

33　『系譜』第1巻246頁。

34　9世紀のアラブ系譜学者であり、『大系譜書』によってアラブの系譜学を大成させた（高野太輔『アラブ系譜体系の誕生と発展』山川出版社、2008年）。

35 『勝利』187-194 頁。

36 『悲嘆の開示』854-855 頁。

37 『光跡』22-23 頁。

38 『悲嘆の開示』865 頁。

39 Ibn Qaḥṭān, 'Abī Qaḥṭān Khālid, "Sīra tunassab ilā 'Abī Qaḥṭān Khālid b. Qaḥṭān", Kāshif, Ismā'īl.（ed.）*al-Siyar wa al-jawābāt li-'ulamā' wa 'a'imma 'Umān*, WTQTh, 1989, vol.1, pp.81-147.

40 'Umar. *op. cit.*, p.55.

41 Al-Salimi, A. S. "Identifying the（Ibāḍī/Omani）siyar", *Journal of Semitic Studies*, LV/1, Spring, 2010, pp.116-117.

42 *ibid,*. pp.120-121.

43 アルサーリミーの用いたオマーン史の時代区分は、オマーンの全ての歴史書で共通して使用されているものではない。ウィルキンソンもアルサーリミーの時代区分に近いものを提示しているが、オマーン史研究者あるいはイバード派研究者の間で厳密に定義されて用いられている訳ではない。アルサーリミーのいう「内乱期」とは、イマーム・サルト・ブン・マーリクの廃位に始まるオマーン政治の混乱期であり、イマーム位をめぐってオマーンの系譜集団が二派に分かれて争った時代を指す。この争いがアッバース朝の介入を招き、アッバース朝の後にはカルマト派や、ブワイフ朝のようなオマーン外の勢力による支配が続くことになる。この状態を脱してイマームの支配が復活するのが、アルサーリミーのいう「第２イマーム制」である。この第２イマーム制は、イマームではないナブハーン族の統治が開始されることで終了する（Al-Salimi, *op.cit.*; Wilkinson, J. C. *Imamate tradition of Onan*, Oxford University Press, 1987, pp.9-11.）。

44 Lewicki,T. "The Ibadites in Arabia and Africa", *Cahiers d'Histoire Mondiale*,UNESCO, vol.XIII, 1971, pp.62-63.

45 イバード派の名祖のアブドゥッラー・ブン・イバードの名前は、アブドゥッラー・ブン・アバードと読まれることもある。本書では、日本語では慣例に従ってイバードで記し、転写は原文に応じて作成した。

46 Sīra Abd Allāh b. Abāḍ ilā 'Abd al-Malik b. Marwān, in Kāshif, *op. cit.*, vol.2, pp.325-345.

47 『悲嘆の開示』588-600 頁。

48 『名作』第１巻 205 頁。引用されているスィーラは、Kāshif, *op. cit.*, vol.1, p.23 を参照。

49 Sīra al-shaykh al-faqīh Muḥammad b. Maḥbūb, in Kāshif, *op. cit.*, vol.2, p.228.

50 高野によれば、系譜学はアッバース朝時代に誕生したとされる（高野太輔『アラブ系譜体系の誕生と発展』山川出版社、2008 年、第８章参照）。

51 高野前掲書、79 頁。

52 高野前掲書、13 頁。

53 Ibn al-Athīr, 'Ali 'Izz al-Dīn, *al-Kāmil fī al-Tārīkh*, Dār al-kutb al-'Ilmīya, 1987; al-Tabarī, Abu Ja'far Muḥammad ibn Jarir, *Tārīkh al-Ṭabarī : Tārīkh al-umam wa-al-*

mulūk.

54　林佳世子「イスラーム史研究と歴史史料」林佳世子、桝屋友子編『記録と表象　史料が語るイスラーム世界』東京大学出版会、2005年、3-4頁。

55　『悲嘆の開示』の第11章から第19章は編年体を採用しており（例えば第11章は「ヒジュラ暦2年の出来事」、第19章は「ヒジュラ暦10年の出来事」となっている）、このような形式は本文中で示した古典的なアラブ・イスラームの歴史書に見られる形式であり、オマーンの歴史史料でこのような形式を持つものは他にない。このため、アズカウィーが部分的にアラブ・イスラームの古典的歴史書を範として『悲嘆の開示』を作成したことは明らかである。

56　本書では、以下の版を使用する。al-Qalhātī, Muḥammad b. Sa'īd al-'Azdī, *al-Kashf wa al-bayān*, WTQTh, 1980.

57　Wilkinson, *Ibadism*…, xxxvi.

58　『悲嘆の開示』の原典については、*Kashf al-ghumma wa bayān farq al-'umma* を原典と見なすサアディーによる説もある。サアディーは多様な写本の存在について言及しているため、その主張には注意を向けるべきであるが、筆者は彼が挙げる写本を入手できなかったため、本書では彼の分析内容については取り扱わない（al-Sa'dī, Muhannā b. Rāshid, "Taṭawwul mafhūm al-kitāba al-ta'rīkhīya 'inda al-'umāniyīn", in *Nizwā*, 57, 2009.）。

59　本書では、以下の版を使用。al-Ma'walī, Abū Sulaymān Muḥammad b. 'Āmir b. Rashid, *Qiṣaṣ wa 'akhbār jarat fī 'Umān*, WTQTh, 2007.

60　『物語と説話』15-16頁。

61　『物語と説話』17頁。

62　MS. B.L. Add 23343.

63　この伝記は、校訂と活字化を経て以下の形式で出版された。Ibn Qayṣar, 'Abd Allāh b. Khalfān, *Sīra al-Imām al-'ādil Nāṣir b. Murshid*, WTQTh, 1983.

64　これらの異本とは別に、アーシュールが校訂を行い、著者不明の歴史書として1980年に『オマーンの人々の歴史』（*Ta'rīkh ahl 'Umān*）の題目でオマーン国家遺産文化省から出版したものがある（Anon. *Ta'rīkh ahl 'Umān*, WTQTh, 1980）。しかし、『物語と説話』を校訂したハーシミーによれば、『オマーンの人々の歴史』の内容は『物語と説話』とほぼ一言一句同じものであり、アーシュールが依拠したシリア国立ザーヒリーヤ図書館所蔵写本が、実は『物語と説話』と同じ写本であり、アーシュールが写本の一ページ目冒頭に記載されている題目を見落とし、独自の題目を付けてしまった結果だと判断している（『物語と説話』35-36頁）。

65　al-Sālimī, Muḥammad b. 'Abd Allāh b. Ḥumayd. *Nahḍa al-'a'yān bi-ḥurrīya 'Umān*, Dār al-Jīl, 1998, pp.89-90.

66　Custers, M. H. *Al-Ibadiyya: a libliography, vol.1 Ibadis of the Mashriq*, 2006, pp.360-377.

67　『名作』第1巻94頁。

68　ランデンは、『勝利』と『名作』の二つの歴史書について、「非常に興味深いことに、この二つの作品の大半の文章は18世紀以前の歴史についてはほとんど全く同一である。明らかに二人の著者は第三の典拠に依拠しており、それはおそらくは著者不明の『悲嘆の開示』であろう。」と記している（Landen, R. G. *Oman since 1856: disruptive modernization in a traditional Arab society*, Princeton University Press, 1967, p.453.）。なお、ランデンが『悲嘆の開示』を著者不明としている点については、本書第1章の注58を参照のこと。

69 『名作』第2巻230-231頁。

70 『名作』第1巻357-358頁。

71 『名作』第1巻364-375頁。

72 アッラーの顔およびコーランの創造説については、井筒俊彦『イスラーム思想史』、岩波書店、1975年を参照。イバード派の源流であるハワーリジュ派は、ムウタズィラ派神学と共通する点があるため、『悲嘆の開示』や『開示と明示』にはこれらの教義解説が含まれていたと考えられる。

73 *Imâms*, p.19.

74 MS Cambridge Add. 2892, f100a.

75 *Imâms*, "Editor' s preface"

第5章
オマーン問題

はじめに

本章では、オマーン史の産出における第3期、すなわち1957年以降を扱う。イマーム国の拠点が存在したオマーン内陸部へのイギリス軍による空爆、それに伴うイマーム国の崩壊を、アラブ諸国が国連に持ち込んで問題としたことで、「オマーン問題」が発生した。第3期では、この「オマーン問題」における議論を中心に、イギリスとアラブ諸国、イマーム国特使が作り上げたオマーン史を分析する。本章で分析対象となる資料は、第一に国連文書である。具体的には、安保理、総会、また総会の特別政治委員会と第4委員会での議事録、決議、オマーン問題に関する報告書といった国連が作成した資料である。これらの資料は、「オマーン問題」において各国がいかなる主張を展開したのか、詳細に分析するための基本的な資料となる。第二に、英外務省の資料もまた、特にイギリスによるオマーン史の産出過程を明らかにするために重要な資料である。英外務省は「オマーン問題」の決議案の採決において、世界中のイギリス大使館を通じて各国の外務省の説得を試み、またイギリスの国連大使を通じて各国の国連代表に直接働きかけを行っていた。また、この頃までにイギリスが作り上げていた情報収集技術を駆使して、イギリスは自国に有利なオマーン史表象を生み出していた。第三に、アラブ諸国側による宣伝活動もあげられる。アラブ諸国は国連本部が置かれたニューヨークにアラブ情報センター（Arab Information Center、以下AIC）を設置しており、AICはオマーン問題に関する国連へのロビー活動のためにパンフレットを作成していた。

1．オマーン問題の経緯と資料

1 イマーム国の崩壊

イマーム・ムハンマドが1954年に没した際、これを内陸部での石油利権を確保する機会だと捉えた英資本の石油会社PDO（Petroleum Development of Oman）は、自ら資金を拠出してMOFF（Muscat and Oman Field Force）を組織してスルタン軍の一部とするとともに、それを自社の地質調査チームと共に同年９月にオマーン内陸部に派遣し、その一部を占領した。当時のスルタン国の支配者であったスルタン・サイードは、これを機会にイマーム支配下のオマーン内陸部への支配領域の拡大を狙い、内陸部に進軍した。新たにイマームに就任したガーリブは、弟のターリブ・ブン・アリーの指揮下に軍を組織して抵抗したが、1955年にスルタン軍にニズワーが占領され、イマームは退位して内陸部に蟄居した[1]。

これによってオマーン内陸部はスルタン国の支配下となったが、サウディ・アラビアに逃れたターリブは、1956年にORM（Oman Revolution Movement）を組織し、スルタン国の支配に対する抵抗の準備を進めた。翌年５月にガーリブがイマーム国の復活を宣言すると、MOFFはイマームを包囲したが、ORMの攻撃によって撤退に追い込まれた。これに続いてイマーム軍が内陸部の諸集落を占領し、オマーン内陸部は再度イマーム国の支配下に入った。一方、イマーム軍に敗北したスルタン・サイードはイギリスに軍事支援を要請し、イギリスはこれに応えてシャルジャに駐屯していたイギリス空軍を派遣し、内陸部の諸集落に対する空爆を行なった。この攻撃でイマーム国は崩壊し、スルタン国は内陸部を再占領した。しかしながら、翌年にイギリス軍が撤退したため、内陸部においてイマーム派勢力によるスルタン軍へのゲリラ攻撃が頻発した。スルタン・サイードは再びイギリスに支援を要請し、複雑な山岳地帯の地形を利用したゲリラ戦に対応するため、イギリスは同年秋にSAS（Special Air Service）を投入し、ゲリラを殲滅した。イマーム・ガーリブやターリブらはサウディ・アラビアに逃れ、シリア、エジプト、イラクにはイマーム国の亡命事務所（The Imamate Office、Maktab Imāma 'Umān）が設置され、出版活動を通じた政治宣伝活動を展開した。さらに、主としてサウディ・アラビアで訓練を受けたゲリラがオマーンに侵入して破壊活動を継続したが、こちらは1960年代前半までに沈静化していった[2]。

2 オマーン問題の議論

イギリスがオマーン内陸部を攻撃した事件が初めて国連に持ち込まれたのは、1957年の安保理であった。サウディ・アラビア等のアラブ諸国が中心となって共同で提案したものであったが[3]、安保理がこの問題を議題とすることを否決したため[4]、実質的な議論は行われなかった。当時はまだ「オマーン問題」という名称も与えられていなかった。アラブ諸国によって再度1960年にこの問題が国連総会に提案された際には[5]、議題となり[6]、これ以降総会を舞台に議論が行われた。オマーン問題が総会で取り扱われていたのは1960年から71年の11年間だが、実質的な議論が展開されたのは第15会期（1960年）から、最初の総会決議が採択された第20会期（1965年）までであった。第15会期では、議論は特別政治委員会で行われ、イギリスによるオマーンへの武力侵攻を非難する内容の決議草案がアラブ諸国にアフガニスタンやインドネシア、ユーゴスラビアなどを加えた14カ国によって提出され、採択された[7]。しかしながら総会では、同案の採決にはあまりにも情報が少なく、次会期でも継続して審議する必要があるとしたインド代表の主張が受け入れられたため、この決議案の採決は行われなかった[8]。続く第16会期（1961年）においても、オマーン問題の議論は特別政治委員会で行われた。同委員会における議論において、中南米諸国が議論に不明瞭な点が多いことを指摘したが[9]、最終的に前会期とほぼ同じ内容の決議草案[10]が採択され、総会に送られた。総会では、イギリスに同調した西欧諸国やアメリカに加え、中南米諸国が賛成票を投じなかったこともあり、3分の2の賛成を獲得できず、決議案は否決された[11]。おおむね第15会期と16会期においては、オマーン問題の実態をめぐる議論が行われていた。議論の要点は二つあり、第一にオマーン問題を植民地問題として捉えるのか、それとも国内問題として扱うかというものであった。アラブ諸国や共産主義諸国は前者の立場をとり、イギリスは後者の立場をとった。第二に、オマーンで武力衝突が継続されているのか否かが争点となった。アラブ諸国はオマーンでイマーム国支持派とイギリスの支援を受けた傀儡国家であるスルタン国が紛争状態にあると主張し、イギリスは既に紛争は解決されて平和な状態にあると主張した。オマーンへの入国は港と空港を管理するスルタン国の認可が必要であったが、スルタン国はオマーン問題の調査目的の外国人を受け入れず、また当時鎖国状態にあり、スルタン国はもとよりオマーン国についても、内政は全く国外に伝わっていなかった。

第17会期（1962年）においても特別政治委員会で議論が行われ、それまでと同様にイギリスを非難する決議草案が採択された[12]。徐々に反植民地主義の圧力が高まっていることを警戒していたイギリス国連代表は、この決議案が総会で採択されることを懸念し、もしもスルタン国が国連の調査団を受け入れることに同意すれば、調査団の派遣を理由に決議案の採決を回避できると考えた[13]。英外務省がスルタン・サイードに調査団の受け入れを了承させることに成功すると[14]、国連のイギリス代表は、もし総会が公的な手段に訴えることを控えるなら、スルタン・サイードが調査団を受け入れる準備があると訴えた[15]。この提案は功を奏し、特別委員会で決議草案に賛成票を投じた諸代表の一部が情報収集を優先し、総会での採決を棄権したため、決議案は採択されなかった[16]。しかしながら皮肉なことに、この時に派遣された調査団の報告書が、その後のオマーン問題の議論の趨勢を決定することになり、イギリスは劣勢に立たされてゆく。

第18会期（1963年）には、前会期のイギリスの提案を受け、当時の事務総長のウ・タントが在スペイン・スウェーデン大使のド・リビングを特別調査員に任命した。彼は1963年の5月から6月にかけてマスカトや内陸部の諸集落を訪問し、8月には事務総長に報告書（Report of the Special Representative of the Secretary-General on his Visit to Oman[17]）を提出した。この報告書（以下、『ド・リビング報告書』）は、おおむねイギリス側の主張に沿った内容となっていたが、これは報告書作成の背後でイギリスが大きく関与していたためである。確かにド・リビングは、彼自身でスルタン・サイードとスルタン国軍副司令官、およびスルタン国防衛相と協議して調査日程を作成したのであり、この日程作成には英外務省は全く関与していなかったのであるが、結果的にこの日程はおおむね英外務省の思惑通りとなった。なぜなら、スルタン国軍の副司令官はイギリス人のC. マクスウェルであり、同じくスルタン国防衛相はイギリス人のP. ウォーターフィールドであり、彼らはイギリス外務省の意向を良く理解していたからである[18]。スルタンとイギリス人達が、「管理された調査旅行が提示されているという印象を与えないように、細心の注意を払った」[19]おかげで、ド・リビングはそうとは知らずに、十分にスルタンの統治が浸透している地域にのみ、訪問することになったのである。

ド・リビング報告書は、イマーム国を復活すべきか否かについての結論は保留したものの、オマーンで戦闘状態は存在せず、また反政府運動が活発に行われている様子もない事を報告した[20]。その内容があまりにもイギリス寄りであると判断され、総会で批判が相次いだ。イマーム国側の人間が調査団に含まれていないなどの不備も指摘され[21]、アラブ諸国は同報告書が不十分なものであることを強調した[22]。このため、改めてオマーン問題の情報収集を行う特別委員会を組織する決議が総会で採択された（総会決議第1948号(XVIII)。この決議に従い、アフガニスタン、コスタリカ、ネパール、ナイジェリア、セネガルからなるオマーン問題特別委員会が設置され、続く第19会期において『オマーンに関する特別委員会報告書』(Report of the Ad Hoc Committee on Oman)[23]が提出された（以下、『特別委員会報告書』)。オマーン問題特別委員会は、スルタン・サイードの反対によってオマーンで現地調査を行うことができなかったため、ロンドンでスルタンに意見聴取を行った。またサウディ・アラビアのダンマーンでは、そこに亡命していたイマーム・ガーリブに意見聴取を行った。同報告書は、「イギリスとスルタンの関係は、イギリスがスルタン国の政策に大きな影響力を与えることを可能とする、非常に特殊で排他的な関係である」[24]ことを指摘し、スルタン国およびオマー

表５－１　オマーン問題関連決議

第 20 会期：2073 号	61 対 18	（棄権 32）
第 21 会期：2238 号	70 対 18	（棄権 28）
第 22 会期：2302 号	72 対 18	（棄権 19）
第 23 会期：2424 号	66 対 18	（棄権 26）
第 24 会期：2559 号	64 対 17	（棄権 24）
第 25 会期：2702 号	70 対 17	（棄権 22）

出所：UN A/PV.1399, 1500, 1627, 1747, 1831, 1928, 1957

ン地域が事実上のイギリスの植民地状態にあることを結論付けた。この報告書で初めて公式に「オマーン問題が植民地問題である」ことが明言されたことは、これ以降のオマーン問題の議論において大きな転換点であった。

『特別委員会報告書』の結論を受け、第 20 会期（1965 年）以降の総会ではオマーン問題は植民地問題を取り扱う第４委員会で議論されることとなり、初めてオマーン問題に関する決議が採択され、イギリスが非難されることとなった（総会決議第 2073 号（XX））。これ以降、オマーン問題は第 25 会期（1970 年）まで第４委員会で継続的に取り扱われることとなり、オマーンの植民地状況からの脱却と、イギリス軍のオマーンからの撤退を求める決議が全ての会期において成立し続けた（表５－１）。

２．イギリスはいかにしてオマーン史を産出したか

オマーン問題において、イギリスはイマーム国の存在を否定し、スルタン国のみがオマーンの正当な主権国家であると主張した。この主張は総会や委員会など、様々な場所で行われたが、その内容は一貫していた。この主張が最も良くまとまっているのが、英政府が作成したパンフレット *Muscat & Oman*[25] である。これはオマーン問題をイギリスの視点から解説したものであり、1962 年に作成され、多くの国連加盟国に配付されていた。やや長いが、以下にイギリスの主張の主要な部分を引用する。

①イバード派の元来の教義によれば、イマームはその共同体に常に必要というわけではない。その影響力が必要であるとみなされた場合には、主要な部族長らによって選出される。この選出は共同体の喝采によって承認される。イマームの主要な職務は彼自身が手本となることで、そして彼の権威を用いることで、②共同体の精神的な安寧を気遣うことにある。
オマーンのイバード派部族は８世紀に初めてイマーム（③ジュランダー・ブン・マスウード）を選出した。〔略〕④ 12 世紀半ばには実権はイマームから、ナブハーン族の王朝に移った。ナブハーン族の影響力は、1624 年にヤアルブ家のナースィル・ブン・ムルシドがヤアルブ家によるイマームの世襲を確立した際に放逐された。〔略〕
アフマド・ブン・サイードは今日の王朝であるブー・サイード朝の建設者である。〔略〕アフマドが 1783 年に没したとき、彼のイマーム位は息子のサイードに受け継がれた。サイードは部族から支持されず、１年を待たずに息子のハマドに取って代わられた。にもかかわらず、サイードは 1821 年頃に没するまで、イマームの宗教的義務をこなし続けた。彼の存命中に４名のブー・サイード家のメンバーが継続的にオマーンを統治した。スルタン国の支配者がイマーム位を求めずに、⑤サイイドすなわち首長（Lord）の肩書きを採用したのもこの頃である。〔略〕1784 年にサイード・ブン・アフマドの息子のハマドが、マスカト・オマーン国の支配者として、自分の父からイマームの宗教的権威を残して世俗の権力を奪ったときに、最初ではないものの、これが最後となる⑥イマームと支配者の権力の分離（separation of the two offices of Ruler and Imam occurred）が発生した。（*Muscat and Oman*, pp.2-4）

イマームが選出されない事態が教義的に認められていること（下線部①）、イマームの権能は世俗と宗教に分離し（⑥）、現在は宗教に限定されること（②）の３点を主張することで、イマームではない世俗支配者のスルタンがオマーンを統治することがオマーンの歴史に即して決して異常な事態ではないことを主張し、内陸部のイマームを宗教的権威に位置づけてその統治を否定するのが、オマーン問題に関するイギリスの基本的な姿勢であった。また、ジュランダー（③）やナブハーン族（④）などの具体的な情報を伴っていること、「サイイド説」を採用していること（⑤）も、イギリスの主張の特徴といえよう。このような主張は、これまでの英植民地官僚が作成してきたオマーン史の総決算であった。

では、英外務省はどのようにしてこのようなオマーン史を生み出したのか。ここでは、オマーン問題における英外務省の情報収集の動きをより詳細に見てゆこう。英外務省は1957年8月20日に初めてAIC発行のパンフレット（*The British-Omanite Conflict*：以下 *Conflict*）[26]を入手し、アラブ諸国が広範囲に国連でロビー活動を行っていることを確認した。*Conflict* はイギリスで最も権威のある外交問題のシンクタンクである英王立国際問題研究所の書籍や[27]、C.J. エクルスやW. セシガーといったイギリス人のオマーン内陸部の探検記録[28]を引用しつつ、20世紀前半を通じてマスカトのスルタンの支配が内陸部に及んでいないことを指摘していた[29]。このパンフレットを入手した際、英外務省中東部門のA.R. ウェルムズレイは、

> このパンフレットの中で我々に向けられている唯一の新しい武器は、著名なイギリス人旅行家が1920年から54年にかけてイマーム国が事実上独立していたことを示しているということにある。空軍隊長のバスはこれらの情報が反論可能なものか（あるいは正確なのか）確認して頂きたい。副次的な武器であったとしても、我々の側により重要な引用 quotation を持つことは有益である[30]。

と指示を出した。イギリス人の主張に基づいてイギリスの対オマーン政策を批判するという手法がこのパンフレットの戦術であると見て取った英外務省は、これに対抗するための別の「引用」を探し、自分たちの「武器」を手に入れようとした。しかしながら、これに対してバスは以下のような返答を行った。

あらゆる出版物の中で、1920年から1954年の間に内陸部が独立していたことを否定するものはない。これらの引用は正確である。〔略〕1920年から1945年の間のスルタン国に関する書籍や論文などの全ての印刷物が同じストーリーを語ることに、いかほどの疑いもない。〔略〕
パンフレットの2頁には、誤解を招く不正確な以下の記述がある。
　「人民による選出という民主的な原則」
これは全くナンセンスである。『イスラーム百科事典』(*Encyclopaedia of Islam*)の「イバード派」の項目には、「イマームは著名な専門家や族長の評議会によって秘密裏に選ばれ、それから公に宣言される。」とある。
　「過去1200年の間、オマーンを統治してきたイマームは…」
これはイマーム職がオマーンで継続的に保持されてきたことを含意する。(1868年のアッザーン・ブン・カイスの疑わしい例外はあるが)1913年に終わりを告げるイマームが不在の100年超の期間だけでなく、それ以外にもイマームが不在の期間は存在する。しかし、『イスラーム百科事典』は以下のように述べる。「政治的な事柄に関しては、イバード派は、イマームの存在が彼らに不可欠な存在であるという見解を持たない。」〔略〕
パンフレットの4頁最終段落。明らかにロリマーの第1巻426頁を参照したと思われる記述があるが、ロリマーの421頁については都合良く無視している。〔略〕ロリマーの418頁を見ると、イマームの称号の保有者は「ルスタークに隠棲して知的障害imbecilityとさほど変わらないまでに無気力な状態となった」とある[31]。

　このように、『イスラーム百科事典』の記述を利用してイマームの選出が民主的ではないこと、*Gazetteer*を参照して、イマーム・サイードが無力であったという記述を見つけ出し、「マスカト史観」を用いてイマームに実権がないことを説明する方法を確認している。

　また、イギリス外務省はアラブ諸国の主張を精査し、それに対する反論を作り上げることを目的に、現存する出版物を網羅的に調査し、学術的な情報も参照しつつ、同時に過去の植民地官僚が収集した情報も利用することで、イマーム国の主権を否定する材料の有無を確認した。さらに、このパンフレットにはサーリミーの『名作』からの引用も含まれていることからも明らかなように[32]、当時の英外務省は『名作』の内容を精査しており、たとえ「イマーム史観」の色彩が強い史料からも、利用できる部分は可能な限り利用し、イギリスの主張をより強固なものに仕立て上げた。

英外務省が行ったのは、当然ながら文献調査だけではない。英外務省は国連の上級官僚や各国大使、あるいは世界中の大使館を通じた各国外務省との関係を利用し、アラブ諸国やイマーム国事務所の動向を観察していた。AICは国連の各国代表にパンフレットを配付していたが、イギリスには配付していなかった。このため、AICの活動に注意を払っていなかったイギリスはパンフレットを利用したAICのロビー活動を把握していなかった。英外務省が最も早く入手したパンフレットは上記の *Conflict* であったが、これは当時の国連武装解除副委員会の次官であったD. プロティチから提供されたものであった[33]。また英外務省が1959年にAICの別のパンフレットである *British Aggression against the Imamate of Oman*[34] の存在を知ったのは、当時の政治・安全保障問題次官であったA. ドブリニンからそのパンフレットを受領したためであった[35]。さらに、また別のパンフレットである *Memorandum on the Oman Crisis*[36] は、1962年に特別政治委員会のオランダ代表から入手したものであった[37]。このように、アラブ諸国がイギリス以外の各国代表に配付していたパンフレットは、イギリスが特段AICのロビー活動を調査せずとも、国連の高官や他国の国連代表を経由してイギリスの手に渡っていた。

このようなイギリスと諸外国との親密な関係は、国連内部にとどまらない。イマーム国からエジプトに亡命していたサーリフ・ブン・イーサーとムハンマド・アルハーリシーらが国連総会でオマーン問題を提案するためにニューヨークを訪問する目的で、1957年9月11日に在カイロ米大使館でビザ発給の申請を行った。すると、この情報は在ロンドン米大使館に渡り、そこから直ぐに英外務省に伝わった[38]。この連絡によって、英外務省はイマーム国の特使一行が国連本部を訪問し、事務総長に書簡を手交する計画を事前に知ることができた。在ロンドン米大使館の情報では、これら2名がどの国のパスポートでビザの申請を行っているのか不明であったため、英外務省もこの2名を特定できていなかった。この情報を得るために英外務省が在マスカト英総領事館にこれらの人物に関して照会したところ、スルタン・サイードから直接イマーム国特使達のパスポート申請書類の現物が提供されたため、これらの特使の特定に成功した[39]。このパスポート申請書類は、上記の特使達が前もって1941年から54年の間に申請を行った際、スルタン国の旅券局に提出したものであった。英外務省はスルタン・サイードから入手した申請書類の複製を保存し、後に英政府が *Muscat & Oman* を作成した際に、以下のようにイマーム国の存在を否定する材料として利用された。

> 1920年から54年の間には内陸部のオマーン人が外国とのやりとりをスルタン政府に依存していたことを示す大量の文書が存在する。最も顕著な事例は、イマームの支持者を自認するオマーン人が、スルタン国政府発行のパスポートを使用していることであり、彼ら自身が申請書に「スルタン国政府の国民」であることを記述していたのである。（*Muscat & Oman*, pp.7-8, appendix）

この記述は、パンフレットの巻末に前記の申請書の複製を添付するという念の入りようであった（図5-1）。

情報提供は別のルートからもなされた。1957年12月には在ロンドン・リビア大使から英外務省に連絡があった。その連絡によれば、上記のムハンマド・アルハーリシーからモロッコ人の密使がリビアのイドリース王に派遣され、この密使がイドリース王に対して、イマーム国の回復のためにイギリスに働きかけを行って欲しい旨の要請を行ったという[40]。密使はムハンマド・アルハーリシーがイマーム国政府の一員であることの証拠として、アルハーリシーから預かった在マスカト英領事とイマーム国の間で取り交わされた書簡の写しをイドリース王に手交した。イドリース王はこれをリビア政府に伝えず、個人的な事柄として処理することを決め、個人的に在ロンドン・リビア大使に事情を伝えた。リビア大使はこのやり取りの全てを英外務省に伝え

図5-1　Muscat and Omanに収録された、サーリフ・ブン・イーサーの旅券申請書

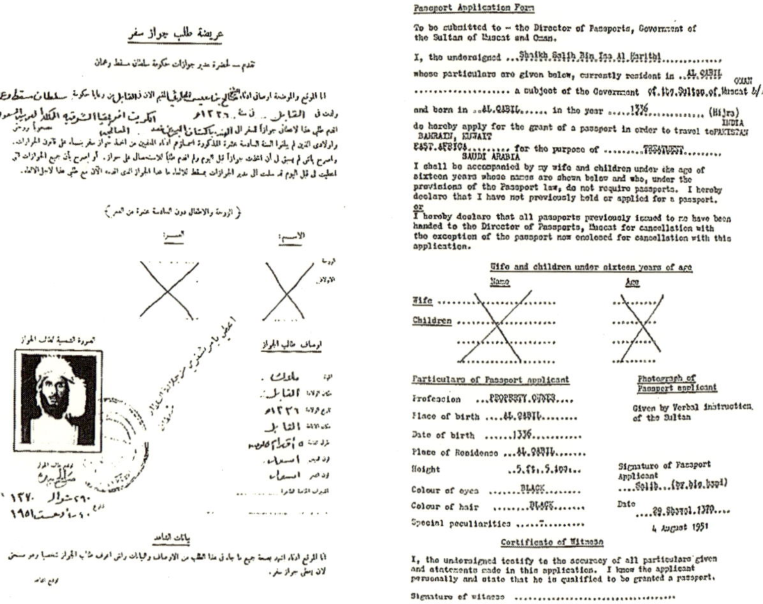

出所：Her Majesty' s Government. 1962. *Muscat & Oman*, Appendix

ると共に、イマーム国の密使がイドリース王に手渡した書簡そのものを英外務省に手交している。英外務省はこの書簡を英訳し、これが1919年に在マスカト英領事のL. ハウォースが、スィーブ条約の仲介を目的に、イマームの代理としてイギリスと交渉に当たっていたサーリフ・ブン・イーサーに対して送った書簡であることを確認した[41]。このリビア大使による情報提供は、英外務省にとって思いがけない幸運となった。リビア大使が英外務省を訪問した時、既に安保理でオマーン問題の議題化が否決された後のことだったので、この時に英外務省が入手した書簡は、英訳の後に英外務省内で保管されることとなった。後に総会でオマーン問題の議論が開始された際には、英外務省はこの書簡によって、スィーブ条約を根拠とするイマーム国の独立国家としての主張への対策を準備することができた。このように、英外務省は多

様な外交ルートを通じてアラブ諸国やイマーム国の情報を入手・分析しており、その結果は適切に整理・蓄積されていた。オマーン問題で新たな対応が必要になると、これまで蓄積してきた情報を利用し、即座に反論を作成することを可能としていた。

このように、オマーン問題へのイギリスの対応は、機能的であり、周到であり、また綿密であり、徹底していた。国連の高官や欧米の外交担当者のみならず、アラブ諸国の政府高官との間の緊密な関係によって、アラブ諸国やイマーム国の動向の多くをつかんでいた。また、スルタン国政府の中枢にまでイギリス人が入り込んでいたため、その行政文書の閲覧まで、英外務省は思いのままに行うことができた。さらに、『名作』といった現地の史料に加え、英印政府等が作成した膨大な資料、その集大成である *Gazetter* も含め、オマーンに関する様々な情報を収集済みであったため、アラブ諸国やイマーム国の主張への反論を、典拠と共に即座に作成することが可能であった。この時代のイギリスは、植民地宗主国として植民地表象を機能的に生産するシステムを完成していたのである。

3．アラブ諸国とオマーン問題

1 粗雑な主張

アラブ諸国によるイマーム国の表象はイギリスとは対照的であった。それは曖昧であり、多くの矛盾が含まれていた。例えば、1957 年の安保理において、イラク代表は以下のように発言している。

> オマーン〔イマーム国を指す〕はアラビア半島の南東端に位置し、アフダル山脈によって海岸部から分離された後背地であり、この山脈が海岸部と後背地の境界となっている。〔略〕マスカトのスルタン国は内陸部、すなわちオマーン〔イマーム国〕から明白に独立した実体を構成しており、オマーン〔イマーム国〕は常に独立した地位を享受していた。〔略〕オマーン〔イマーム国〕は〔スルタン国とは〕別の国家であり、独立国

家の権利と特権を享受していた。(安保理第784回会合、1957年8月20日、イラク代表の発言から抜粋[42])

すなわちイラク代表は、スルタン国とイマーム国の双方が独立した主権国家であると主張していたのである。そもそも、この問題の議論を安保理に付託するに際してアラブ諸国が提出した書簡には、

この武力侵攻を通じて、イギリス政府はオマーン〔イマーム国を指す、以下同じ〕の主権の破壊を目指している。オマーンは長い期間にわたって独立してきた国家であり、その独立は1920年にマスカト〔スルタン国を指す〕とオマーンの間で締結されたスィーブ条約によって再度確約されており、この条約はイギリス政府の仲介によって成立したものである。(1957年、アラブ諸国が安保理議長宛に提出した書簡より抜粋[43])

と記されており、オマーン(イマーム国)とマスカト(スルタン国)の二つの主権国家が存在していることを前提としていた。これに対して、サウディ・アラビア代表は第15会期の特別政治委員会において、以下のように発言している。

軍事力と陰謀、財政補助金の手段を通じて彼ら〔イギリス人〕は最終的に植民地主義的な目的を完遂し、ザンジバルとマスカトを分離するとともに、ついにオマーンの領土を9つの別々の単位に分割した。〔略〕
オマーンの分割を決定する要素は、宗教や言語ではなく、人種や〔住民の〕意思でもない。なぜならオマーン人民はこれら全てにおいてひとつである。むしろ、分割を決定する要素はイギリスの植民地主義である。〔略〕
オマーン人民は、イギリスが今日のオマーンだけではなく、山脈から海まで広がる大オマーン Greater Oman から駆逐されるまで、自分たちの自由のために戦い続けるであろう。(特別政治委員会第255回会合、1961年、

サウディ・アラビア代表の発言より抜粋[44]

ここでサウディ・アラビア代表は、本来は宗教的、言語的、また人民の意志においてもひとつであったオマーンが、イギリスによって9地域に分割されたと主張した。ここで主張された9地域とは、イマーム国とスルタン国および休戦オマーンを構成する7首長国を指している。サウディ・アラビア代表は、オマーン地域における唯一正統な主権国家はイマーム国のみであるとして、内陸部と海岸部を一体とする「大オマーン」がイマームによって統治されるべきことを主張していた。このように、イラク代表とサウディ・アラビア代表の主張の矛盾は非常に大きい。

このようなアラブ諸国の主張の矛盾は、アラブ諸国以外の国連代表から何度も指摘されていた。

特に領土問題を理解することが難しい。いくつかのアラブ諸国代表は、マスカト〔スルタン国を指す、以下同じ〕とオマーン〔イマーム国を指す、以下同じ〕の両方を含む地域全体がひとつの存在であると主張しているように窺える。しかし、〔略〕〔別のアラブ諸国代表は〕マスカトとオマーンが別々の存在であると主張しているように見える。（第16会期（1961年）特別政治委員会第305回会合でのインド代表の発言より抜粋[45]）

〔南アメリカ諸国の〕諸代表は、依然として明確になっていない多くの問題があると考えている。最初の困難な点は、「オマーン」という用語が時には休戦諸国やマスカト〔スルタン国を指す、以下同じ〕を含む広い意味で用いられており、また時には後背地のみを指すより狭い意味で用いられている点である。さらに、マスカトとオマーン〔イマーム国を指す、以下同じ〕は二つの国家を構成しているのか、それともひとつなのか。一方では統一に向けて、一方では分離に向けて、一体どちらの運動としてこの状況を理解すべきなのか。仮に二つの地域が単一の国家を構成するならば、自決の名の下に、オマーンがマスカトから独立することを促進することが望ましいとなるのだろうか。（第18会期（1963年）第4委員会第1505回会合でのブラジル代表の発言より抜粋[46]）

アラブ諸国の主張の粗雑さは、支配領域だけではなく、イバード派イマーム制の歴史の説明にも現れていた。

人民によって選出される世俗の、そして宗教的な国家元首は、イマーム制に依拠しており、それは8世紀に遡る。アラブの権威ある歴史家によれば、これ以来85名のイマームが、ほとんど中断されることなしに、オマーンを支配してきた。（第15会期（1961年）特別政治委員会第255回会合でのサウディ・アラビア代表の発言より抜粋[47]）。

言及すべきこととしては、61名のイマーム達は、数世紀を通じてオマーンを支配し続けており、常に人民から選出されてきたということである。（第15会期（1961年）特別政治委員会第258回会合でのイエメン代表の発言より抜粋[48]）

オマーン・イマーム国が独立した主権国家として何世紀もの間存在し続けてきたことは、歴史が示している。11世紀以来、イマームは政府の元首の地位を継承してきた。彼らの統治の下で、オマーンは常に完全な主権を享受し、アラブ文明に寄与してきたのである。現在のイマームであるガーリブ・ブン・アリーは、オマーンの第85代の統治者である。（第18会期（1963年）、国連総会第4委員会第1495回会合でのイマーム国特使の発言より抜粋[49]）

アラブ諸国やイマーム国代表は、イマーム制が一貫してオマーン地域を支配してきたと説明した。しかし、サウディ代表は8世紀からイマームによる支配が始まると主張し、イマーム国特使はそれが11世紀に始まるとしている。また、イエメン代表は歴代イマームが61名であったと主張するが、サウディとイマーム国特使は85名だとした。このように、イマーム支配の開始時期やイマームの人数といった基本的な情報においても意見の食い違いが発生している点に、アラブ諸国とイマーム国が作り上げたオマーン史の特徴がある。では、彼らはどのような情報源に基づいて、オマーン史を生産していたのだろうか。

2 アラブ諸国の情報源

アラブ諸国代表やイマーム国特使の発言を精査すると、少なくとも国連の議論においては、オマーンの歴史史料に基づくものは全くないことが分かる。彼らがイマーム国の歴史的存在の根拠として明示した典拠は、前出のAICのパンフレットである*Conflict*で用いられていたイギリス人の出版物や、イギリス人ジャーナリストであるJ. モリスによるスルタン国軍の内陸部侵攻の従軍記録[50]、スルタン国の外務大臣を務めたイギリス人であるB. トーマスによって著されたスルタン国の現状分析[51]、英植民地官僚であったウィルソンの『ペルシャ湾』、マイルズの『ペルシャ湾の国家と部族』、そして*Imâms*であった（表5-2）。

オマーン問題の議論を通じて、オマーンの歴史史料について具体的に言及されたことが数度あった。そのなかで最も早いものは、第17会期（1962年）の特別政治委員会でイギリス代表が行った発言であり、その中ではサーリミーの『名作』が挙げられている[52]。次にオマーンの歴史史料について具体的な言及がなされるのは第18会期（1963年）の第4委員会で、ロンドンに置かれた左派系アラブ民族主義的組織であるオマーン権利委員会（Committee for the Rights of Oman）[53]メンバーのイギリス人、F. グラブが行った発言であり、そこでグラブはサーリミーのJawhar Al Nidhamを挙げている[54]。ただし、ここでも史料の名前が挙げられるだけで、それに基づいてオマーン史が説明されることはなかった。もう一度、最後にオマーンの歴史史料について言及されるのは、第20会期の第4委員会であり、そこではやはりイギリス人のグラブがバジャーの*Imâms*と、サーリミーの『名作』およびJawhar

表5-2　オマーン問題におけるアラブ諸国の発言とその典拠

発言者	典拠
第12会期安保理	
イラク代表（第748回会合）	エクルス、英国際問題研究所、セシガー
第15会期特別政治委員会	
サウディ・アラビア代表（第255、256回会合）	トーマス
イエメン代表（第258回会合）	モリス
第16会期特別政治委員会	
シリア代表（第301、353回会合）	英国際問題研究所、マイルズ、セシガー
レバノン代表（第302回会合）	モリス
第17会期特別政治委員会	
アルジェリア代表（第356回会合）	英国際問題研究所
第18会期第4委員会	
イマーム国特使（第1495回会合）	エクルス、モリス、セシガー、ウィルソン
オマーン権利委員会（第1496回会合）	エクルス、セシガー
ヨルダン代表（第1500回会合）	英国際問題研究所、エクルス、モリス、セシガー
シリア代表（第1499回会合）	モリス
第20会期第4委員会	
オマーン権利委員会（第1572回会合）	*Imâms*
第24会期第4委員会	
イマーム国特使（第1861回会合）	ウィルソン

出所：国連各会期議事録を元に、筆者作成。

Al Nidham、またサーリミーの息子のムハンマドが著した『覚醒』を挙げている[55]。このように、オマーン問題においてオマーンの歴史史料を引き合いに出して発言したのは、イギリス代表とオマーン権利委員会であり、アラブ諸国とイマーム国特使はオマーンの歴史史料についてまったく言及しなかった。

1965年に作成された前出の『特別委員会報告書』には、以下のように記されている。

> 19世紀以前の歴史に関しては、オマーン人によってアラビア語で書かれた3種の史料が存在している。一つは年代記の『悲嘆の開示』であり、これは1728年に著された。この大部分は、ここで二つめの資料として

> 挙げる1857年に著されたイブン・ルザイクの年代記の一部をなしている。この著作はバジャーによって翻訳され、*Imâms* …のタイトルで1871年に出版された。〔略〕三つめがJawhar Al Nidhamという本で、これはサーリミーによって書かれ、19世紀末までを扱うが、翻訳されていない。[56]

この報告書と前記のグラブの発言に現れるJawhar Al Nidhamとは、サーリミーによって著された『宗教と統治の二つの知識における規則の宝石(*Jawhar al-niẓām fī 'ilmay al-'adyān wa al-aḥkām*)』(以下、『宝石』)[57]を指す。『宝石』は、礼拝の作法やムスリムとして忌避される食べ物、イスラーム的に正しいあるべき婚姻の形態や売買契約のあり方などが書かれているもので、言わばイスラーム法の解説書であり、オマーンにおけるイマーム制の歴史に関する情報はほとんど記述されていない。グラブは『宝石』がイスラーム法解説書であることを明言していたが[58]、『特別委員会報告書』は、『宝石』をオマーンの歴史書と記述している。おそらくオマーン問題特別委員会は、『宝石』の内容を確認することなしに、あるいは『宝石』を『名作』と混同し、歴史書と考えたのであろう。オマーン問題特別委員会のメンバーにはアラブ諸国出身者は含まれておらず、そのためにアラビア語の史料を利用できなかったのかもしれない。しかしながら、オマーン問題特別委員会はサウディ・アラビアやクウェイト、カイロを訪問していた。このため、同委員会は訪問先でオマーンの歴史史料について情報を入手することは十分可能であったはずである。これらのことは、アラブ諸国が同委員会に対してオマーンの歴史史料に関する情報を提供しなかった可能性を示唆する。では、アラブ諸国はオマーンの歴史史料に関する情報を有していなかったのだろうか。あるいは、情報を持ちながらも、それを提供しなかったのであろうか。アラブ諸国やイマーム国特使は、なぜ国連でオマーンの歴史史料に基づいてオマーン史を説明しなかったのであろうか。

3 隠蔽されるオマーンの史料

1960年代には、アラビア語のオマーンの歴史書の多くは「発見」済みであり、それらの一部はアラブ諸国でも利用可能であった。例えば、1952年に米国系石油会社のアラムコ（ARAMCO: Arabian American Oil Company）の調査部門が作成した『オマーンおよびペルシャ湾南海岸』（*Oman and the southern shore of the Persian Gulf*[59]）は、100頁を超えるオマーン史の記述を収録している。この報告書は、英領インド政府行政文書選集シリーズ、*Gazetteer*[60]、*Treaties*といった英語資料に加え、『悲嘆の開示』とH. クラインによるそのドイツ語の抄訳と分析、*Annals*、さらに『物語と説話』、『勝利』と*Imâms*、『名作』といった、これまで本書でも参照したオマーンのアラビア語史料を利用して作成されている。このことは、これらの史料を用いてオマーン史を表象することが、当時決して不可能ではなかったことを示している。なお、付言すれば、この報告書は英語とアラビア語の両方で作成されていたので、アラブ諸国はこの報告書自体を参考にすることも容易であった。事実、1950年代に発行されたオマーンに関する書籍には、このアラムコの報告書のアラビア語版を参照するものもある[61]。

では、アラブ諸国はなぜオマーン問題の議論にオマーンの史料をまったく使用しなかったのだろうか。実際にはアラムコのように、これらの歴史史料を参照してオマーン史を分析しており、これを公表していなかっただけなのだろうか。この点を明らかにすることは難しい。アラブ諸国は一般に行政文書を公開していないため、本章第2節の英外務省によるオマーン史産出方法の分析において用いたような、公文書を用いた分析手法を適用することはほぼ不可能である。ただし、断片的・間接的ではあるが、一部のアラブ諸国が作成した資料を参照することで、この問題に接近することが可能である。その資料の一つは、サウディ・アラビア政府がブライミー問題のために作成した資料である[62]。

サウディ·アラビアの資料がオマーン史を記述する典拠に用いているのは、*Imâms*や*Gazetteer*、『ペルシャ湾の国家と部族』といった英植民地官僚の著作や、英領インド政府行政文書選集シリーズなどの英語資料に加えて、『勝利』

や『名作』といったアラビア語史料であった[63]。これらの史料は、オマーン問題の議論でアラブ諸国が使用した文献や、『ド・リビング報告書』、『特別委員会報告書』で提示された典拠を遙かに凌ぐ。これらの史料を用いて報告書を作成する過程において、サウディ・アラビア政府は、オマーンの歴史にはイマーム制の中断が見られること、またイマームが不在の状態がイバード派の教義では許容されていることを示していた[64]。

> イバード派は、適切な候補者がいない場合はイマームを選出する必要は無く、イマームの不在が共同体の合法的な存在を損なうものではないとみなす。結果的に、イマームの継承には中断期間が発生してきたが、イバード派の共同体は時代を通じてなんら損なわれるものではなく、住民の多くがイバード派信徒でありつづけてきた。(*Buraimi Memorials,* p.101)

サウディ・アラビア政府は、このような分析を既に行っていたにもかかわらず、国連では「イマームが、ほとんど中断されることなく、オマーンを統治してきた」と論じたのであった。

また別の資料として、筆者はシリア外務省が1965年に作成した『オマーンおよびアラビア湾の諸首長国』(*'Umān wa Imārāt al-Khalīj al-'Arabī*[65]) を入手することができた。この資料には、作成者として同省のアラブ問題局と記載され、表紙は薄い紙でできた簡易製本で、印刷所や出版社名も記載されていないことから、省内あるいは政府内の資料として作成されたもので、一般公開や政治宣伝の類いを目的に作成されたものではないと考えられる。この資料は、オマーンの歴史及びイバード派イマーム制に関して、まとまった分析を展開している点に特徴がある。本資料には、イマームの統治が常に継続していたわけではなく、イマーム制には数度の断続があることが以下のように記述されている。

> ヒジュラ暦6世紀の後半から9世紀の前半までの間、イマーム制はおよ

そ200年に渡って中断しており、この間にナブハーン族が統治を行っていた。オマーン人の歴史家であるヌールッディーン・サーリミーは、イマーム達の歴史の唯一無二の史料とみなされている『名作』の中で、以下のように記している。「ナブハーン族の国家は専制に基づくもので、人々に服従を強いるものであった。」（『オマーンおよびアラビア湾の諸首長国』38頁）

このように、少なくとも当時のシリア外務省は、『名作』に基づいてオマーン史を分析し、イマームが継続的にオマーンを統治してきたわけではないことを良く理解していた。その上で、国連ではイマームの継続的支配を主張していたのであった。このため、シリア外務省は、サウディ・アラビア政府と同様に、意図的にイマームの不在期間を伏せたのだと考えられる。

サウディ・アラビアやシリアが、オマーン問題においてオマーンの史料に依拠した主張を展開しなかった理由は不明である。オマーンの史料を紹介すると、そこにイマームの主権が及ぶ範囲がオマーン全域に及ばないこと、そしてイマームの支配が歴史的に継続していないことが記されていることが明らかになることを恐れた、とするのは穿ち過ぎた解釈かもしれない。本章では、アラブ諸国もイギリスと同様に、自己の目的に都合の良い情報を収集・編集することで「イマーム史観」に基づくオマーン史表象を作り上げていたことを指摘するにとどめる。

4．イマーム61人説

1 オマーン問題とイマーム61人説

イマーム国は、特使を通じて国連で発言していたが、前節で見たように、それらはオマーンの史料に基づく発言ではなかった。では、イマーム国特使は、英語の情報以外には何の典拠もないままにオマーン史を産出していたのであろうか。あるいは、前章で見たサウディ・アラビアやシリアのように、オマーンの歴史書を参照しながらも、それを隠蔽していたのだろうか。

この問題に取り組むために、前節で引用したアラブ諸国およびイマーム国代表の主張中の、歴代イマームの人数に注目する。イマーム史観に基づくオマーン史において、歴代イマームの人数は、イマーム統治の歴史的継続性の根拠として決定的に重要な役割を担っている。この点について、第15会期に、サウディ・アラビア代表はオマーンを支配した歴代イマームの人数を85人だと述べた。第18会期でも、イマーム国特使のターリブは、亡命中のイマーム・ガーリブがオマーンの第85代の統治者であるとしている。これに対して、第15会期のイエメン代表は、オマーンのイマームの人数を61人だと述べた。では、85人や61人といった人数は、一体何に依拠しているのか。「イマームがオマーンを継続的に統治してきた」といった定性的な叙述とは異なり、61人や85人という具体的な数値を提示する以上、そこには何らかの根拠がある可能性が高い。ただし、筆者はこれまでに様々な史資料に当たったが、85人という人数については、その根拠を発見できていない。一方で、61人については明白な典拠を発見することができた。このため、本章では61人という人数がイマーム国の歴史に採用された過程を解明することで、当時のアラブ諸国およびイマーム国が、イマーム史観に基づくオマーン史表象をいかにして作り上げていたのか、明らかにする。

イマームの人数が61人であるとする主張（以下、61人説）が初めてオマーン問題の議論に登場したのは、第15会期の特別政治委員会第258回会合で、それは1961年4月のことであった。このため、61人説に根拠があるとすれば、それは1961年4月以前に作成された情報ということになる。では、いかなる情報が61人説の形成に影響を与えたのであろうか。この分析には、AICが発行したパンフレットが重要である。その理由は、第一に、前説で確認した『特別委員会報告書』でAICのパンフレットが参考資料に挙げられているように、AICのパンフレットと国連におけるオマーン問題の議論の間で、オマーン史を産出するための情報が伝達されていたことが明らかである。第二に、アラブ諸国やイマーム国特使の発言が依拠していた情報源は、AIC発行のパンフレットの典拠と共通している。前節で挙げた*Conflict*におけるオマーン史表象の典拠は、先に指摘したとおり、英国王立国際問題研究所やエクルス、セシガーなどであり、それらは他の AIC のパンフレットでも頻繁に用いられており、またオマーン問題の議論でアラブ諸国代表が依拠していた情報源でもあった。すなわち AIC のパンフレットは明らかにオマーン問題の議論におけるアラブ諸国の主張の典拠となっていた。

2 AIC のパンフレットとイマーム 61 人説

筆者の調査によれば、61 人説がはじめて国連で紹介された第 15 会期（1960 年）以前にアラブ・インフォメーションセンターが発行していたオマーン問題に関するパンフレットは、以下に示す５種である[66]。

（A）*The British-Omanite Conflict*. 1957（?）

著者不明。全 13 ページで、第１章 序文、第２章 歴史的背景、第３章スィーブ条約、第４章 明らかになったイギリスの意図、第５章 結論、補遺（スィーブ条約の英訳）で構成されている。典拠として明示されているのは、英王立国際問題研究所、セシガーやエクルスといった英語圏での出版物と、『ニューヨーク・タイムズ』、『ニューヨーク・ヘラルド・トリビューン』『ワシントン・ポスト』『ニューズ・ウィーク』『ロンドン・タイムズ』といった英字紙、雑誌類であり、オマーンのアラビア語史料は一切用いられていない。出版年は明記されていないが、『ニューズ・ウィーク』1957 年８月５日号や『タイムズ』同年７月 27 日号からの引用が見られ、また英外務省が本パンフレットを 1957 年８月 20 日に入手していることから（本章第２節参照）、本パンフレットはおそらく 1957 年８月初旬から中旬の間に出版されたものと考えられる。これは、オマーン問題に関する AIC の出版物で最も古いものである。ただし、以下に引用するようにイマーム国の歴史に関しては「歴代イマームが 1200 年間オマーンを支配してきた」と簡単に記述されるに留まり、61 人説は採用されていない。

> The Ibadhites are the least known of the three major schools of Islam. Their main centers are in North Africa, East Africa and Oman. The Oman is the

> oldest and strongest of all. All imams who have ruled Oman during the past 1200 years have been chosen by the people. The present Imam, Ghalib Ibn Ali, against whom British aggression is now directed, was elected in 1954.（*The British-Omanite Conflict*, p.2）

（B）*The Status of Oman and the British Omanite Dispute: an analysis based on official documents*. 1957.

著者不明。全23頁で、第１章　序論、第２章　歴史的背景、第３章　スィーブ条約、第４章　明らかになったイギリスの意図、第５章 結論、補遺１（スィーブ条約の英訳）、補遺２（1920年前後に在マスカト英領事とイマーム国との間で交わされた複数の書簡の複製写真）で構成される。明示されている典拠は、資料（A）で使用されているエクルズやセシガー、英王立国際問題研究所、英字紙などの英語圏の資料に加え、補遺２に収録されている書簡であり、補遺２を除いてその構成は資料（A）と非常に似通っている。ただし、典拠は記されていないものの、61人説が記されている点は重要である。これはAICの発行物の中で、61人説に言及したもっとも古いものであり、それは本パンフレットの第２章で以下のように記されている。

> The Ibadhites are the least known of the three major schools of Islam. Their main centers are in North Africa, East Africa and Oman. The Oman is the oldest and strongest of all. All of the sixty-one imams who have ruled Oman during the past 1200 years have been chosen by the people. The present Imam, Ghalib Ibn Ali, against whom British aggression is now directed, was elected in 1954.（*The Status of Oman* … p.2、下線は筆者）

この引用部分を（A）の引用部分と比較すると、下線部の「全61人のイマーム達（All of the sixty-one imams）」という部分以外は、逐語的に同じであることが判明する。このパンフレットには、この引用部分以外にも、（A）と逐語的に全く同じ部分が散見され、（A）と（B）の第１章の大半はほぼ共通している。また（B）の第２章は（A）の同章よりも分量が多いが、これは（B）が（A）には無い資料（補遺２）の解説を含んでいるためであり、この部分を除くと双方の第２章は逐語的に全く同じである。さらに、双方の第３章、第４章、第５章は一言一句変わらない。このため、（B）は（A）に補遺２を加えた、事実上の改訂版であると見なすことができる。

（C－1）*British Imperialism in Southern Arabia.* 1958.

全86頁と地図３葉から成り、イエメンに対するイギリスの植民地支配を取り扱った第１部「イエメンへのイギリスの侵入と帝国主義」と、オマーン問題を取り扱った第２部「オマーン・イマーム国へのイギリスの侵略」、ブライミー問題を取り扱った第３部「ブライミー紛争」から構成される。第２部の内容については、次の（C－2）を参照のこと。

（C－2）*British Aggression Against the Imamate of Oman.* 1958.

全18頁で、第１章　序論、第２章　イギリスの侵入、補遺、地図から構成されており、これは資料（C－1）の第２部に補遺が追加され、独立した冊子として出版されたものである。そのため、この内容は補遺を除いて（C－1）の第２部と全く同じである。本パンフレットに示されている主要な典拠は、（A）および（B）で使用されているものと全く同じ英語の出版物に加え、*Treaties*やモリスの著作などが加えられている。61人説は第２章で記されており、それは以下のとおりである。

> The majority of the people of Oman belong to the Obdahites[67], one of three major schools of Islam, who adhere to the democratic principle of electing their Imams rather than following hereditary succession. An Imam is elected on the basis of certain essential qualifications including, among other things, mastery of Islamic jurisprudence. <u>All of the sixty-one Imams</u> who have ruled Oman during the past twelve centuries have been chosen by the people. The Imam Ghalib Ibn Ali, against whom British aggression has been directed

during the past three years, was elected in 1954.（*British Aggression* … pp.5-6、下線は筆者）

上記引用部分が含まれる部分の典拠として、資料（B）が明記されており、ここで展開されている 61 人説が資料（B）に基づいていることが明白である。本パンフレットは第１章から第２章前半にかけて *Treaties* を用いて記述が行われ、第２章の中盤部分は（B）の第２章、第３章、第４章を一言一句ほぼそのまま利用しており、第２章の後半以降はモリスの著作からの引用やアラブ連盟でのオマーン問題の議論の説明で構成されている。このため、本パンフレットは（B）の補遺２で収録されていた資料を典拠表示に代えることで削除し、その上で *Treaties* やモリスらの新たな情報を加えてできあがった、（B）の改訂増補版であると言えよう。なお、本パンフレットには AIC のオマーン問題に関するパンフレットの中で唯一著者名が記されている。著者は M.F. ハティーブと I. カッバーニーであり、前者はエジンバラ大学で学位を取得した政治学者であり、1958 年から 61 年にかけて、国連アラブ代表団事務所の調査部長を務めていた[68]。後者の人物像は不明であるが、少なくともハティーブの経歴から判断すると、本パンフレットは英語に堪能で国連との深いつながりはあったが、特にオマーン史を専門としない人物によって編纂されていたと考えられる。

（D）*Digest of Major Arab Issues.* 1959.

著者不明。全 44 頁。AIC の他のパンフレットと全く異なる内容で、書名の通り、アラブ世界における諸問題—主として反植民地闘争—を扱っている。第１章でパレスチナ問題を、第２章でアルジェリア問題を、第３章でアラビア半島（イエメンとオマーン）を扱い、第４章でアラブ民族主義を、第５章で経済開発を扱う。本パンフレットに占めるオマーン問題の割合は非常に小さく、その内容も他のパンフレットに比して簡略化されたものであり、歴代イマームの人数に関する記述は無く、他のパンフレットと共通する記述も存在しない。

（E）*The Question of Oman*. 1960.

著者不明。全20頁で、第1章　序論、第2章　歴史的背景、第3章 イギリスの意図、第4章 イギリスの介入の法的見解、第5章 その後の進展、第6章 結論、補遺（スィーブ条約の英訳）から構成される。61人説は見られないが、第1章の大半は上記（A）の第1章の冒頭から第2章の前半までが一文字も変わらずにそのまま使用されている。同様に、第2章の前半部分は（C−2）の第2章に酷似し、また（A）の第3章とほぼ同一である。また、第3章は（B）の第4章とほぼ同じ内容である。また、第6章は（A）の第5章に追加記述（1957年7月24日付け『デイリー・テレグラフ』の記事に対する反論）を行ったものに過ぎない。このように、このパンフレットはこれまでのAICのパンフレットを継ぎ接ぎしたものに、新たな情報を付け加えられたものである。

ここまでの分析で明らかになったように、AICが作成したパンフレットは、（A）を原型とし、それが（B）によって改定された後、追加情報や簡略化などを経て、（C−1）、（C−2）、（E）に再編集されたと考えられる（（D）はオマーン問題を訴えるという目的を共有しておらず、別系統のものであると考えられる）。61人説に注目すると、（B）において初めて61人説が導入され、これが（C−1）（C−2）に継承されていったことが明らかとなる。このため、少なくとも（B）が出版された1957年の時点で61人説が存在していたことが分かる。

3　カイロ・イマーム国事務所からAICへ

では、AICの61人説はどのような情報に由来するものなのだろうか。1957年当時に利用可能であったオマーンの歴史書は複数存在し、そこには一覧形式ではないものの、歴代イマームの情報が記述されている。これらのオマーンの歴史書としては、これまでに本書でその内容を確認してきた、『勝利』、『悲嘆の開示』、『物語と説話』、『光跡』『名作』などが存在していた。

この中で、『名作』を除く全ての史料は写本状態で各地の図書館に保管されていたが、これらの史料を参照しても61人という人数を容易に導き出すことは出来ない。なぜなら、第一に、これらの歴史書が取り扱う時代に限界がある。『悲嘆の開示』とその異本は、18世紀末あるいは19世紀初頭以降のイマームの情報を含んでいない。同様に、『勝利』『光跡』はアッザーン2世以降のイマームを含まず、『名作』は20世紀のイマームを取り扱わない。第二に、各歴史書が共通して取り扱う時代のイマームに限定してみても、その人数は一致しない。これは、ある歴史書がイマームとして記述しているものが、他の歴史書ではイマームとして取り扱われていないためである。例えば、『勝利』ではオマーンの第2代イマームとして記されているシャビーブ・ブン・アティーヤについて、『名作』はこの人物がイマームではないという説を紹介している[69]。また同じく『勝利』や『悲嘆の開示』においてイマームとされるハワーリー・ブン・マーリクとマーリク・ブン・ハワーリーの親子について、『名作』はこの2名が同一人物であるという説を紹介する[70]。このように、イマームの人数を特定することは、オマーンの歴史書を参照したとしても詳細な分析が必要であり、決して容易ではない。仮にAICが必要な労力を投入してこれらの写本を読解・分析し、イマームの人数を特定し、その結果として61人説を採用していたならば、これらのアラビア語史料が典拠としてパンフレットに明示されないのは奇妙である（AICのパンフレットには、オマーンの歴史書に限らず、一つとしてアラビア語の資料が典拠に用いられていない）。このように、AICがオマーンのアラビア語史料を分析していたと想定することは難しく、AICは何らかの別の情報に依拠して、61人説を採用したと見なされるべきである。では、その情報とは何であろうか。

筆者は、以下の理由から、在カイロ・イマーム国事務所発行のパンフレットがAICの資料に見られる61人説の典拠であると考える。第一に、61人という非常に具体的な数字は、筆者の調査では、1957年の時点ではイマーム国事務所発行のパンフレットに収録されている「ヒジュラ暦2世紀から今日までオマーンを支配したイマームの名前一覧」（Bayān bi 'asmā' al-'a'imma alladhīna ḥakamū 'Umān mundh al-qarn al-thānī al-hijrī 'ilā yawm-nā hādhā、以下

「イマーム一覧」)以外には存在しない。サーリミーの息子が著した『覚醒』は、全61名のイマーム・リストを記載しているが[71]、これは1961年以降に出版されたことが明らかであるため[72]、61人説の情報源ではない。また、C. フアールも61名の人物リストを作成しているが 、これは「オマーンのイマームとサイイドの一覧表」(Table des Imâms et des Séyyids de l'‘Omân)であり、イマーム以外の人物が含まれている点でイマーム61人説の典拠から排除される。なお、ロリマーやマイルズは歴代イマームのごく一部を扱うに過ぎないので、61人説の典拠にはならない。また、1927年に出版されたE. ザンブールの『イスラーム史における家系図便覧』(*Manuel de genealogie et de chronologie pour l' histoire de l' islam*、以下『家系図』)には、オマーンの支配者の一覧が存在するが、それはフアールと同様にイマーム以外の人物も含み、その収録人数も77名であるため[74]、AICのパンフレットの61人説の直接の典拠としては否定される。ただし、この『家系図』については他の資料とは異なる特徴があるため、次節で取り扱う。

第二に、イマーム国からAICに直接情報が提供されていた痕跡が存在する。本章第2節で参照したリビアのイドリース王からもたらされた書簡と全く同じものが、AICのパンフレットの一つである *The Status of Oman and the British Omanite Dispute*[75] に収録されている(図5-2)。この書簡の保有者は、イマーム国の他にはスルタン国と英外務省以外に存在しないはずである。ゆえに、この書簡がAICのパンフレットに収録されているということは、イマーム国からAICに情報提供がなされていたことを意味する。

4 「イマーム一覧」と『名作』

では、カイロのイマーム国事務所が作成した「イマーム一覧」とは、どのような資料なのだろうか。カイロのイマーム国事務所は、アルジェリア出身の著名なイバード派ウラマーであり、アラブ民族主義活動家でもあったアトファイヤシュ[76]を初代所長とし、アラブ圏におけるイマーム国のプロパガンダ活動の拠点となった。同イマーム国事務所が作成したパンフレットの総数は不明であるが、歴代61人の「イマーム一覧」が付されているものとして、

図５-２　リビア大使からの書簡と、*The Status of Oman and the British Omanite Dispute* の補遺 2b

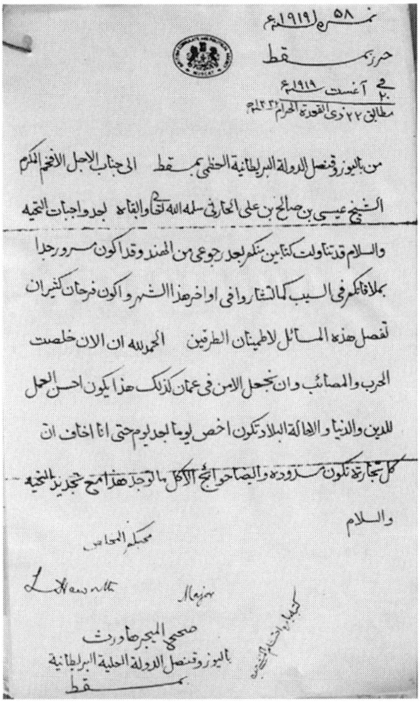

نمرة ٥٨ سنة ١٩١٩ م

حرر بمسقط

في ٢٠ أغسطس ١٩١٩ م

مطابق ٢٢ ذي القعدة الحرام ١٣٣٧

من اليوزقنصل الدولة البريطانية الحفلى بمسقط الى جناب الاجل الافخم المكرم

الشيخ عيسى بن صالح بن على الحارثي سلمه الله تعالى والبقاء بعد واجبات التحيه

والسلام قد تناولت كتابكم بعد رجوعي من الهند وقد اكون مسرور جدا

بملاقاتكم في السيب كما اشار واني اواخر هذا الشهر واكون فرحان كثيرا ان

تفصل هذه المسائل لاطمينان الطرفين الحمد لله ان الان خلصت

الحرب والمصائب وان تجعل الامن في عمان كذلك هذا يكون احسن العمل

للدين والدنيا والاهالة البلاد تكون اخص يوما بعد يوم حتى انا اخاف ان

كل تجارة تكون مسروره والصاحوايج الاكل ما توجد هذا مع تجديد التحيه

والسلام

محبكم المخلص

L. Haworth

Major

محبكم الميجر هاورث

اليوزقنصل الدولة العلية البريطانية

بمسقط

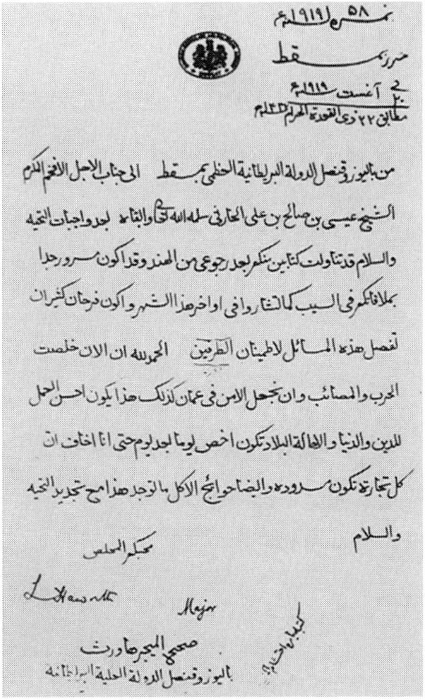

نمرة ٥٨ سنة ١٩١٩ م

حرر بمسقط

في ٢٠ أغسطس ١٩١٩ م

مطابق ٢٢ ذي القعدة الحرام ١٣٣٧

من اليوزقنصل الدولة البريطانية الحفلى بمسقط الى جناب الاجل الافخم المكرم

الشيخ عيسى بن صالح بن على الحارثي سلمه الله تعالى والبقاء بعد واجبات التحيه

والسلام قد تناولت كتابكم بعد رجوعي من الهند وقد اكون مسرور جدا

بملاقاتكم في السيب كما اشار واني اواخر هذا الشهر واكون فرحان كثيرا ان

تفصل هذه المسائل لاطمينان الطرفين الحمد لله ان الان خلصت

الحرب والمصائب وان تجعل الامن في عمان كذلك هذا يكون احسن العمل

للدين والدنيا والاهالة البلاد تكون اخص يوما بعد يوم حتى انا اخاف ان

كل تجارة تكون مسروره والصاحوايج الاكل ما توجد هذا مع تجديد التحيه

والسلام

محبكم المخلص

L. Haworth

Major

محبكم الميجر هاورث

اليوزقنصل الدولة العلية البريطانية

左側がリビア大使から手交された書簡で、右側がＡＩＣのパンフレット。比較すると、左には汚れがあるが、両者が全く同じ物であることが分かる。

出所：（左）FO 371/126892 Minutes of H. Beeley, December 16, 1957.（右）Arab Information Center. *The Status of Oman and the British Omanite Dispute,* 1957, Annex IIb.

以下の２点のパンフレットが発行されている。

（F）『イマーム制のオマーン（アラビア半島東部）（アラビア海沿岸）』（*'Umān al-Imāmīya (sharq jazīra al-'Arab)('ala Baḥr al-'Arab)*）（ヒジュラ暦1375年ズー・アルヒッジャ月、カイロ・イマーム国事務所）

著者不明。ヒジュラ暦1375年ズー・アルヒッジャ月は、西暦1956年７月に該当する。全てアラビア語で記述され、全15頁からなる。前半はイマーム国の地理・産業・歴史の説明であり、後半は全61名の「イマーム一覧」によって構成されている。1957年8月にイギリス当局がドバイのオマーン人キャンプでこのパンフレットを発見していることから[77]、エジプトのみならずアラブ諸国で広く流通していたことが窺える。

(G)『オマーンに関するパンフレット』(*Nabḍa ʻan ʻUmān*)(西暦1956年、ヒジュラ暦1376年、在カイロ・イマーム国事務所)

著者不明。全18頁からなり、内容は上記(F)と同様に、前半がオマーン地域の紹介、後半が「イマーム一覧」となっている。前半部分は部分的な段落の入れ替えや細かい単語の変更がなされているだけで、(F)とほぼ同じものである。また後半部分の「イマーム一覧」も(F)のものと全く同じものである。なお、西暦に換算すると(F)と(G)は共に1956年の出版であるが、記載されているヒジュラ暦では(F)が1375年、(G)が1376年であるため、(G)の方が若干後に出版されたことが分かる。このため、(G)は実質的に(F)の改訂版であると考えられる。

この「イマーム一覧」(資料1参照)には、イブン・アルアスィールやイブン・ハルドゥーンと並んで、サーリミーの『名作』が典拠として記されている。我々はようやく、アラブ諸国やイマーム国が作成したオマーン史に、オマーンの歴史史料が典拠として用いられているところに達した。これまで我々が分析してきた国連でのオマーン問題の議論や、AICのパンフレットの典拠にはオマーンはおろかアラビア語の歴史史料は一つも使用されていなかった。しかし、彼らが主張したイマーム史観に基づくオマーン史、その中心をなすと考えられる歴代イマームを列挙する「イマーム一覧」の典拠が、オマーンの歴史史料として有名な『名作』であることは、アラブ諸国やイマーム国が作成したオマーン史が、根源の部分でオマーンの歴史史料に基づいていたことを示す根拠となるはずである。

5 「イマーム一覧」と『名作』の齟齬

しかしながら、イマーム国事務所作成の「イマーム一覧」は、『名作』に依拠して作成されたような体裁をとりながらも、実際には全く依拠していなかった。以下に、資料を参照しながら「イマーム一覧」と『名作』の齟齬を確認しよう。

資料１の（a）：ジュランダー族あるいはウマーラ族

「イマーム一覧」の最初の項目には「ジュランダー族あるいはウマーラ族」（Banū Julandā or Banū ‘Umāra）とあり、ジュランダー族（Banū Julandā）とウマーラ族（Banū ‘Umāra）のどちらかがオマーンの最初のイマームを輩出したかのように記述されている。しかしながら『名作』は、最初のイマームであるジュランダー・ブン・マスウードの系譜を紹介する中で、ジュランダー・ブン・マスウードをマアウィラ・ブン・シャムス族以外に帰することを否定している[78]。このためバヌー・ウマーラ説が提示されることは、『名作』と一致しない。

資料１の（b）：ムハンマド・ブン・アッファーン・アルアズディー以降のジュランダー族

ムハンマド・ブン・アッファーン・アルアズディー以降の人物がジュランダー族の項目に含まれているが、『名作』によれば、これらの人物はジュランダー族の人物ではない。『名作』によれば、ジュランダー族からイマームに就任したのはジュランダー・ブン・マスウードのみである[79]。

資料１の（c）：ユースフ・ブン・ワジーフとムハンマド・ブン・ユースフ・ブン・ワジーフ

ユースフ・ブン・ワジーフとムハンマド・ブン・ユースフ・ブン・ワジーフの親子の名前が挙げられているが、『名作』には「オマーンの専制者の一団に、ユースフ・ブン・ワジーフがいた。彼はオマーンのとある地方を所有し、イマーム・サイード・ブン・アブドゥッラーと同時代の人物で、イマー

資料1 「イマーム一覧」

(a)	ジュランダー族あるいはウマーラ族 (オマーン、首都はニズワー[1])	
	ジュランダー・ブン・マスウード・アルアズディー[2]	135
	空白期間	137
(b)	ムハンマド・ブン・アッファーン・アルアズディー	145頃
	ワーリス・ブン・カアブ・ヤフマディー	185
	ガッサーン・ブン・アブドゥッラー	192
	アブドゥルマリク・ブン・フマイド・アズディー	208
	ムナンナー・ブン・ジャアファル・ヤフマディー	226
	サルト・ブン・マーリク・アルアズディー	237
	ラーシド・ブン・ナザル	273
	アッザーン・ブン・タミーム	277
	ムハンマド・ブン・ハサン	284
	アッザーン・ブン・ハダル	285
	アブドゥッラー・ブン・ムハンマド	286
	サルト・ブン・アルカースィム	287
	ムハンマド・ブン・ハサン(2度目)	287
	ハサン・ブン・ムハンマド	287
	ハワーリー・ブン・マトラフ	292
	ウマル・ブン・ムハンマド・ブン・マトラフ	300
	ムハンマド・ブン・ヤズィード・アルキンディー	—
	ムッラー・バフリー[3]	—
	サイード・ブン・アブドゥッラー・ブン・ムハンマド[4] (328没)	—
	ラーシド・ブン・アルワリード	328
(c)	ユースフ・ブン・ワジーフ	334
	ムハンマド・ブン・ユースフ・ブン・ワジーフ	333/944
	アブー・ムハンマド・ラドワーン・ブン・ジャアファル(362年まで)	340頃
	ハリール・ブン・シャーザーン・アルハルースィー[6]	400
	ラーシド・ブン・サイード(446没)	—
	ハフス・ブン・ラーシド	445
	ラーシド・ブン・アリー(446没)	445
	アブー・ジャーッド・ムーサー・ブン・ムーサー(569没)	—
(d)	ナブハーン族 (549 – 809/1154 – 1406)	
	ファッラーフ・ブン・ムフスィン・アンナブハーニー	549
	アラール・ブン・ファッラーフ	—
	ムザッファル・ブン・スライマーン(首都はマクニヤート[7]とバフラー)	—
	マフズーム・ブン・ファッラーフ(809まで)	—
(e)	マーリク・ブン・アリー・アルハワーリー(833没)	809
(f)	オマーンのサーマ族	
	アフマド・ブン・ハリール	300頃
	アブドゥルハティーム・ブン・イブラーヒーム	316頃
(g)	オマーンのイマーム (首都:ニズワーとバフラー)[8]	

（資料1　つづき）

	アブー・ハサン・アブドゥッラー（846年ズー・アルカアダ月21日没）	839
	ウマル・ブン・ハッターブ・アルヤフマディー	855
	ウマル・シャリーフ	896
	アフマド・ブン・ムハンマド	897頃
	アブー・ハサン・ブン・アブド・サラーム	905頃
	ムハンマド・ブン・イスマーイール	906
	バラカート・ブン・ムハンマド・ブン・イスマーイール	936
	アブドゥッラー・ブン・ムハンマド・アルヒナーイー	967年ラジャブ月20日
	バラカート（2度目）	968
	ヤアルブ族 首都：ルスターク[9]、ヤブリーン、ハズム	
	ナースィル・ブン・ムルシド[10]	1034
	スルターン・ブン・サイフ・ブン・マーリク[11]	1059
	バルアラブ・ブン・スルターン・ブン・サイフ	1079
	サイフ・ブン・スルターン・ブン・サイフ（1123没）	—
	スルターン・ブン・サイフ・ブン・スルターン	1123
	ムハンナー・ブン・スルターン・ブン・サイフ	1131
	ヤウルブ・ブン・バルアラブ・ブン・スルターン	1134
	サイフ・ブン・スルターン（2度目）	1135
	ムハンマド・ブン・ナースィル・ブン・ガーフィル	1137
	サイフ・ブン・スルターン（3度目）	1140
	スルターン・ブン・ムルシド	1151
(h)	アフマド・ブン・サイード・アルブー・サイーディー	1154
	アッザーン・ブン・カイス・ブン・アッザーン	1285
	サーリム・ブン・ラーシド・アルハルースィー	1331/1913
	ムハンマド・ブン・アブドゥッラー・アルハリーリー	1338/1920
	ガーリブ・ブン・アリー・ヒナーイー（現イマーム）	

アラビア語史料

サーリミー『オマーンの伝記における著名人の名作』カイロ、1325年

イブン・ハルドゥーン『イバルの書』

1.彼はジュランダー・ブン・マスウード・ブン・ジャイファル・ブン・ジュランダー・アズディーである。イブン・アルアスィール第5巻270頁を見よ。

2. イブン・アルアスィール第8巻475頁を見よ。

3. サーリミー『名作』第1巻229頁を見よ。

4. サーリミー『名作』第1巻234頁を見よ。

5. ハズウのディルハム硬貨、342-348年。

6.『名作』第1巻243-251頁。

7.『名作』第1巻326頁を見よ。

8.『名作』第1巻341頁を見よ。

9.『名作』第2巻2頁を見よ。

10.『名作』第2巻3頁を見よ。

11.サーリミーは『名作』の第2巻44頁において、彼のイマーム就任の宣誓は1050年第2ラビーウ月の金曜日に行われたと述べている。

出所:イマーム国パンフレット（本文参照）

注:原文はアラビア語。(a)から(h)のアルファベットは便宜上追加したもので、原文には存在しない。また、注5が一覧中に無く末尾のみにあるのは、原文のまま。

ムと戦っていた」と記されており[80]、ユースフとその息子はイマームに敵対する勢力として描かれている。このため、『名作』がこれらの人物をイマームとして取り扱っていないことは明らかである。

資料1の（d）：ナブハーン族

ナブハーン族という項目が立てられているが、『名作』によれば、ナブハーン族はイマームと敵対していた勢力であり、イマームではない[81]。

資料1の（e）：マーリク・ブン・アリー・アルハワーリー

マーリク・ブン・アリー・アルハワーリーが「ナブハーン族」の項目の最後に含まれているが、『名作』によればこの人物はナブハーン族ではない。上記のとおり、ナブハーン族はイマームと敵対していた勢力であり、これに対して『名作』はマーリク・ブン・アリーをイマームと記している[82]。

資料1の（f）：オマーンのサーマ族

『名作』によれば、サーマ族とはイマームと敵対していた勢力であり、イマーム軍との戦いに敗れたサーマ族がバハレーンに駐屯していたムハンマド・ブン・ブール率いるアッバース朝軍に庇護を求め、アッバース朝はこれに応えて2万5000の兵をオマーン攻撃に差し向けたとされる[83]。また『名作』は、その後アッバース朝軍がイマーム軍を打ち破ると、ムハンマド・ブン・ブールはイマームに従う人々の腕や脚、耳を切り落とし、目をくりぬいたと記している[84]。これらの出来事が史実であるかどうかはさておき、少なくとも『名作』では、サーマ族がイマームの支配を崩壊させ、オマーンの民を苦しめた集団として記述されていることは間違いない。

資料1の（h）：アフマド・ブン・サイード・アルブー・サイーディー以降の人物

アフマドとその次のアッザーン2世は、『名作』によれば、ブー・サイード族の人物であるが[85]、「イマーム一覧」ではヤウルブ族の項目に含まれている。また、アッザーン2世に続くサーリム・ブン・ラーシドとムハンマド・ブン・アブドゥッラー、ガーリブ・ブン・アリーはヤウルブ族でも、ブー・サイード族でもない。そもそも、『名作』は1910年までを扱うもので、サーリム以降の人物は『名作』には記述されていない。

このように、在カイロ・イマーム国事務所が作成した「イマーム一覧」は、『名作』の記述内容とは全く異なる。この違いが人名の間違いといった微細なものではなく、『名作』に見られるオマーン史と全く逆の歴史観が提示されている点からも明らかなように、「イマーム一覧」が『名作』に依拠していないことは明らかである。では、どうして『名作』に依拠していないにもかかわらず、それに依拠しているような体裁で、「イマーム一覧」が作成されたのであろうか。また、『名作』に依拠していないなら、「イマーム一覧」はどのような情報に基づいて作成されたのであろうか。

6 隠された本当の典拠

本章の分析において、ザンブールの『家系図』はイマーム以外の人物を含み、また収録人数も77名であるという理由で、他の資料と共に61人説の典拠としては否定された。しかし、この資料は他の資料にない特徴を備えている。すなわち、「イマーム一覧」に付されている11箇所の注が、ザンブールの『家系図』のアラビア語版（資料2）の注と全く同じ部分に付されており、その内容も全く同じである。異なる二つのテクストにおいて、同一部分に同一内容の注が11箇所に渡って付けられるということは、偶然には発生しない。これは二つのテクストが同一のものであるか、一方が他方を模倣したものであることを示す有力な証拠である。このような共通点は、他の資料には見出すことができない。イマーム国事務所のパンフレットの前半部分、つまり「イマーム一覧」ではなく本文中に、参考文献としてザンブールの『家系図』が挙げられている。これは、イマーム国事務所がパンフレット作成時に『家系図』の存在を認識していたことの証拠であり、それを参照していたことを窺わせるものである。では、この『家系図』はいかなる情報に基づいて

資料2『家系図』

ジュランダー族あるいはウマーラ族
(オマーンのイバード派、首都はニズワー[1])

	ジュランダー・ブン・マスウード・アルアズディー[2]	135 A.H.
	空白期間	137
	ムハンマド・ブン・アッファーン・アルアズディー	145頃
	ワーリス・ブン・カアブ・ヤフマディー	185
	ガッサーン・ブン・アブドゥッラー	185
	アブドゥルマリク・ブン・フマイド・アルアズディー	208
	ムハンナー・ブン・ジャアファル・ヤフマディー	226
	サルト・ブン・マーリク・アルアズディー	237
	ラーシド・ブン・ナザル	273
	アッザーン・ブン・タミーム	277
	ムハンマド・ブン・ハサン	284
	アッザーン・ブン・ハダル	285
	アブドゥッラー・ブン・ムハンマド	286
	サルト・ブン・カースィム	287
	ムハンマド・ブン・ハサン(2度目)	287
	ハサン・ブン・ムハンマド	287
	ハワーリー・ブン・マトラフ	292
	ウマル・ブン・ムハンマド・ブン・マトラフ	300
	ムハンマド・ブン・ヤズィード・アルキンディー	—
	ムッラー・バフリー[3]	—
	サイード・ブン・アブドゥッラー・ブン・ムハンマド[4] (328年没)	—
(i)	ラーシド・ブン・アルワリード	328
	アブー・ムハンマド・ラドワーン・ブン・ジャアファル (362まで)[5]	340頃
	ハリール・ブン・シャーザーン・アルハルースィー[6]	400
	ラーシド・ブン・サイード(446年没)	—
	ハフス・ブン・ラーシド	445
	ラーシド・ブン・アリー(446没)	445
	アブー・ジャービル・ムーサー・ブン・ムーサー(549没)	—
(j)	ナブハーン族の支配 549 – 809	
(k)	マーリク・ブン・アリー・アルハワーリー(833没)	809

典拠:
History of Imâms and Seyyids of Oman by Salîl ibn Razîk (transl. by G. P. Badger, London 1871. Hakluyt - Society N° XLIV p.CXXV et 407).
Barthold: Musulmanskia Dynastii, p.284, 285.
Bibl. Geogr. A. I., p.26
Tiesenhausen: Mélanges de Numismatique Orientale (Revue Num. Belge 1875) p.35, N°93.
Blau Nachlese, II, p.27.

（資料2　つづき）

Bergmann: Zur Muhammedanischen Münzkunde, (Num. Zeitschr. Vienne 1876. VIII 38).
Tornberg: Symbolae, I, III, IV.
CL. Hurat: Histories des Arabes, II, p.281.
サーリミー『オマーンの伝記における著名人の名作』カイロ、1350年

(l) オマーンのワジーフ族

	ユースフ・ブン・ワジーフ（322まで）	—
(m)	ナーフィウ（ユースフ・ブン・ワジーフの奴隷）	332
	ムハンマド・ブン・ユースフ（340まで）	333

典拠
A. Markoff: Catalogue - Inventaire Ermitage p.342.

オマーンのサーマ族

アフマド・ブン・ハリール	300頃
アブドゥルハティーム・ブン・イブラーヒーム	316頃

典拠:
A. Markoff: Catalogue - Inventaire Ermitage p.341.

(n) ナブハーン族

（首都：マクニヤート[7]およびバフラー）

ファッラーフ・ブン・ムフスィン・アンナブハーニー	549
アラール・ブン・ファッラーフ	—
ムザッファル・ブン・スライマーン	—
マフズーム・ブン・ファッラーフ（809まで）	—

典拠:
Tornberg: ZDMG XI, 547.
Bergmann: Zur Moh. Münzkunde, W. N. Z. VIII, 38.
Hurat: Histoire des Arabe, II, p.281.

(o) オマーンのイマーム

（首都：ニズワーとバフラー）[8]

アブー・ハサン・アブドゥッラー（846年ズー・アルカアダ月21日没）	839
ウマル・ブン・ハッターブ・アルヤフマディー	855
ウマル・シャリーフ	896
アフマド・ブン・ムハンマド	897頃
アブー・ハサン・ブン・アブド・サラーム	905頃
ムハンマド・ブン・イスマーイール	906
バラカート・ブン・ムハンマド・ブン・イスマーイール	936
アブドゥッラー・ブン・ムハンマド・アルヒナーイー	967年ラジャブ月20日
バラカート（2度目）	968

ヤウルブ族

首都：ルスターク[9]、ヤブリーン、ハズム

ナースィル・ブン・ムルシド[10]	1034
スルターン・ブン・サイフ・ブン・マーリク[11]	1059
バルアラブ・ブン・スルターン・ブン・サイフ	1079
サイフ・ブン・スルターン・ブン・サイフ（1123没）	—
スルターン・ブン・サイフ・ブン・スルターン	1123
サイフ・ブン・スルターン・ブン・サイフ・ブン・スルターン	1131
ムハンナー・ブン・スルターン・ブン・サイフ	1131
ヤウルブ・ブン・バルアラブ・ブン・スルターン	1134
サイフ・ブン・スルターン（2度目）	1135
ムハンマド・ブン・ナースィル・ブン・ガーフィル	1137
サイフ・ブン・スルターン（3度目）	1140
スルターン・ブン・ムルシド	1151

典拠：

サーリミー『オマーンの伝記における著名人の名作』カイロ、1347年

(p) マスカト[12]とザンジバルのブー・サイード族

（彼らはイマームとサイイドの称号を使用）

(q)	アフマド・ブン・サイードアルブー・サイーディー[13]（対ペルシャ戦争1169）	1154
	サイード・ブン・アフマド（イマームの称号を得た最後の人物）[14]	1188
	ハマド・ブン・サイード（「サイイド」を公式の称号として使用）	1193
	スルターン・ブン・アフマド（イギリスと最初に条約を締結、1212）	1206
	サーリム・ブン・スルターンとサイード・ブン・スルターン	1219

以下のように主権が分裂

	オマーン	
	スワイニー・ブン・サイード・ブン・スルターン（1283年に殺害される）	1273
	サーリム・ブン・スワイニー	1283
(r)	アッザーン・ブン・カイス・ブン・アッザーン	1285
	トゥルキー・ブン・サイード	1287
	ファイサル・ブン・トゥルキー	1305
	イギリスとの最近の条約、1308	
	ザンジバル	
	マージド・ブン・サイード	1273
	バラガシュ・ブン・サイード	1287年ラジャブ月10日
	ハリーファ・ブン・サイード	1305年ラジャブ月13日

（資料2　続き）

アリー・ブン・サイード・ブン・スルターン	1308
サイード・ブン・スワイニー	1311
ハーリド・ブン・サイード	1314
サイード・ブン・ハムード	1314
…ハーリド[15]	—
ハリーファ・ブン・ハルーブ	1330

典拠:
サーリミー『オマーンの伝記における著名人の名作』カイロ、1347年

1.彼はジュランダー・ブン・マスウード・ブン・ジャイファル・ブン・ジュランダー・アズディーである。イブン・アルアスィール第5巻270頁を見よ。

2. イブン・アルアスィール第8巻475頁を見よ。
3. サーリミー『名作』第1巻229頁を見よ。
4. サーリミー『名作』第1巻234頁を見よ。
5. ハズウのディルハム硬貨、342-348年 l'Ermitage, Inv. p.340
6.『名作』第1巻243-251頁。
7.『名作』第1巻326頁を見よ。
8.『名作』第1巻341頁を見よ。
9.『名作』第2巻2頁を見よ。
10.『名作』第2巻3頁を見よ。
11.サーリミーは『名作』の第2巻44頁において、彼のイマーム就任の宣誓は1050年第2ラビーウ月の金曜日に行われたと述べている。
12.『名作』の著者は、第2巻226頁において、この地名をマスカドだとしている。バジャーは彼のイブン・ルザイクの翻訳（166頁）において、マスカトとしている。
13.『名作』第2巻161頁を見よ。
14. この称号の変更の謎はまだ明らかではない。*A Handbook of Arabia*, 1916年、第1巻, 37、38、246、289頁を参照せよ。
15. イギリスは彼を1330年に廃位した。

出所：Bek, Zakī Muḥammad Ḥasan and Ḥasan Aḥmad Maḥmūd, *Mu'jam al-'ansāb wa al-'usra al-ḥākima fi al-ta'rīkh al-islāmī li-l-mustashriq Zāmbūr*, Jāmi'a Fawād al-awwal, 1951.

注：原文はヨーロッパ言語の典拠を除き、アラビア語。原文にヨーロッパ言語で表記されている部分はそのままとした。(i)から(p)のアルファベットは便宜上追加したもので、原文には存在しない。

作成されたのであろうか。

『家系図』の原典であるフランス語版では、バジャーや前出のフアールといったヨーロッパ人オリエンタリストの業績や、E. ベルグマン[86]やW. ティエゼンハウゼン[87]などの古銭学に依拠しており、『名作』には全く依拠しておらず、そもそも典拠として『名作』は示されていない。すなわち、先に示した「イマーム一覧」と、『名作』の内容の不一致は、『名作』の内容とヨーロッパ人オリエンタリストが生み出したオマーン史の不一致に起因する。例えば、20世紀初頭にヨーロッパで行われた東洋研究においては、オマーンの初代イバード派イマームを輩出したジュランダー族と、ウマーラ族を同一視する説がある。P. シュワルツは、10世紀のアラブ地理学者であるイスタフリーがオマーン湾に浮かぶキーシュ島の対岸に「ウマーラ海岸もしくはジュランダー海岸として知られる」地域があると記したことを根拠に、同地域にあるとされた「イブン・ウマーラ要塞」をジュランダー族のものと説明した[88]。アラブの系譜では、ジュランダーと呼ばれる集団には2系統があり、一つはジュランダー・ブン・カルカルであり、その支族としてウマーラ族がある。もう一つは、マアウィラ・ブン・シャムス系のジュランダーであり、こちらがジュランダー・ブン・マスウードの属するジュランダー族である。サーリミーは『名作』において、「ジュランダー族をマアウィラ・ブン・シャムス族以外に帰するのは誤りである」と記すことで、これら二つのジュランダー系を混同することに注意を呼びかけたのであった。『名作』を踏まえていない『家系図』がジュランダー族とウマーラ族を並記（資料1の(a)）したのは、このような事情による。

では、『家系図』のアラビア語版に記載された『名作』やイブン・アスィールといったアラビア語の典拠は、何を意味するのか。これらは、『家系図』のフランス語版に記されている人名と同じ人名が、『名作』やイブン・アルアスィールの記述に見出される場合に、その記述部分が内容に関係なく典拠とみなされ、追加されたと考えられる。このような作業を想定すると、典拠となったアラビア語史料と『家系図』のアラビア語版の間で、内容が一致しないことが説明できる。そもそも、『家系図』のフランス語版は、中東イスラーム諸王朝の支配者の系譜を取りまとめたものである。オマーン地域に関しては、収録されている人物はイマームに限定されず、為政者全てが取りまとめられており、この方針はアラビア語版でも共通している。このため、『名作』においてイマームではないと記述された人物が『家系図』に含まれているのも、当然のことである。このようにして出来上がった『家系図』のアラビア語版が「イマーム一覧」へと流用されたため、『名作』の内容との齟齬が生じたのである。上記の資料１の（c）（d）（f）（h）のような、『名作』においてイマームとは見なされない人物が「イマーム一覧」に含まれるという問題が発生したのは、このためである。

では、『家系図』のアラビア語版（資料２）は、どのようにして「イマーム一覧」（資料１）へと変貌を遂げたのであろうか。「イマーム一覧」は、当然のことながら、「イマーム史観」に基づいたオマーン史を生み出すことを目的に作成された。「イマーム史観」はイマームをオマーンの正統な支配者に位置づける歴史観であり、「イマーム一覧」はオマーン地域がイマームのみによって連続的に支配されてきたことを示すことで、イマーム支配の正統性を主張したと考えられる。このため、「イマーム一覧」は以下の３点を編集方針としていたと推測される。（ア）イマームではない統治者に関連する情報を可能な限り隠蔽し、（イ）イマームの支配が連続していたように見せ、（ウ）ヨーロッパ側資料に依拠した痕跡を隠蔽する。例えば、資料２の (l) ワジーフ族の項目がその直前のマーリク・ブン・アリー・アルハワーリー（資料２の（k））と年代的に連続していないことは、上記（イ）の観点から問題となるため、ワジーフ族と年代が近いラーシド・ブン・ワリード（資料２の（i））の後に挿入された。その際、「奴隷」と記されているナーフィウ（資料２の（m））がイマームの地位にあるのは不適切なので削除されたのであろう。これにより、『家系図』のワジーフ族の項目の３名中の２名がラーシド・ブン・ワリードに続く形で「イマーム一覧」に記載されたと考えられる（資料１の（c））。また、『家系図』のナブハーン族（資料２の（n））の項目は、「ナブハーン族の支配」（資料２の（j））という項目があるので、そこに移動された（（イ）の適用）。その際、「ナブハーン族の支配」の項目の後に記されていたマーリク・

ブン・アリー・アルハワーリー（資料２の（k））が、そのまま残されてナブハーン族の項目の最後に結合されたと考えると、資料１の（e）の問題の発生を説明できる。さらに、『家系図』の「マスカトとザンジバルのブー・サイード族」（資料２の（p））という項目は、スルタン国の支配一族であるブー・サイード族が統治者であることを明言することになるので、この項目名が削除された。さらに、ペルシャの支配からオマーン地域を解放した英雄でありイマームであるアフマド（資料２の（q））と、19世紀後半にイマームに就任したアッザーン２世（資料２の（r））を残し、この２名以外のブー・サイード族の人物が全て削除された（（ア）の適用）。その後、ザンブールには記されていない20世紀のイマーム達（サーリムとムハンマドとガーリブ）が追加されたと考えると、資料１の（h）の問題の発生を説明できる。また、そもそも「イマーム一覧」に「オマーンのイマーム達」（資料１の（g））という項目が存在することは、これ以外の項目がオマーンのイマームではないことを含意するため、奇妙である。この項目は、『家系図』においておそらく特定の系譜集団としてまとめることが出来ないと判断されて取りまとめられたイマームのグループであり（資料２の（o））、「イマーム一覧」においてこれを他の項目に挿入することが困難または煩雑であったために、そのまま放置されたのであろう。また、資料２に記されているヨーロッパ諸言語の典拠や、注５に記されているディルハム硬貨がエルミタージュ美術館の収集品であるということは隠蔽され（資料１の注５）、またそもそも『家系図』に基づいていること自体が隠蔽された（（ウ）の適用）。このような改変過程を想定すると、『家系図』から「イマーム一覧」への変容過程が明らかとなる。

５．イマーム史観は受容されたのか

1 国連と反植民地主義

ここまでの分析で明らかになったように、アラブ諸国やイマーム国特使の主張は、オマーンの歴史史料に全く依拠していなかった。これに対してイギリスが作成したオマーン史表象は、それまで英植民地官僚が蓄積してきたオマーン史だけではなく、『名作』をも使用して作成されていた。このような典拠の使用方法に大きな違いがありながらも、なぜアラブ諸国やイマーム国の主張が受け入れられ、イギリスの主張は批判されたのであろうか。国連でイギリスを非難する決議に賛成した諸代表は、アラブ諸国代表やイマーム国特使の発言内容を、果たして精査していたのだろうか。本章第3節で確認したとおり、オマーン問題の議論の初期においては、アラブ諸国の主張の矛盾に対する疑問が提示されていたが、後にこの種の疑問は提示されなくなる。現地の史料に基づいたオマーン史表象を展開していないにもかかわらず、なぜアラブ諸国やイマーム国の主張が受け入れられ、毎年のように決議が採択されたのか。決議案に賛成した各国代表は、アラブ諸国やイマーム国の主張内容を検討せずに、採決に臨んだのではないか。しかしながら、これらの主張を判断材料にせずに、採択に臨むことは果たして可能であろうか。仮にそうであれば、彼らは何を判断材料にしていたのであろうか。

オマーン問題においてアラブ諸国とイマーム国を支持したのは、主としてアジア・アフリカおよび共産主義諸国の代表であった。我々はここに、反植民地主義陣営と共産主義陣営の同盟関係を読み解くことができる。1950年代半ばに反植民地諸国が大量加盟したこと、アフリカの年と呼ばれる1960年に新たに17カ国が国連に加盟したこと、さらに同年の「植民地およびその人民に対する独立の付与に関する宣言」(総会決議第1514号)の成立により、国連は反植民地主義に大きく傾いた[89]。アラブ諸国はこの機会をたくみに利用し、アジア・アフリカ諸国の民族主義の潮流に訴える主張を展開した[90]。この結果、アジア・アフリカ諸国とその民族主義運動を後押しするソ連およびその他共産主義諸国がアラブ諸国を支持したのであった。この潮流の中で、アラブ諸国とイマーム国が採用した戦術は、反民族主義的な主張を前面に押し立てることであった。第15会期の総会において、アラブ諸国代表は以下のように主張した。

今期の総会では、植民地およびその人民に対する独立の付与に関する宣言（決議1514号（XV））が出されたわけだが、その今会期で、苦しんでいるオマーン人民の表明に耳を塞ぐことは出来ない。(第15会期(1960年)特別政治委員会第257回会合でのイラク代表の発言より抜粋[91])

植民地主義は死につつあり、一方で民族主義はますます強力に成長しつつある。オマーン問題は明らかに植民地問題であり、アラビア半島におけるイギリスの植民地主義政策はアラブ民族主義運動に敵対するものであり、失敗を運命付けられている。(第15会期(1960年)特別政治委員会第258回会合でのレバノン代表の発言より抜粋[92])

アジアの大半の諸国が自由であり、アフリカが〔植民地的〕圧政をかなぐり捨てている中で、オマーンの状況を無視することは出来ない(第15会期(1960年)総合委員会第131回会合でのイラク代表の発言より抜粋[93])

反植民地主義の動きが加速する中で、オマーン問題もまた植民地問題の一つとして認識されるようになった。第19会期で提出された『特別委員会報告書』において、オマーン問題が植民地問題の一つとして位置づけられたことは、アラブ諸国にとって大きな勝利であった。同報告書は、アラビア語に翻訳されて出版されるに至っている[94]。

決議第2073号(1965年)以降、全ての会期においてイギリスを非難する決議が採択されていったが、実際にはこれらの決議が求める「イギリスによるオマーンの支配の停止」は、全く実現していなかった。総会決議には強制力がないため、イギリスが決議を履行せずとも、それ自体に制度上の問題は存在しないためである。しかしながら、イギリスの撤退が実現しないにもかかわらず、オマーン問題の議論は沈静化していった。決議第2073号に関する議論が行われていた第20会期においては、イマーム国の主権に関する主張がイラク代表やリビア代表、ヨルダン代表などからなされていたが[95]、第21会期(1966年)にはヨルダン代表が、第22会期(1967年)にはアルジェリア代表が主張するにとどまり[96]、その後はオマーン問題に関する議論はほとんど見られなくなった。とりわけ第23会期（1968年）以降にはオマーン問題は他の植民地問題と一括で議論されるようになり、それまで行われていたオマーン問題に関する個別の議論はほぼ行われなくなった。イマーム国特使が第4委員会で発言することはあったが、それまでと同じ主張を繰り返すにとどまった。

アラブ諸国にとって「オマーン問題」の目的はイマーム国の回復にはなく、公の場でイギリスの植民地主義を非難することで、アラブ民族主義を称揚することにあった。当時のアラブ諸国において、アラブ民族主義は各国の統治者の正当性と密接に結びついていた。1957年のスエズ戦争にエジプトが勝利したことは、英仏の植民地主義に対するアラブ・ナショナリズムの勝利として喧伝されていた。これはオマーン問題の議論でも同様で、イギリスによるオマーン地域への軍事侵攻は、英仏のスエズ運河侵攻に重ね合わせて語られた。1960年9月には、アラブ・ナショナリズムの旗手であるナーセル・エジプト大統領が国連総会で演説を行い、民族主義の文脈でオマーン問題を取り上げている[97]。

2　イマーム国とアラブ諸国の真正性

非アラブ諸国でイマーム国を支持した諸国は、オマーン問題を植民地問題として扱うことで一致していた。これは、前節で確認したアラブ諸代表と共通する姿勢であった。

> 世界中が恥ずべき植民地主義の崩壊を目撃し、植民地主義の足かせから解き放たれた17の諸国が国連加盟を承認された中で、この状況〔オマーンに対するイギリスの支配〕はこれ以上黙認されるべきではない。（第15会期（1960年）総合委員会第131回会合でのルーマニア代表の発言より抜粋）[98]

> オマーンで進展している事態は、植民地の人民が独立と自由を求める戦いであり、そこにイギリス軍が存在することが、オマーン人民の自由と

独立を求める権利が踏みにじられたことの明白な証である。（第16会期（1961年）特別政治委員会第303回会合でのチェコスロヴァキア代表の発言より抜粋）[99]

ただし、これらの発言の中で、彼らがオマーン史について発言することは皆無に等しかった。彼らは反植民地主義的な綱領を繰り返し主張したが、ではなぜイマーム国が回復されなければならないのか、その根拠は全く提示されなかった。ユーゴスラビア代表は以下のように主張した。

現在の議論において、多くの発言者、特にアラブ諸国の代表は、この地域の出来事について詳細な記録を用いることで、オマーン人民の独立を求める闘争に光を当ててきた。それゆえ、ユーゴスラビア代表は、以下の事を表明するのみである。世界中の独立を求めて戦う人民への恒常的な支持とともに、あらゆる形態の介入から独立と自由を求めるアラビア半島の人民の闘争を支持する。（第17会期（1962年）特別政治委員会第355回会合でのユーゴスラビア代表の発言より抜粋）[100]

ここで言われているアラブ諸国代表が使用した「詳細な記録」とは、これまで本章で確認したような、イギリス人の主張に立脚した、表面的で粗雑なオマーン史に過ぎない。イマーム国を支持した国連諸代表にとって、オマーンの歴史を詳細に検討した結果として問題を判断するという過程は、全く重要ではなかった。

アラブ諸国やイマーム国、そしてそれらを支持する国連代表が重視したのは、オマーン史の内容ではない。むしろ、誰がオマーン史を「正しく」語る立場にあるのかという、真正性の保持であった。このため、民族主義・反植民地主義に基づく主張を展開する際にアラブ諸国代表とイマーム国が採用した戦術は、自らが真正性を有するように見せることであった。真正性とは、ここでは、真実の情報は当事者に内在する、という前提であり、この前提が検証されることはない。エジプト代表は第15会期の特別政治委員会において、そしてサウディ・アラビア代表は第 17 会期の特別政治委員会において、以下のように発言した。

大西洋からインド洋までのアラブ人民は、いかなる形態の外国による支配や介入に対しても、軍事的に抵抗する。オマーン人民はすべてアラブ人であり、アラブ人はこの問題に対して、独立と自由と領土の一体性が即座に回復されなければならないと見なさなければならない。（第 15 会期（1960 年）特別政治委員会第 256 回会合でのエジプト代表の発言より抜粋 [101]）

オマーンの代表が代表としての資格を有していない、などというイギリスの指摘は、全く受け入れることができない。イギリス代表はオマーンとオマーン人に代わって発言を要求することなど、まったくできないのだ。〔略〕彼〔イマーム国特使〕は、彼の人民の民族的な意志を代表しているのだ。（第 17 会期（1962 年）特別政治委員会第 351 回会合でのサウディ・アラビア代表の発言より抜粋）[102]。

これらの発言には、イマーム国代表と、それと民族的同質性を有するアラブ諸国こそがオマーン問題について語りうる真正性を有する、という強い主張が見られる。アラブ諸国は「植民地主義」に抵抗する「アラブ人」としてイマーム国と同化を試みたのであり、逆にイギリスをイマーム国に侵攻してきた部外者と位置づけた。彼らは、オマーンの歴史を語る「真正性」を獲得し、イギリスからそれを剥奪しようと試みたのである。

第 17 会期の特別委員会において、キューバ代表は次のように発言した。

今問題となっている領土と海域をアラブ人が支配してきたのであるから、アラブ人達がこの問題に関する最適な情報源なのである。（第 17 会期（1962 年）特別政治委員会第 356 回会合でのキューバ代表の発言より抜粋）[103]

このキューバ代表の発言は、非常に示唆的である。アラブ諸国代表の発言内容が「正確」である、あるいは「現地の歴史史料に基づいている」ために、アラブ諸国の代表が「最適な情報源」として認定されているわけではない。キューバ代表は、オマーンがアラブ人の居住地域であることを根拠に、アラブ人を最適の情報源に位置づけているにすぎない。しかしながら、本章の分析で明らかになったように、「最適な情報源」であるアラブ諸国代表が依拠していたのは、オマーン問題について発言することができないと彼ら自身が批判した、イギリス人が作成した旅行記や論文、新聞記事であり、イマーム国の自己表象はヨーロッパ人オリエンタリストの著作である『家系図』を簒奪したものであった。

国連におけるオマーン問題の議論は、イマーム国の正統性に関する議論であると同時に、オマーン問題を語る権利をめぐる「真正性」の争奪戦であった。そこでは、アラブ諸国やイマーム国がどの程度オマーンの歴史史料を反映した歴史表象を展開しているか、彼らが提示するオマーン史がどれだけ「正確」なのか、そのようなことはほとんど問題にならなかったのである。

●注

1 Owtram, F., *A modern history of Oman: formation of the state since 1920*, I. B. Tauris, 2004, pp.91-92; Allen, C. H. Jr., *Oman: the modernization of the sultanate*, Westview Press, 1987, pp. 64-65.

2 Allen, C. H. Jr. *op. cit.*, pp.67-69; Peterson, J. E., *Oman's insurgencies: the Sultanate's struggle for supremacy*, Saqi, 2007, ch.2.

3 UN. S/3865 and Add.1.

4 UN. S/PV.784.

5 UN. A/4521.

6 UN. A/BUR/SR.131.

7 UN. A/SPC/L.67.

8 UN. A/4745.

9 UN. A/SPC/SR.305.

10 UN. A/SPC/L.78 and Add.1.

11 UN. A/5010.

12 UN. A/5325.

13 FO 371/162856 Walmsley, Nov. 30, 1962.

14 FO 371/162856 From Bahrain to Foreign Office, Dec. 4, 1962.
15 UN. A/PV.1191.
16 *ibid.*
17 UN. A/5562.
18 FO 371/168696. From Muscat to Foreign Office, May 27, 1963.
19 *ibid.*
20 UN. A/5562.
21 UN. A/5562: Annex VI.
22 UN. A/C.4/SR.1498.
23 UN. A/5846.
24 UN. A/5846: 621.
25 Her Majesty' s Government. *Muscat and Oman*, F. Mildner & Sons, 1962.
26 Arab Information Center. *The British-Omanite Conflict*, Arab Information Center, 1957 (?).
27 Royal Institute of International Affairs. *The Middle East: a political and economic survey*, 2nd ed., 1954.
28 Eccles, C. J. "The Sultanate of Muscat and 'Oman", *Journal of the Royal Central Asian Society*, vol.14 (1), 1927; Thesiger, W. "Desert borderlands of Oman", *Geographical Journal*, Vol. 116, No. 4/6, October-December, 1950.
29 Arab Information Center, *op. cit.*, pp. 3-4.
30 FO 371/126884. Minutes of A.R.Walmsley, August 21 1957.
31 FO 371/126884. Minutes of K.C. Buss, August 20, 1957
32 Her Majesty' s Government, *op. cit.*, p.4.
33 FO 371/162884. With the compliments of Dr. D. Protitch, 20 August 1957.
34 Khatib, M Fathalla, El. and I. Kabbani *British Aggression against the Imamate of Oman*, 1958, Arab Information Center.
35 FO 371/1040120. From United Kingdom Mission to the United Nations, New York, to Arabian Department, Foreign Office, September 1, 1959.
36 Oman and Muscat Committee. *Memorandum on the Oman Crisis*, Oman and Muscat Committee, 1962.
37 FO 371/162857. From United Kingdom Mission to the United Nations, New York to Arabian Department, Foreign Office, December 6, 1962.
38 FO 371/126888. From Foreign Office to New York, September 13, 1957.
39 FO 371/126888, EA 1015/389, from Consulate General of Muscat to Foreign Office, September 15, 1957.
40 FO 371/126892. Minutes of H. Beeley, December 16, 1957.
41 FO 371/126892. Minutes of K. C. Buss, December 17, 1957.
42 UN. S/PV.784.
43 UN. S/3865 and Add.1
44 UN. A/SPC/SR.255.

45　UN. A/SPC/SR.305.
46　UN. A/C.4/SR.1505.
47　UN. A/SPC/SR.255.
48　UN. A/SPC/SR.258.
49　UN. A/C.4/SR.1495.
50　Morris, J. *Sultan in Oman,* Pantheon Books, 1957.
51　Thomas, B. *Arab Rule under the Al Bu Said Dynasty of Oman 1741-1937,* H. Milford, 1938.
52　UN. A/SPC/SR.353.
53　ロンドンに設置された左派系の親アラブ団体で、ヨルダン軍を指揮したイギリス人であるジョン・グラブの息子のファーリス・グラブが中心となって設立した。この団体については情報が極端に少なく、筆者の現段階の調査では詳細は不明である。
54　UN. A/C.4/SR.1496.
55　UN. A/C.4/SR.1572.
56　UN. A/5846:25
57　al-Sālimī, Ḥumayd b. Muḥammad. *Jawhar al-niẓām fī 'ilmay al-'adyān wa al-aḥkām,* 1993.
58　UN. A/C.4/SR.1496.
59　この報告書は、現在は Archive Editions, *The Aramco Reports on Al-Hasa and Oman 1950-1955,* Archive Editions, 1990. の第４巻として出版されている。
60　同報告書に「最近まで英政府はこの頒布を英政府機関に限定していた」(*op. cit.,* p.273.) とあるように、1950年代まで *Gazetter* は一般の利用は不可能であり、このアラムコの報告書はロリマーを用いた最初期の湾岸史分析であると思われる。
61　1950年代から60年代を通じて、アラビア語で書かれたオマーン人の手による歴史書には、ムハンマド・アリー・ザルカー『オマーン　過去と現在』(al-Zarqā, Muḥammad 'Alī. *'Umān: qadīman wa ḥadīthan,* 1959 (?))、ムハンマド・ブン・サーリミーとアッサーフ『オマーン　歴史は語る』(al-Sālimī, Muḥamad b. 'Abd Allāh wa 'Assāf Nājī. *'Umān: ta'rīkh yatakallam,* 1963)、サイヤービー『オマーン史概要』(al-Sayyābī, Sālim b. Ḥumūd b. Shāmis. *al-'Unwān 'an ta'rīkh 'Umān,* 1965) などがあり、『オマーン　過去と現在』はアラムコの報告書を参照している。これらはいずれも「イマーム史観」を採用しており、『名作』をオマーン史の典拠として用いていた。
62　この資料は、Memorial of the Government of Saudi Arabia: arbitration for the settlement of the territorial dispute between Muscat and Abu Dhabi on one side and Saudi Arabia on the other, 11 Dhu Al-Hijjah 13740=31 July 1955, the Government of Saudi Arabia として作成されたものである。その後この資料はイギリス側の資料と併せて全４巻で Archive Editions, *The Buraimi Memorials 1955: the territorial dispute concerning Buraimi, Liwa and Khor al-'Udayd: the Memorials submitted to arbitration by the Government of Saudi Arabia and the United Kingdom,* Archive Editions, 1987. として出版された。
63　これらの史資料については、*Buraimi Memorials* 第１巻の４章、および第２巻の

Appendix D Part I, Note on Sourcesを参照。Note on Sourcesでは『名作』について特に言及されていないが、Buraimi Memorialsの107頁注12、および242頁注18に、『名作』が典拠として明示されている。

64 *The Buraimi Memorials*, p.101.

65 Mudīrīya al-shu'ūn al-'arabīya, al-Wizāra al-khārijīya（?）*'Umān wa 'Imārāt al-khalīj al-'arabī*, Wizāra al-khārijīya al-sūrīya（?）,1965.

66 AICは*Information Papers*や*Document Collections*、*Digest Papers*などのパンフレット類を発行すると共に、*The Arab World*等の雑誌も発行していたが、これらの印刷物は国連の資料で言及されることがなく、そのためにこれらの資料が国連での61人説の情報源とは見なされないため、分析の対象外とする。

67 Obdahitesは、おそらくIbadhiteの間違いである。イバード派はアラビア語ではibaḍīと記され、ḍ音は英語ではdhと表記されることが多い。このため、ibadhiに「〜教徒」をあらわす接尾辞-iteを付し、英語ではしばしばibadhiteと表記される。IbadhitesではなくObdahitesと記述されている理由は、単なる記述間違いか、あるいはイバード派をほとんど知らない者が、英語表記を作成したためであろう。イバード派は一般にibadiと読まれ、まれにabadiと読まれることがあっても、obadiと読まれることはない。このことから、おそらくこの英語転記を作成した者は、アラビア語の知識はあっても、イバード派の知識はほとんどない者であると考えられる。

68 "Khatib（Mohamad, Fathallah）", *Who's who in the Arab World 2007-2008*, Publitec Editions.

69 『名作』第1巻104頁。

70 『名作』第1巻367頁。

71 al-Sālimī, Muḥammad b. 'Abd Allah b. Muḥammad. *Nahḍa al-'a'yān bi ḥurrīya ahl 'Umān*, 1998, pp. 56-59.

72 al-Sālimī, *op. cit.*には、1958年12月に関する情報（79頁）、ヒジュラ暦1380年シャアバーン月（西暦1961年1月）の情報などが含まれている（411頁）。このため、この資料は明らかに1961年以降に出版されたと考えられる。

73 Huart, C. I. *Histoire des Arabes*, Librarie Paul Geuthener, 1913, vol.2, p.281.

74 Zambaur, E. de. *Manuel de genealogie et de chronologie pour l'histoire de l'islam*, Hanover, 1927, pp. 126-129.

75 Arab Information Center. *The Status of Oman and the British Omanite Dispute*, 1957, Arab Information Center.

76 アブー・イスハーク・イブラーヒーム・アトファイヤシュは、アルジェリアのイバード派コミュニティが存在するムザブの出身で、アルジェリアやチュニジアでフランスの植民地支配に抵抗した後、1920年代にエジプトに渡って出版活動を通じてアラブ民族主義運動、イスラーム復興運動に身を投じた。その後イマーム国事務所がカイロに開設された際には、その所長を務めた（Bābā'mī, Muḥammad b. Mūsā. *Mu'jam 'a'lām al-ibāḍīya min al-qarn al-awwal al-hijrī 'ilā al-'aṣr al-ḥāḍir*, Dār al-Gharb al-Islāmī, 2000, vol.2, pp.24-25; al-Zirklī, Khayr al-Dīn. *al-'A'lam qāmus turājim*, Dār al-'Ilm li-l-'alamiyīn, 2005, vol.1, p.73.）。

77 FO 371/126908 from British Residency, Bahrain to Foreign Office, August 9, 1957.

78 『名作』第 1 巻 85 頁。

79 『名作』第 1 巻 88–113 頁。

80 『名作』第 1 巻 290 頁。

81 『名作』第 1 巻 357 頁。

82 『名作』第 1 巻 357 頁。

83 『名作』第 1 巻 356–357 頁。

84 『名作』第 1 巻 261 頁。

85 『名作』第 2 巻 178 頁。

86 Bergmann, E. von. "Zur muhammedanischen Munzkunde", *Numismatische Zeitshrift*, viii, 1876.

87 von Tiesenhausen, W. "Mélanges de numismatique orientale", *Revue belge du numismatique*, vol.31, 1875.

88 Schwarz, P. *Iran im Mittelalter nach den arabischen Geographen,* Otto Wigand, 1910, p.77.

89 半澤朝彦 2001 年「国連とイギリス帝国の消滅―― 1960 ～ 1963 年」日本国際政治学会編『国際政治』第 126 号。

90 Al-Marayati, A. A. "The Question of Oman", *Foreign Affairs Reports*, vol. XV, no.8, 1966.

91 UN. A/SPC/SR.257.

92 UN. A/SPC/SR.258.

93 UN. A/BUR/SR.131.

94 *'Umān fi al-muḥāfil al-duwalīya,* Dār al-yaqẓa al-arabīya li-l-ta'līf wa al-tarjama wa al-nashr, 1966. 同様の事例として、第 15 会期での国連サウディ・アラビア代表の演説が、アラビア語でカイロのイマーム国事務所から出版された（*Qaḍīya 'Umān fi al-jamīya al-'āmma li-l-'umam al-muttaḥida, naṣṣ khitāb al-sayyid 'Aḥmad al-Shqayrī al-mandūb al-dā'im li-l-Mamlaka al-'Arabīya al-Su'ūdīya fi al-'umam al-muttaḥida wa alladhi 'alqā-h fi al-jamīya al-'āmma difā'an 'an qaḍiya 'Imāma 'Umān,* Maktab 'Imāma 'Umān, 1961）。

95 イラク代表の発言については、UN. A/C.4/SR.1573、リビア代表については UN. A/C.4/1574、ヨルダン代表については UN. A/C.4/1575 を参照。

96 UN. A/C.4/SR.1732.

97 Khalil, M. *The Arab states and the Arab League: a documentary record,* Archive Editions, 1987, pp. 987-1000.

98 UN. A/BUR/SR.131.

99 UN A/SPC/SR.303.

100 UN. A/SPC/SR.355.

101 UN. A/SPC/SR.256.

102 UN.A/SPC/SR.351.

103 UN A/SPC/SR.356.

第6章
オマーンの国史

はじめに

スルタン国の後裔であるカーブースがスルタンに即位したことで、「オマーン問題」は転換点を迎えた。10年に渡って総会で議論され続け、植民地問題として認定され、その解決を求める決議が成立し続けていたにもかかわらず、カーブースが即位した翌年に開催された第21会期の国連総会では、オマーン問題の「解決」が突如として決定された。

オマーン問題の議論が行われていた10年の間に、オマーンを取り巻く情勢は大きく変化していた。第一に、前章で指摘したとおり、既に60年代前半までにオマーン内陸部でイマーム派勢力は一掃されていた。第二に、第3次中東戦争でのアラブ諸国の大敗により、アラブ民族主義が大きく後退した。第三に、もっとも重要なこととして、1968年にイギリスがスエズ以東からの撤退宣言を行い、1970年までに湾岸地域から撤退することが明らかとなった。現地のアラブ首長らは独立国家の準備に向けて奔走し、アラブ首長国連邦とバハレーン、カタルの国家枠組みが生まれつつある中で、オマーンだけが将来的な国家像が不透明であった。オマーン問題によって国際的に孤立したスルタン・サイードは、60年代半ばにオマーン南部のドファール地方に発生した共産主義的反政府組織との内戦にも有効な手段をとることができずにいた。このため、イギリスの湾岸地域からの撤退を目前に、アラビア半島南部から中東への共産主義勢力の浸透に対する警戒が高まっていた。

スルタン・サイードに警戒されて事実上の軟禁状態にあったカーブースは、

サンドハースト英王立陸軍士官学校時の同窓生であり、当時スルタン軍の士官であったT.ランドンらの助力を得て、宮廷クーデターによってスルタン・サイードを廃位させた[1]。カーブースは国名をオマーン・スルタン国に改称し、鎖国政策を廃して国際社会への復帰を目指し、国連加盟を目指した。イマーム国を復活させるめどもその意図もなく、むしろ主たる目的であったアラブ民族主義の高揚と反英主義の主張も失われ、オマーン問題の議論は惰性で続けられている状態にあった。オマーン問題の幕引きを模索していたアラブ諸国にとって、新生オマーンの国連加盟は逃すことのできない好機であった。

1971年9月30日に安保理でオマーンの国連加盟が承認されると（安保理決議299号（1971））、イラク代表は植民地問題を取り扱う第4委員会の第1920回会合で、「合意文書」の草案を提出してオマーン問題の議論の終結を提案した[2]。しかし、採決に際してイエメン代表が主張したように、オマーンはカーブース以前と以後で、何一つ変わっていなかった。イギリスが湾岸地域から撤退するのは、オマーン人の抵抗運動に敗北したからではなく、財政再建のために軍縮を実行したためであった。カーブース以降もイギリス人将校はオマーン軍を統括し、イマームは亡命したままであった。それまでの国連決議やオマーン問題の議論で指摘され続けてきたイギリスの植民地主義的支配とイマーム国の復活は、いずれも達成されていなかった。変わったのはアラブ諸国の方であり、彼らは情勢の変化に対応するために、オマーンの政治体制への見解を新たに構築した。それまで彼らが掲げていた、イマーム国がオマーンの正統な主権国家であるとする主張は雲散霧消し、マスカトのスルタンをオマーンの正統な支配者として承認するに至った。この合意文書には、以下のように記されている。

> オマーンが国連憲章と「植民地およびその人民に対する独立の付与に関する宣言」に謳われる目標を達したことに満足し、オマーン政府とその人民の将来にわたる平和と繁栄を祈念し、「オマーン問題」の議論の終結を決定する[3]。

この合意文書に反対したのはキューバとイエメンの２代表のみであり、ガーリブの亡命を受け入れていたサウディ・アラビアは棄権し、これら以外の115カ国が賛成したことで、圧倒的多数で採択された[4]。この合意文書が採択されたことで、アラブ諸国はイマーム国を支持してきた自らの行為を忘却の対象とした。これにより、イマーム史観はほとんど語られなくなった。サウディ・アラビアに亡命していたイマーム・ガーリブは、遂に帰国がかなわず、2009年にそこで没したとされるが、オマーン国内ではこの情報は公式には全く流れず、サウディ・アラビアでも特に報道されることはなかった。サーリミーの息子で『覚醒』を著したムハンマドは、1970年代半ばに赦されて帰国し、オマーン内陸部のビディーヤで余生を過ごした[5]。イマーム国とスルタン国の衝突はもはや昔の出来事となり、オマーン問題を語るものもいなくなった。

１．オマーンの伝統的な歴史産出様式の消滅

なぜ、カイロ・イマーム国事務所の所長を務めたアトファイヤシュは、イマーム史観に基づく歴史資料を作成する際に、イブン・ルザイクやサーリミーが依拠していた表象の伝達と生産のシステムを採用しなかったのだろうか。アトファイヤシュは西方イバード派の権威であり、サーリミーの『名作』の校訂も行っていた。このため、アトファイヤシュはサーリミーのテクストを難なく読みこなす能力を有していたはずであり、すなわち彼がオマーンの歴史史料を使用しなかったのは、彼の能力不足のためではない。我々は既に本書第４章において、オマーンにおける歴史書の読解に、専門的な知識が必要となることを確認したが、このようなオマーンの歴史史料の特徴は、アトファイヤシュがそれらを使用しなかったことと密接に関係する。

オマーン史の概要を確認するだけであれば、オマーンの歴史書で採用されていた難解な様式を採用する必要はない。むしろ、この様式を採用することは、多くの読者に情報を提供する上で大きな障害となる。一般の読者にとって、史料から引用が紛れ込んでいる形式や、千年前のスィーラからの引用が

地の文に混じって記述される形式を読解することは、非常に難解である。それよりもむしろ、先行する史料から必要な歴史事象に関する情報のみを抽出し、典拠情報を明示しながらそれを年代順に配列し、通史として提示する手法—すなわちザンブールが行ったような、そして英植民地官僚が採用したような形式が求められた。『勝利』や『名作』に特徴的な、難解な叙述形式に基づいてオマーン史表象を行わない方が、オマーン史の概要は容易に伝達可能であった。このことから、伝統的な手法で『名作』や『勝利』を編纂してきたオマーンの歴史家は、決して一般民衆のためにそれを行ったのではなく、社会の極一部に限定される専門家集団のために行ったことが推測される。オマーンの歴史書において典拠が明示されないのは、彼らの間でその典拠に関する知識が共有されているためであり、衒学的ともとれるその様式は、閉じられた集団の内部でのみ流通する情報の集積体として、歴史書が編纂されてきたことの現れである。

専門的な知識集団から、非専門的な読者へ。歴史の非専門化と呼びうる現象の中で、難解なテクストをばらばらに解体し、簡便なテクストに再編成して提示することが求められた。これを満たすためには、ヨーロッパの近代的な教育・学問体系の中で生み出された技術、すなわち注釈を付し、典拠を明示することで、難解な情報を非専門家にもある程度理解可能な形式に変換する技術が有効であった。イマーム史観に基づく歴史書の中で、このような体裁を持つものはそれまで存在せず、新たに生み出す必要があった。そこで利用されたのが、ザンブールの『家系図』のアラビア語版であった。「イマーム一覧」に残された『家系図』の残滓は、『家系図』に依拠した痕跡を完全にぬぐい去ることができなかった編集作業の粗雑さだけを伝えるものではない。オマーンの山岳地帯において、ゲリラ活動によってスルタン国軍と戦闘を継続しているイマーム派を支援するために、『家系図』を短期間で「イマーム一覧」として仕立て直し、頒布する必要があった、すなわち切迫した状況で早急に歴史史料を生み出さなければならなかったイマーム国事務所の状況を、「イマーム一覧」は今日までよく伝えている。

オマーン問題以降、オマーンの歴史が非専門家の注目に晒される中で、オマーンの著述家は伝統的な歴史産出様式を捨てなければならなかった。これは新生オマーン以降の、オマーンの近代教育システムを通じてオマーン国民に普及されるオマーン史、すなわちオマーンの国史においても、基本的には同じ状況が見られる。近代教育制度の中では、スィーラを引用しながら10世紀の歴史を紡ぎ、『悲嘆の開示』を引用しながらヤアーリバ朝のイマームの事蹟を伝える形式はもはや存在しない。各時代の主要な為政者のエピソードは、典拠が有していた文脈から切り離され、教科書の上で再構成され、解説される。こうしてできあがったオマーンの国史は、オマーンにおいて全く新しい歴史産出様式に基づくものであった。

2．オマーン政府による歴史関連事業

1　歴史教科書分析の問題点

教科書は、教科書以外の媒体に比して、特殊な機能を有している。桜井によれば、国定教科書とは「国の文化政策の根幹を担う「国家的メディア」」[6]であり、それは「一般の書物にはない強制力」[7]を有するメディアである。オマーンの社会科教科書においては、表紙をめくるとまず目に飛び込んでくるのはカーブース国王の肖像写真であり、教科書を受け取った生徒は国章や君主の写真と共にそれを受容する。そこでは、教科書の「正しさ」はその内容を精査することで確認されるものではなく、近代教育制度（教育省）の権威、そして政府、国王の権威に由来する。こうして、教科書は「正しいもの」「疑うべきではないもの」としてスルタンの権威と共に生徒に提示される。また、教科書は全生徒に同一のカリキュラムを通じて提示され、均質な情報を提供する。版を変えることで微細に内容が変更されるものの、オマーンでは国定教科書はそれぞれの科目で１種類しか存在しないため、オマーン史関連書籍としての教科書の総発行部数はおそらくオマーン国内で最大規模の書籍であろう。現在のオマーン政府が国民の持つ歴史観を均質化させ、スルタンの支配を承認する枠組みである国史を国民に普及させるメディアとして、教科書は圧倒的な影響力を有する。

ただし、教科書分析においては、次のことに留意しなければならない。すなわち、我々には現在のオマーン政府が産出・流布する国史の内容や、その過程を明らかにすることは可能であるが、実際にオマーン国民が政府の提供する国史を受容する様子を明らかにすることは非常に困難である。J.W. マイヤーは、個々人の知識獲得・適応能力の拡大に教育が効果を持つとするモデルを「伝統的社会化モデル traditional socializaiton model」と呼んだ。その上で、アメリカ市民の間で教育が終了した後に教育内容が個々人に長く影響を与えることがないことを明らかにし、伝統的社会化モデルは説得力を欠くと主張した[8]。また、マイヤーを踏まえながら、藤村は日本を対象に「教育の儀礼的消費仮説」を展開する。藤村は、文科省によって策定された教育内容が教科書を通じて国民に定着し、それが国家全体に影響を及ぼすという前提を「「官僚的 - 実際的 - 国家的」前提」と呼び、教科書研究の多くがこの前提に偏っていることを問題視する。その上で藤村は、教育産業の発達と教師の裁量の存在に注目し、「官僚的」権威が縮小したと論じる。すなわち、塾や家庭学習教材が教育市場にあふれ、学生や教師がそれらの教材を使用することで、教科書の影響力は相対的に減少する。また、実際に授業を行う教師が、教科書の内容から逸脱した教育を行うこともあり得る[9]。このような指摘は、オマーンにおける教育分野にも当てはまると考えられる。このように、教科書の内容が国民に浸透することで、国民が政府の計画通りにスルタンの支配を承認するようになるという前提は、あまりにナイーヴであるといえよう。我々は教科書を、国民が保有している国史の内容を確認するためのメディアとして捉えるのではなく、政府が国民に浸透させようとする国史の典型が現れているメディアとして理解するべきである。では、現在のオマーン政府は教育を通じて、どのような国史を国民に植え付けようとしているのだろうか。

2 オマーンの国定教科書

オマーンの公立学校は12年制で、国史教育は7年生（日本の中学校に該当する）から「社会科」（al-dirāsāt al-ijtimāīya）の枠組みで行われる。1年度2

期制が採用されており、教科書も前期と後期で別のものが使用されることが多い。社会科の教科書は現在のところ、『社会科』（第7-10学年、7冊）、『経済地理』（第11-12学年、2冊）、『イスラーム文明』（第11学年）、『社会科　これが我が祖国』（第11-12学年、2冊）、『世界　私の周りから』（第12学年、1冊）の、全5種13冊が使用されている。これらの中でオマーンの歴史を取り扱っているのは『社会科』『社会科　これが我が祖国』『世界　私の周りから』の3種であり、そこで扱われる国史の内容を抽出したものが、表6-1である。この表から明らかなように、今日のオマーンの教科書では、古代マガン文明からブー・サイード朝まで幅広く扱われる。イバード派について

表6-1　オマーンの教科書に見る国史の内容

学年、教科書名、発行年		記述内容	頁
7	『社会科』第1巻、2005	古代文明マガン	20-28
8	『社会科』第1巻、2007	「ブー・サイード朝の歴史」イマーム・アフマド・ブン・サイード：建国者、サイイド・スルターン：湾岸地域に進出、サイイド・サイード：東アフリカに進出、ブー・サイード朝の文化（ファラク紙、城塞）ブー・サイード朝の外交関係	53-77
	『社会科』第2巻、2007	「オマーンの諸都市」（マスカト、ニズワー、ルスターク、スハール、サラーラ）	69-115
9	『社会科』第1巻、2007	「東アフリカにおけるオマーン人の活動」	39-67
	『社会科』第2巻、2007	「オマーンの海洋文明の発展」	39-70
10	『社会科』、2008	7世紀オマーンにおけるイバード派	106-115
11	『社会科　これが我が祖国　オマーンの文明』、2008年	「オマーンにおける文明の夜明け」（古代史、アラブのオマーンへの移住）	40-61
		「文化的アイデンティティー」（イバード派に関する古典、城塞、ファラク紙等の出版活動）	110-135
12	『世界　私の周りから』、2007	「オマーンの民族文化」	119-126
		「オマーンの遺産」（遺跡、城塞、古代灌漑水路）	192-205
	『社会科　これが我が祖国　栄光と由緒の中で』、2008年	オマーンにおけるイスラム史（7～12世紀）	14-17
		オマーン史　混乱期（1154-1624年）	18-20
		ヤアーリバ朝の歴史（1624-1744年）	21-23
		アフマド・ブン・サイード	24-30
		オマーンの黄金期（サイイド・サイード）	31-33
		サイイド・スワイニー以降の歴史（1871～1970年）	34-35

出所：オマーンの各種社会科教科書より、筆者作成。

は一定の頁が割かれており、国民が共有すべき対象に位置づけられていることが分かる。特に第10学年の『社会科』および第11学年の『社会科　これが我が祖国』において比較的詳しく取り扱われており、前者においてはバスラでのイバード派の発生や、イバード派の教義の実質的な確立者であるジャービル・ブン・ザイドの生涯、8世紀までのイバード派の広がりが取り扱われる[10]。また後者ではオマーンにおける文芸活動の歴史が紹介される部分において、スィーラが取り上げられ、それがオマーンにおける初期の著述活動の一種として提示される。さらに本書の第4章でも取り上げた、アウタビーの『系譜』、アズカウィーの『悲嘆の開示』、イブン・ルザイクの『勝利』、サーリミーの『名作』などが主要なオマーンの歴史書として紹介される[11]。このようなオマーンの歴史書が提示されながらも、オマーンの国史はオマーンの伝統的な歴史記述の様式を受け継ぐものではない。オマーンの国史で取り上げられる事柄は、アラブのオマーンへの移住や、ヤアーリバ朝やそれに先立つ時代のイマームによる支配など、『系譜』や『悲嘆の開示』などが取り扱ってきたものと似通ってはいるものの、文章や語句はそれらの歴史書と全く共通しておらず、そこに「追記方式」は確認できない。また、オマーンの歴史書に共通して存在してきた価値観、例えば全ての歴史書でイマーム以外の支配者を「圧制者」と呼んだ価値観については全く言及されず、また『勝利』以外の歴史書で共通していた、アッラーによる創世から始まるいわゆるイスラーム世界史の枠組みも存在しない。

他方で、今日のオマーンの国史は、英植民地官僚が作り上げたオマーン史とも大きく異なる。マスカトを支配するブー・サイード族を正当化する歴史という点では、現在のオマーンの国史はマスカト史観に基づくオマーン史である。そのため、本書冒頭で紹介した *Oman in History* と同様に、サイイド・サイードの死からカーブースの即位まで、「空白の1世紀」が存在し、マスカトの支配者と内陸部のイマームの対立に関する歴史が全く触れられない。19世紀後半からカーブースの即位までの時代を扱うのは、唯一12年生用の『社会科　これが我が祖国　栄光と由緒の中で』のみで、そこではカニング裁定によってマスカトの支配者となったスワイニーから、カーブースの即位までの110年余りの期間が、わずか1頁半で説明され、20世紀のイマームについては全く言及されない。しかしながら、それは、英植民地官僚が作成したオマーン史とも異なる。今日のオマーンの国史では、「摂政説」や「サイイド説」は採用されず、また *Imâms* や *Gazetteer* は決して引用されない。英植民地官僚が生み出したマスカト史観が採用されているものの、今日のオマーンの国史は、これまで本書で分析してきたいずれのオマーン史とも異なる、全く新しいものである。

では、オマーンでは現在の統治者の正当性はいかに説明されるのだろうか。国史が国家の来歴であり、オマーンにおいては権威主義的な君主制度が採用されている以上、国史は支配家系の来歴と重なる部分が必ず発生する。ブー・サイード族のアフマドを取り上げることでブー・サイード朝によるオマーンの支配が開始されたこと、サイイド・サイードを取り上げることでブー・サイード族支配下のオマーンの海洋帝国としての発展を物語ることができる。このような過去の栄光を国民と共有することができても、今日のオマーンの国史の枠組みでは、「空白の1世紀」のために、過去の栄光が現在の君主に継承される物語を提示できない。この点について、オマーンの社会科教科書が提示するのは、国家の近代化を導いた英明な君主、すなわち「開発君主」[12]のイメージを利用している。オマーンでは、カーブースの即位から石油産業の拡大や港湾設備の整備など、巨大プロジェクトが推進された。また他の湾岸産油国の例に漏れず、1970年代に石油ブームに乗って巨額の社会投資を行い、道路や水道網といった生活基盤の整備に加え、学校や病院の建設が行われた。カーブース即位時にはマスカトとマトラフを結ぶ短い道路一本のみが舗装されていたに過ぎなかった国土は、いまや全土に高速道路網が整備され、初等教育への就学率はほぼ100%を達成するに至った。オマーンの社会科の教科書では、このような社会経済開発の成功の全てがカーブースの英明さに帰せられる。カーブースのオマーンの支配者としての正当性は、第一に、国内開発を成し遂げた指導者としての手腕にあり、すなわち政府は「開発君主」として彼の地位を浸透させているのである。

3. 国家遺産文化省、情報省による国史の産出

国家文化遺産省は、オマーン国内において最大の国史産出主体である。同省は、オマーン国内の文化遺産の保護、文化･歴史関連書籍の出版活動を行っており、オマーンの文化・伝統の国内外への普及にも務めている。近年では特に歴史遺産の保護活動が顕著であり、オマーン国内に多数存在する壮麗な城塞の修復が進められ、世界遺産への登録が行われている。また、いわゆるコーヒーテーブル・ブックと呼ばれる写真がふんだんに用いられた大版の書籍も同省や情報省から出版されており、その中でも *Oman the Seafaring Nation* は版を重ね続けており、「海洋帝国」としてのオマーンの歴史を紡ぐ。

このように一般の人目をひく活動以外にも、国家文化遺産省は学術的で一般的には関心があまり持たれないような、ニッチな歴史関連書籍の出版も続けている。例えば、A5版よりも一回り小さい70頁程度の小冊子体の『我々の遺産』（Turāth-nā）シリーズ[13]、オマーンの各都市をテーマにした『歴史を通じて』（'Abra al-ta'rīkh）と題された地方史シリーズ[14]、また歴史的に有名なオマーンのウラマーの著作のダイジェストやその分析を紹介する『読む』（Qirā'a）シリーズ[15]など、非常に多岐にわたっている。さらに、1975年からは同省は *Journal of Oman Studies* の刊行を開始し、国内外のオマーン史研究者に発表の場を提供している[16]。これらの書籍の中には、歴史研究に重要と思われるものも多く存在するが、それらはイバード派イマーム政権に関する記述を注意深く避けている。例えば、本書の第3章と第4章で取り扱ったように、イマーム・アッザーン2世は、マスカトと並ぶオマーンの港湾都市であるスハールを代々支配してきた家系の出身であるが、「歴史を通じて」シリーズの1冊『スハール：歴史を通じて』[17]には、アッザーン2世の家系に関する記述は見られない。同様に、サーリム以降の20世紀のイマーム政権が内陸部のニズワーを拠点としていたにもかかわらず、『ニズワー：歴史を通じて』[18]においては、それらについてまったく言及されない。

ただし、イバード派に関係する情報のすべてが隠蔽されているわけではな

い。むしろ、国家遺産文化省から出版されたイバード派関連書籍は、古い写本の校訂本から現代になって著された教義解説書など、多岐にわたる。特に写本を校訂した書籍の発行に関しては、同省がオマーン国内でそれを一手に引き受けている。それらの校訂された写本の中には、比較的よく知られた大部の作品として、全19巻の『シャリーア事典』(*Qāmūs al-sharīʻa*)[19]や、全41巻の『集成』(*al-Muṣannaf*)[20]などがある。『勝利』や『光跡』、『ブー・サイード家』、『カフターンの一葉』『イブン・ルザイク詩集』といったイブン・ルザイクの一連の著作や、『悲嘆の開示』や『説話と知らせ』などの歴史書、『明示と開示』、『系譜』やスィーラ集など、本書で用いた史料の大半は国家遺産文化省から出版されたものである。また興味深いことに、バジャーが *Imâms* に付した序文（すなわち本書第4章で確認した、バジャーの「解説」）のみが抽出され、『序文　オマーンのイマームとサイイド達の歴史』として国家遺産文化省から発行されている[21]。さらに、ロリマーの *Gazetteer* もオマーンの最高学府であるスルタン・カーブース大学の協力によってアラビア語訳が作成されている。このようなイバード派の保護者としての役割を積極的に果たそうとするオマーン政府の姿勢には、イバード派を抑圧するのではなく、むしろそれを現体制に取り込むことで、体制を盤石にする狙いがうかがえる

マスカトの国家文化遺産省の敷地内には、歴史書籍販売部門の小さな建物が存在する。その内部に所狭しと配置された書架にイバード派関連書籍が埋め尽くされている姿は、そこがあたかもイバード派の知識の宝庫であるような印象を与える。国家遺産文化省は、今やオマーンにおける最大のイバード派史料の保護者であり、出版者である。ただし、これだけ多様な書籍が出版されていても、依然としてムハンマドの『覚醒』が発禁処分となっていることには注意が必要であろう。イバード派は「文化」であり、過去の出来事であり、現在の政治に影響を与えるものではないと見なされており、この枠組みを破壊するような書籍の発行は認められていない。

一方で、徐々にではあるが、20世紀の内戦や、イマーム史観に基づく歴史叙述に対する締め付けが緩和されているようである。例えば、「空白の1世紀」を詳細に記述するH. グバシュの『オマーン　イスラム的民主主義の

伝統』(*Oman-the Islamic democratic tradition*)[22]が2006年に出版された当初、この書籍はオマーン国内で発禁処分を受けていた。この処分は、イバード派イスラームを「民主的」と評価する同書が、イバード派イスラームに基づかず、また民主的でもないカーブース体制を批判することにつながるためになされたと考えられる。しかしながら、程なくしてこの発禁処分は解除された。サーリムによる『オマーン史の栄光』(*al-Rāi' fi al-ta'rīkh al-'umānī*)[23]もまた他の時代と合わせて空白の1世紀を取り扱う歴史書であり、おそらく20世紀のイマームを取り扱うオマーン国内で出版された現状で唯一のアラビア語書籍であると思われる。このような緩和の動きは、イマーム史観に基づいてカーブースを批判する脅威が著しく低下した結果とも考えることができる。

4. 文化遺産としてのイマーム制

本章の冒頭に記したように、亡命から帰国したムハンマドは内陸部のビディーヤで余生を過ごした。この町には、今日まで出版されていない大量の貴重なイバード派の写本を所蔵する私設図書館があり、その名をサーリミー図書館と呼ぶ。この名は『名作』を著したサーリミーに由来し、現在ではサーリミーの曾孫にあたるアブドゥッラーとフサインの二人の兄弟が中心となって運営している。この図書館は、亡命生活を送っていたムハンマドの流れを汲む。しかしながら、今日、スルタン政府に対する反体制的なイバード派の知的営為の牙城としての役割はない。確かにイバード派の教義や歴史に関する貴重な写本は多数所蔵されているが、それゆえにオマーン政府から1994年に文化遺産保存拠点として認定され、保護される対象となっている。また、2008年にドイツのアーヘン大学との協力に基づいてオマーンに設置されたドイツ技術大学(GUTECH: German University of technology in Oman)の技術支援により、サーリミー図書館の写本の大半はデジタル化され、保管されており、そのデータは将来的にGUTECHのマスカトキャンパス図書館で公開される予定である。

オマーンに伝統的な歴史産出様式は、いかに識字率が上がろうとも、容易に身につけることができるものではない。宗教知識を独占的に保有し、歴史の伝達と産出をとじられた集団内部で実践してきた知的サークルは失われたが、それを受け継いで新たな歴史を産出する人々はまだ現れていない。また「開発君主」に基づく支配者の正当性が受け入れられている間は、新しい歴史叙述は必要とされないかもしれない。それまでは、サーリミー図書館は人知れず文化遺産を保存する図書館として機能する。貴重な史料は未だ見ぬ新たな歴史の産出に用いられる時を静かに待っている。

●注

1　スルタン・サイードはこの事件で自身が発砲した銃で自身の足を負傷し、その治療のためにバハレーンに向かったが、その後オマーンに戻ることはなく、イギリスで没した。

2　UN. A/C.4/SR.1920.

3　UN. A/8456, para.6.

4　UN. A/PV.1957.

5　ムハンマドの孫のフサイン・アルサルミー氏へのインタビューによる（2012年11月23日）。

6　桜井啓子『革命イランの教科書メディア』岩波書店、1999年、vi.

7　桜井前掲書、7頁。

8　Meyer, J. W. "The effects of education as an institution", *American Journal of Sociology*, vol. 83, no.1, 1977.

9　藤村正司「儀礼的消費メディアの仮説」、片岡徳雄『教科書の社会学的研究』福村出版、1987年。

10　Wizāra al-tarbiya wa al-ta'līm, *al-Dirāsāt al-ijtimā'īya, lil-ṣaff al-āshir,* Wizāra al-tarbiya wa al-ta'līm, 2006, pp.109-114.

11　Wizāra al-tarbiya wa al-ta'līm, *al-Dirāsāt al-ijtimā'īya: hadha waṭanī fi al-sīra al-ḥadarīya li-'Umān, lil-ṣaff al-ḥādī ashar,* Wizāra al-tarbiya wa al-ta'līm, 2008, pp.120-123.

12　松尾昌樹『湾岸産油国　レンティア国家のゆくえ』講談社、2010年、131頁。

13　このシリーズは、ヨーロッパ人の旅行者やヨーロッパ、アメリカの研究者の著作や論文のアラビア語訳（またはその抄訳）にオマーン人研究者の解説を付したもの、オマーン人研究者による論文などで構成される。

14　このシリーズは、「文化会議 al-muntadā al-'adabī」が開催したシンポジウムの成果として出版されている。その体裁から、上記の「文化会議」が毎年一地方を取り上げてシンポジウムを開催していることが窺える。

15　このシリーズは、過去の著名なウラマーを記念して開かれた会合が母体となって出版されたもので、形式としては「歴史を通じて」シリーズに近い。いずれも「故〜を記念して開催したシンポジウムの成果 Ḥiṣād al-nadwa allatī aqāma-hā al-muntadā: iḥtifā' bi dhikra al-mrḥūm 〜」と記されている。

16 歴史研究以外にも、オマーンの動植物調査や地質調査などの自然科学系、または文化人類学系の論文などを含み、多様な内容となっている。

17 al-Muntadā al-'adabī, *Ṣuḥār 'abra al-ta'rīkh,* WTQTh, 2000.

18 al-Muntadā al-'adabī, *Nizwā 'abra al-ta'rīkh,* WTQTh, 2001.

19 al-Sa'dī, Jumayl b. Khamīs. *Qāmūs al-sharīa,* WTQTh, 1983.

20 al-Kindī, 'Aḥmad b. 'Abd Allāh b. Mūsā, *al-Muṣannaf,* WTQTh, 1982.

21 Bādgīr, Jūrj Bīrsī, Muḥammad 'Alī al-Dāūd (tarjama). *Muqaddima kitāb Ta'rīkh 'a'imma wa sāda 'Umān,* 2012, WTQTh.

22 Ghubash, H. (M. Turton (tr.)) *Oman –the Islamic democratic tradition,* Routledge, 2006.

23 Sālim al-Bu Sa'īdī. *al-Rāi' fi al-ta'rīkh al-'umānī,* Maktaba al-'anfāl, n.d.

あとがき

本書は、筆者の博士論文（『オマーン史の形成過程の研究』）を大幅に改訂し、加筆したものである。私が博士論文を提出した頃は、今よりも湾岸地域への関心がずっと低く、また経済分野に関心が集まっていたので、湾岸地域の歴史、特にオマーンに限定した研究では、糊口を凌ぐことすらむずかしかった。このため、博士論文を提出してからは、私はもっぱら湾岸地域の現代政治の研究に従事してきた。幸いなことにそれらの研究も評価して頂き、宇都宮大学国際学部に奉職することができ、同学部から国際学叢書として本書を出版する機会に恵まれた。

湾岸地域の現代政治の研究を続けつつも、オマーン史研究は細々と続けていた。2005年にアフダル戦争関連資料を調査するためにイギリスの公文書館（Public Record Office）を訪問していた私は、当時の英外務省のオマーン問題関連ファイルの中から、1冊のアラビア語のパンフレットを見いだした。それはアラブ首長国連邦成立前のアブダビにおいて、イマーム国支持者の間で秘密裏に流通していたパンフレットであり、現地の英当局に回収され、ロンドンの外務本省に届けられたものであった。そのパンフレットの末尾に収録されていた全61名のイマーム一覧に、私の目は釘付けになった。オマーン史研究者であれば、一読してイマームではない人物が含まれていることは明白だが、にもかかわらず、それはカイロの亡命イマーム国事務所から発行されたものであった。オマーン史のカノンと比べると、それは甚だしい逸脱に満ちていたが、同時にどこか魅力があった。このパンフレットは、どこに流通していたのか。この情報がどのように活用されたのか。これ以降、私は公文書や標準的な歴史史料に加えて、ヴァナキュラーな史資料にも留意して資料収集を行うようになった。この作業を続けると、反体制勢力のビラやパンフレット、内戦での反政府側の戦没者アルバムまで集まった。それらの資料の中で本書の執筆に利用できたものは極一部に過ぎず、まだこれらの資料の分析は続けられなければならない。

私が博士論文を提出した2004年の段階では、本書で参照した『カフターンの一葉』や、バールーディー版の『悲嘆の開示』（原典を全て校訂したものは今日までにこれ以外にはない）は存在していなかった。近年のオマーンの歴史史料の校訂版の出版は一種のブームとなっており、優れた歴史研究者の手による校訂本が数多く出版されるようになっている。これらの校訂本の成果を活用し、オマーンにおける歴史叙述の系譜をたどることが、その深淵の一端を広く伝えることにつながると考え、博士論文の記述にこれらの歴史書の情報を新たに追加することとなった。

本書は多くの方々に支えられた成果である。まず、本書の刊行にご尽力頂いた宇都宮大学国際学部の皆様には感謝を申し上げたい。また、大学の同僚である田口卓巳先生に本書第５章の原型となった論文を読んで頂いた際には、適切なコメントを頂いた。また、同じく第５章の内容を研究会で発表した際には、山形大学の浜中新吾先生には過大な評価を頂いた。両先生の期待に添うことは到底かなわないが、こうして一つの書籍にまとめることができたのは、両先生から頂いた暖かい励ましが私を後押ししてくれたおかげである。また、オマーンを初めとする湾岸地域の資料収集についてはアジア経済研究所図書館の司書である高橋理枝氏に多大な助力を頂いた。また、湾岸諸国では発禁となっている書籍の収集に周辺諸国を調査した際には、東京外国語大学の青山弘之先生にシリアでの調査にアドバイスを頂いた。さらに、早稲田大学の桜井啓子先生には、私が開催していた「湾岸アラブ諸国の歴史と国民統合研究会」にコメンテーターとしてご参加頂いた際に、非常に貴重なご意見を頂き、本書の第６章の執筆に大いに参考にさせていただいた。

なお、本書第６章にも登場した、サーリミー図書館を管理するアブドゥルラフマン・アルサーリミー博士とフサイン・アルサーリミー博士のご兄弟には、突然図書館を訪問したにも関わらず、私をオマーン料理で歓待して頂き、さらにはスィーラ写本のデジタルデータまで快くご提供頂き、真に感謝に堪えない。

このように多くの方々から貴重なご指摘やご協力を頂いたが、本書中の間違いは全て筆者に帰せられる。

最後に、オマーンの史資料を読み進める私の膝の上で、はしゃぎながらもいつの間にか寝息をたてていた息子に、その１歳の誕生日を記念して本書を贈る。

2013年　立春　　　　松尾昌樹

本研究はJSPS科研費21720252の助成をうけたものである。

史料・文献

（アラビア語史料）

Al-Sālimī, 'Abd al-Raḥmān b. Slaymān, "Muqaddima", in Ibn Ruzayq, Ḥumayd b. Muḥ ammad, *as-Sīra al-jalīya Sa'd al-Su'ūd al-Bū Sa'īdīya,* WTQTh, 2007 (MS. B.L. Add. 2892.).

Anon. *Anonymous titleless History of Oman* (MS. B.L. Add 23343).

Anon. *Kitāb al-Siyar,* Maktaba al-Sālimī, 1708 (MS. AS0015)

Anon. *Ta'rīkh ahl 'Umān,* WTQTh, 1980.

al-'Awtabī, 'Abū al-Mandhir Salma b. Muslim. *al-'Ansāb,* WTQTh, 1984.

al-Azkawī, Sirhān b. Sa'īd. *Kashf al-ghumma: al-jāmi' li-'akhbār al-umma,* Dār al-Bārūdī, 2006.

Bābā'mī, Muḥammad b. Mūsā. *Mu'jam 'a'lām al-'ibāḍīya min al-qarn al-awwal al-hijrī 'ilā al-'aṣr al-ḥāḍir, Dār al-Gharb al-Islāmī,* 2000.

Bādgīr, Jūrj Bīrsī, Muḥammad 'Alī al-Dāūd (tarjama). Muqaddima kitāb Ta'rīkh 'a'imma wa sāda 'Umān, WTQTh, 2012.

al-Dāwd, Maḥmūd 'Alī, *Muḥāḍarāt 'an al-taṭawwur al-siyāsī al-ḥadīth li-Qaḍīya 'Umān,* Ma'had al-dirāsāt al-'arabīya al-'ālīya, Jāmi'a al-duwal al-'arabīya, 1964.

Fawzī, Fārūq 'Umar. *Muqaddima fī al-masādir al-ta'rīkhīya al-'umānīya,* Markaz Zayd li-l-turāth wa al-ta'rīkh, 2004.

al-Ḥārithī, Ibrāhīm b. Ḥamad *'Umān al-thawra fī ṭarīq al-ḥurrīya,* Dār al-yaqẓa al-'arabīya li-l-ta'līf wa al-tarjama wa al-nashr, 1954.

—— *'Umān fī al-muḥāfil al-duwalīya,* Dār al-yaqẓa al-arabīya li-l-ta'līf wa al-tarjama wa al-nashr, 1966.

Ibn Fayṣal, Fayṣal b. 'Alī, *Sulṭān wa isti'mār,* Maṭābi' dār al-kitāb al-'arabī, 1960.

Ibn Qayṣar, 'Abd Allāh b. Khalfān, *Sīra al-Imām al-'ādil Nāṣir b. Murshid,* WTQTh, 1983.

Ibn Qaḥṭān, 'Abī Qaḥṭān Khālid, "Sīra tunassab ilā 'Abī Qaḥṭān Khālid b. Qaḥṭān", Kāshif, Isma'īl. (ed.) *al-Siyar wa al-jawābāt li-'ulamā' wa a'imma 'Umān,* WTQTh, 1989.

Ibn Ruzayq, Ḥumayd b. Muḥammad *al-Ṣaḥīfa al-qaḥṭānīya,* Dār al-Bārūdī, 2008.

—— *al-Fatḥ al-mubīn fī sīra al-sāda al-Bū Sa'īdiyīn,* WTQTh, 1994.

—— *al-Shu'ā' al-Shā'i' bi-l-Lam'ān fī dhikr 'Aimma 'Umān,* WTQTh, 1978.

—— *al-Sīra al-Jālīya Sa'd al-Su'ūd al-Bū Sa'īdīya,* WTQTh, 2007.

—— *al-Ṣaḥīfa al-'Adnānīya* (B.L. Or.6569).

Ibn al-Athīr, 'Ali 'Izz al-Dīn, *al-Kāmil fī al-Tārīkh,* Dār al-kutb al-'Ilmīya, 1987.

Kaḥṭāla, 'Umar Riḍā *Jighrāfīya Shibh jazīra al-'arab*, Maktaba al-nahḍa al-ḥadītha, 1964.
al-Khālidī, 'Abd al-Razzāq *Ṣayḥa fī Sabīl 'Umān*, al-Maṭba' al-ta'āwnīya bi Dimashq, 1958.
——*Masqaṭ wa 'Umān: al-Sulṭana al-majhūla*, Maṭba' al-'arfān, 1957.
al-Kindī, 'Aḥmad b. 'Abd Allāh b. Mūsā, *al-Muṣannaf*, WTQTh, 1982.
Maktab silsila al-buḥūth al-'arabīya, *'Umān 'arḍ al-buṭūlāt wa maqbura al-ghuzā*, Maktab silsila al-buḥūth al-'arabīya, 1964.
Maktab 'Imāma 'Umān fī Dimashq, *18 Tammūz: Yawm 'Umān*, Maktab 'Imāma 'Umān fī Dimashq, n.d.
——*Kifāḥ 'Umān bayna al-'ams wa al-yawm*, Maktab 'Imāma 'Umān,fī Dimashq, 1960.
Mudīrīya al-Shu'ūn al-'arabīya, al-Wizāra al-khārijīya (?)*'Umān wa 'Imārāt al-khalīj al-'arabī*, Wizāra al-khārijīya al-sūrīya (?),1965.
Muṣṭafā, 'Awnī *Sulṭana al-ẓalām fī Masqaṭ wa 'Umān*, Manshūrāt dār al-ādāb, 1964.
Qal'ajī, Qadrī *al-Khalīj al-'arabī*, Dār al-kutub al-'azamī, 1965.
Qaḍīya 'Umān fi al-jamīya al-'āmma li-l-'umam al-muttaḥida, naṣṣ khitāb al-sayyid Aḥmad al-Shqayrī al-mandūb al-dā'im li-l-Mamlaka al-'Arabīya al-Su'ūdīya fi al-'umam al-muttaḥida wa alladhi alqā-h fi al-jamīya al-'āmma difā'an 'an qaḍiya 'Imāma 'Umān, Maktab 'Imāma 'Umān, 1961.
al-Ma'walī, 'Abū Sulaymān Muḥammad b. 'Āmir b. Rashid, *Qiṣaṣ wa akhbār jarat fī 'Umān*, WTQTh, 2007.
al-Muntadā al-'adabī *Nizwā 'abra al-ta'rīkh*, WTQTh, 2001.
——*Ṣuḥār 'abra al-ta'rīkh*, WTQTh, 2000.
al-Nābūda, Ḥasan Muḥammad 'Abd Allāh, "al-Muqaddima", in al-'Azkawī, Sirhān b. Sa'īd, *Kashf al-ghumma: al-jāmi' li-'akhbār al-'umma*, Dar al-Bārūdī, 2006.
al-Qalhātī, Muḥammad b. Sa'īd al-'Azdī *al-Kashf wa al-bayān*, WTQTh, 1980.
al-Rawas, Isām b. 'Alī, Naẓara 'alā al-masādir at-ta'rīkhīya al-'umānīya, WTQTh, 1993.
Sālim al-Bu Sa'īdī *al-Rāi' fi al-ta'rīkh al-'umānī*, Maktaba al-'anfāl, n.d.
al-Sa'dī, Jumayl b. Khamīs *Qāmūs al-sharīa*, WTQTh, 1983.
al-Sa'dī, Muhannā b. Rāshid "Taṭawwul mafhūm al-kitāba al-ta'rīkhīya 'inda al-'umāniyīn", in *Nizwā*, 57, 2009.
al-Sālimī, 'Abd Allāh b. Ḥumayd *Tuḥfa al-'a'yān bi sīra'ahl 'Umān*, Maktaba Nūr al-dīn al-Sālimī, 2001.
——*Jawhar al-niẓām fī 'ilmay al-'adyān wa al-'aḥkām, 1993.*
al-Sālimī, Muḥammad b. 'Abd Allāh b. ḥumayd *Nahḍa al-'a'yān bi-ḥurrīya 'Umān*, Dār al-Jīl, 1998.
al-Sālimī, Muḥammad b. 'Abd Allāh wa 'Assāf Nājī *'Umān: ta'rīkh yatakallam*, 1963.
al-Sayyābī, Sālim b. Ḥumūd b. Shāmis al-*'Unwān 'an ta'rīkh 'Umān*, 1965.
al-Shaytī, 'Abd Allah *'Umān fī ma'raka al-ḥurrīya*, 1962.
al-Tabarī, Abu Ja'far Muḥammad ibn Jarir *Tārīkh al-ṭabarī : Tārīkh al-umam wa-al-*

mulūk.
'Ubayd, Faḍīl *'Umān wa al-Khalīj al-'arabī,* 1968?
'Umar, Fārūq *Muqaddima fī dirāsāt maṣādir al-ta'rīkh al-'umānī ((al-khalīj al-'arabī)),* 1979.
Wilkinson, J. G. *'Ulamā 'Umān, ḍimn 'Umān ta'rīkhan wa 'ulama,* mutarjam, Silsila turāth-nā, 'adad 10, MTQTh, 1990.
Wizāra al-tarbiya wa al-ta'līm *al-Dirāsāt al-ijtimā'īya, li-l-ṣaff al-āshir,* Wizāra al-tarbiya wa al-ta'līm, 2006.
—— *al-Dirāsāt al-ijtimā'īya: hadha waṭanī fī al-sīra al-ḥadarīya li-'Umān, lil-ṣaff al-ḥādī ashar,* Wizāra al-tarbiya wa al-ta'līm, 2008.
al-Zarqā, Muḥammad 'Alī Qaḍīya *'Umān fī majāl al-duwalī,* Maktab 'Imāma 'Umān fī Dimashq, 1961.
al-Zarqā, Muḥammad 'Alī. *'Umān: qadīman wa ḥadīthan,* 1959 (?).
al-Zirklī, Khayr al-Dīn. *al-'A'lam qāmus turājim,* Dār al-'Ilm li-l-'alamiyīn, 2005.

(ヨーロッパ言語)

Aitchison, C. U. *A Collection of Treaties, Engagements relating to Arabia and the Persian gulf,* Archive Editions, 1987 (1933).
Al-Qasimi, S. M. *The journals of David Seton in the Gulf 1800-1809,* University of Exeter Press, 1995.
Al-Salimi, A. S. "Different succession chronologies of the Nabhani dynasty in Oman", *Proceedings of the Seminar for Arabian Studies,* 32, 2002.
—— *"Identifying the (Ibāḍī/Omani) siyar", Journal of Semitic Studies, LV/1, Spring, 2010.*
Allen, C. H. Jr., *Oman: the modernization of the sultanate,* Westview Press, 1987.
Anthony, J. D. *Historical and cultural dictionary of the Sultanate of Oman and the Emirates of Eastern Arabia,* Scarecrow, 1976.
Arab Information Center *The British-Omanite Conflict,* Arab Information Center, 1957(?).
—— *The Status of Oman and the British Omanite Dispute, Arab Information Center, 1957.*
Arbuthnott, H. and T. Clark R. Muir *British missions around the Gulf, 1575-2005: Iran, Iraq, Kuwait, Oman,* Global Oriental, 2008.
Archive Editions *The Aramco Reports on Al-Hasa and Oman 1950-1955,* Archive Editions, 1990.
—— *The Buraimi Memorials 1955: the territorial dispute concerning Buraimi, Liwa and Khor al-'Udayd: the Memorials submitted to arbitration by the Government of Saudi Arabia and the United Kingdom, Archive Editions, 1987.*
—— *The Persian Gulf administration reports: 1873-1947, Archive Editions, 1986.*

Baharna, H. M. *The Legal Status of the Arabian Gulf States: a study of their treaty relations and their international problems,* Manchester University Press, 1968.

Bailey, R. W. *Records of Oman 1867-1947,* Archive Editions, 1988.

——*"Records of Oman 1867-1947: why, how and wherefore?" Asian affairs,* vol.21 (2), 1990.

Bergmann, E. von. "Zur muhammedanischen Munzkunde", *Numismatische Zeitshrift,* viii, 1876.

Bhacker, R. M. *Trade and empire in Muscat and Zanzibar: roots of British Domination,* Routledge, 1992.

Bilgrami, A. H. *Afghanistan and British India 1793-1907: a study in foreign relation,* Sterling publishers, 1972.

Buckingham, J. S. *Travels in Assyria, Media, and Persia, including a journey from Baghdad by mount Zagros, to Hamdan, the ancient Ecbatana, researchers in Ispahan and the ruins of Persepolis,...,* Henry Colburn and Richard Bentley, 1830

Carter, J. R. *Tribes of Oman,* Peninsular Publishing, 1982.

Coupland, R. *East Africa and its invaders: from the earliest times to the death of Seyyid Said in 1856,* Clarendon, 1938.

Custers, M. H. *Al-Ibadiyya: a bibliography, Maastricht. 2006.*

——*Ibadi publishing activities in the East and the West c.1880-1960s: an attempt to an inventory, with references to related recent publications,* Maastricht, 2006.

Davies, C. E. *The Blood-red Arab flag: an investigation into Qaismi Piracy 1797-1820,* University of Exeter Press, 1997.

Davis, E. "The Museum and the Politics of Social Control in Modern Iraq", in Gillis, J. R. (ed.) *Commemorations: the politics of national identity,* Princeton University Press, 1994.

Eccles, C. J. "The Sultanate of Muscat and 'Oman", *Journal of the Royal Central Asian Society,* vol.14 (1), 1927.

Foster, W. (ed.) *The English Factories in India 1642-1645,* Clarendon Press, 1913.

——*(ed.) The English Factories in India 1655-1660,* Clarendon Press, 1921.

——*(ed.) The English factories in India 1646-1650: a calendar of documents in the India Office, Westminster,* Clarendon Press, 1914.

——*(ed.) A new account of the East Indies by Alexander Hamilton,* N. Israel/Da Capo press, 1970.

Franklin, W. "Observations made on a tour from Bengal to Persia, in the years 1786-7, with a short account of the remains of the celebrated palace of Persepolis, and other interesting events", in Pinkerton, J. ed. *General Collection of the best and most interesting voyages and travels in all parts of the world,* vol.9, 1811.

Gershoni, I. and J. Jankowski *Commemorating the nation: collective memory, public commemoration, and national identity in twentieth century Egypt,* Middle East Documentation Center, 2004.

Grohmann, A. "AL-YAMAN", *The Encyclopedia of Islam*, New Edition, vol.11.

Gumash, H. (Turton, M. tr.) *Oman: the Islamic democratic tradition,* Routledge, 2006.

Hamilton, A. *An Arabian utopia: the western discovery of Oman,* The Arcadian Library, 2010.

Her Majesty's Government *Muscat and Oman*, F. Mildner & Sons, 1962.

Holes, C. "Dialect and National Identity: the cultural politics of Self-Representation in Bahraini *Musalsalāt*", in Dresch, P. and J. Piscatori eds. *Monarchies and nations: globalization and identity in the Arab States of the Gulf*, I.B. Tauris, 2005.

Huart, C. I. *Histoire des Arabes*, Librarie Paul Geuthener, 1913.

Kelly, J. B. *Britan and the Persian Gulf: 1795-1880*, Clarendon, 1968.

—— *"Introduction to the second edition" in Miles, S. B. Countries and Tribes of the Persian Gulf,* Frank Cass, 1966.

Keppel, G. *Personal narrative of a journey from India to England, by Bussorah, Bagdad, the ruins of Babylon, Curdistan, the court of Persia, the western shore of the Caspian sea, Astrakhan, Nishney Novgorod, Moscow, and st.Petersburgh in the year 1824,* 1827.

Khalaf, S. "The nationalization of culture: Kuwait's invention of a pearl-diving herigate", Alsharekh, A. and R. Springborg eds. *Popular culture and political identity in the Arab Gulf States,* Saqi, 2008.

Khalil, M. *The Arab states and the Arab League: a documentary record,* Archive Editions, 1987.

Khatib, M Fathalla, El. and I. Kabbani *British Aggression against the Imamate of Oman,* Arab Information Center, 1958.

Klein, H. *Kapitel XXXIII der anonymen arabischen Chronik Kasf al-gumma al-gami li-ahbar al-umma betitelt ahbar ahl Oman min auwal islamihim ila htilaf kalimatihim (Geschichite der Laute von Oman von ihrer Annahme des Islam bis zu ihrem Dissensus) auf Grund der Berliner Handschrift unter Heranziehung verwandter Werke herausgegeben.* Hamburg 1938.

Kumar, R. *India and the Persian Gulf 1795-1880,* Clarendon, 1965.

Landen, R. G. *Oman since 1856: disruptive modernization in a traditional Arab society,* Princeton University Press, 1967.

Lewicki,T. "The Ibadites in Arabia and Africa", *Cahiers d'Histoire Mondiale,* UNESCO, vol.XIII, 1971.

—— *"The Ibádites in Arabia and Africa I. the Ibádi community at Basra and the origins of the Ibádite states in Arabia and North Africa, seventh to ninth centuries", Cahiers d'histoire mondiale,* UNESCO, 1971.

Lorimer, J. G. *Gazetteer of the Persian Gulf, Oman and Central Arabia,* Archive editions, 1986 (1908, 1915).

Marshall, B. "European travellers in Oman and southeast Arabia 1792-1950: a biobibliograhpical study", *New Arabian Studies,* vol.2, 1994.

Maurizi, V. *History of Seyd Said, Sultan of Muscat,* Oleander, 1984.
Meyer, J. W. "The effects of education as an institution", *American Journal of Sociology*, vol. 83, no.1, 1977.
Miles, S. B. *The Countries and tribes of the Persian Gulf,* Frank Cass, 1966 (1919).
Ministry of Information (Oman) *Oman in History*, Immel Publishing, 1995.
Moir, M. *A general guide to the India Office Records,* The British Library, 1988.
Morris, J. *Sultan in Oman*, Pantheon Books, 1957.
Moyse-Bartlet, H. *The pirates of Trucial Oman,* Macdonald, 1966.
al-Naboodah, H. M. "Banu Nabhan in the Omani Sources", *New Arabian Studies,* vol.4, 1997.
Oman and Muscat Committee. *Memorandum on the Oman Crisis,* Oman and Muscat Committee, 1962.
Onley, J. "Britain's native agents in Arabia and Persia in the nineteenth century", *Comparative Studies of South Asia, Africa and the Middle East,* 24:1, 2004.
—— "The Raj reconsidered: British India's informal empire and spheres of influence in Asia and Africa", *Asian affairs, vol.XL, no.1, March 2009.*
Owtram, F. *A modern history of Oman: formation of the state since 1920,* I. B. Tauris, 2004.
Peterson, J. E. *Oman's insurgencies: the Sultanate's struggle for supremacy,* Saqi, 2007.
Philips, W. *Oman: a history*, Librarie du Liban, 1971.
Podeh, E. *The Politics of National Celebration in the Arab Middle East,* Cambridge University Press, 2011.
Rentz, G. "Kawāsim" in *Encyclopaedia of Islam,* new edition.
Royal Institute of International Affairs. *The Middle East: a political and economic survey,* 2nd ed., 1954.
Rush, A. de L. (ed.) *Ruling families of Arabia: Sultanate of Oman: the royal family of Al Bu Sa'id,* Archive Editions, 1991.
Rushchenberger, W. S. W. *Narrative of a voyage round the world during the years 1835, 36, and 37 : including a narrative of an embassy to the Sultan of Muscat and the King of Siam,* 1970.
Salamandra, C. "Cultural Construction, the Gulf and Arab London", in Dresch, P. and J. Piscatori eds. *Monarchies and nations: globalization and identity in the Arab States of the Gulf,* I.B. Tauris, 2005.
Saldanha, J. A. *The Persian Gulf Précis,* Archive Editions, 1986.
Schwarz, P. *Iran im Mittelalter nach den arabischen Geographen,* Otto Wigand, 1910.
Sheriff, A. *Slaves, spices & ivory in Zanzibar: integration of an east African commercial empire into the world economy, 1770-1873,* James Currey, 1987.
Sirhan, Sirhan ibn Sa'id ibn *Annals of Oman,* Oleander Press, 1985.
Skeet, I. *Muscat and Oman: the end of era,* Faber and Faber, 1974.
Smith, G. R. "The Omani manuscript collection at Muscat part I: a general description

of the MSS", *Arabian Studies,* vol.4, 1978.

Stephen, L. and S. Lee. *The dictionary of national biography,* vol.XXII, supplement, Oxford University Press, 1959-60 (1917).

Stocqueler, J. H. *Fifteen months' pilgrimage through untrodden tracts of Khuzistan and Persia in a journey from India to England through parts of Turkish Arabia, Persia, Armenia, Russia, and Germany performed in the years 1831 and 1832,* 1832.

Thesiger, W. "Desert borderlands of Oman", *Geographical Journal,* Vol. 116, No. 4/6, October-December, 1950.

Thomas, B. *Arab Rule under the Al Bu Said Dynasty of Oman 1741-1937,* H. Milford, 1938.

Thomas, H. (ed.) *Arabian gulf intelligence: selections from the records of the Bombay Government, new series, no.XXIV, 1856, concerning Arabia, Bahrain, Kuwait, Muscat and Oman, Qatar, United Arab Emirates and the islands of the gulf,* The Oleander Press, 1985.

von Tiesenhausen, W. "Mélanges de numismatique orientale", *Revue belge du numismatique,* vol.31, 1875.

Tuson, P. *The records of the British Residency and Agencies in the Persian Gulf,* India Office Library and Records, 1979.

Wellsted, J. R. *Travels in Arabia,* 1838.

Wilkinson, J. C. *Ibâdism: origins and early development in Oman,* Oxford University Press, 2010.

—— *Imamate tradition of Oman,* Oxford University Press, 1987.

—— *"Bio-bibliographical background to the crisis period in the Ibāḍī Imāmate of Oman (end of 9th to end of 14th century)", Arabian Studies,* III, 1976.

—— *"Omani manuscript collection at Muscat part II: early ibadi fiqh works", Arabian Studies,* vol.6, 1975.

—— *"The Ibāḍī Imāma", Bulletin of the school of oriental and African studies,* vol.39 (3), 1976.

Zambaur, E. de. *Manuel de genealogie et de chronologie pour l'histoire de l'islam,* Hanover, 1927.

Zerubavel, Y. *Recovered Roots: collective memory and the making of Israeli national tradition,* the University of Chicago Press, 1995.

"Khatib (Mohamad, Fathallah)", *Who's who in the Arab World 2007-2008,* Publitec Editions.

(日本語)

余部福三「ウマイヤ朝期のシリアにおけるカイスとヤマンの闘争について」『人文自然科学論集』東京経済大学、85 号、1990 年。

アル＝カーシミ、スルターン・ムハンマド、町野武訳『「アラブ海賊」という神話』リブロポート、1992年。
井筒俊彦『イスラーム思想史』岩波書店、1975年。
イブン・イスハーク著、イブン・ヒシャーム編註、後藤明、医王秀行、高田康一、高野太輔訳『預言者ムハンマド伝』岩波書店、2010年。
エドワード・W・サイード著、板垣雄三、杉田英明監修、今沢紀子訳『オリエンタリズム』平凡社、1993年。
グリーンブラット、S. 荒木正純訳『驚異と占有　新世界の驚き』みすず書房、1994年。
クリフォード、ジェイムズ著、太田好信他訳『文化の窮状　20世紀の民族誌、文学、芸術』人文書院、2003年。
小泉順子『歴史叙述とナショナリズム　タイ近代史批判序説』東京大学出版会、2006年。
高野太輔「ラビーア族の系譜操作に関する一試論」『オリエント』41－1号、1998年。
――『アラブ系譜体系の誕生と発展』山川出版社、2008年。
桜井啓子『革命イランの教科書メディア』岩波書店、1999年。
名和克郎「民族論の発展のために：民族の記述と分析に関する理論的考察」『民族学研究』57/3号、1992年。
林佳世子「イスラーム史研究と歴史史料」林佳世子、桝屋友子編『記録と表象　史料が語るイスラーム世界』東京大学出版会、2005年。
半澤朝彦 2001年「国連とイギリス帝国の消滅―1960～1963年」日本国際政治学会編『国際政治』第126号。
福田安志「イマームとサイイド―18世紀オマーンにおける軍制の変化―」『オリエント』32-2、1989年。
――「オマーンにおける部族連合とイマームの統治」『アジア史研究』白東史学会、14号、1990年。
――「ヤアーリバ朝における通商活動とイマーム」『オリエント』34-2号、1991年。
藤村正司「儀礼的消費メディアの仮説」、片岡徳雄『教科書の社会学的研究』福村出版、1987年。
マーシャル、P.J.、G. ウィリアムズ著、大久保加世子訳『野蛮の博物誌　18世紀イギリスがみた世界』平凡社、1989年。
松尾昌樹「ヤアーリバ朝成立期におけるオマーンの部族とイマーム――部族間の協力・敵対関係とイマーム支配の成立過程」『イスラム世界』56号、2001年。
――『湾岸産油国　レンティア国家のゆくえ』講談社、2010年。
レヴィ・ストロース、C. 著、大橋保夫訳『野生の思考』みすず書房、1976年。

《著者紹介》

松尾 昌樹（まつお　まさき）

著者略歴

1994 年　立教大学文学部史学科卒

2004 年　東北大学大学院国際文化研究科博士後期課程修了（博士号取得）

現　在　宇都宮大学国際学部准教授

主要論文・著書

『湾岸産油国　レンティア国家のゆくえ』講談社メチエ、2010 年

「湾岸諸国の移民労働者」酒井啓子編『中東政治学』有斐閣、2012 年

「イマーム国の自己表象――歴代イマーム 61 人説と「イマーム一覧」」『宇都宮大学国際学部研究論集』25 号、2008 年

“A Study of Titles of Rulers of the Al Bu Sa'id Dynasty: Britain's 19th Century Legitimization of Oman's Dynastic History”『日本中東学会年報』19-1 号、2003 年

宇都宮大学国際学部国際学叢書

オマーンの国史の誕生

――オマーン人と英植民地官僚によるオマーン史表象――

2013年 2 月26日　第 1 版第 1 刷発行

著　者　松　尾　昌　樹

発行者　橋　本　盛　作

発行所　株式会社御茶の水書房

〒113-0033 東京都文京区本郷5-30-20

電話　03（5684）0751，FAX03（5684）0753

組版・印刷・製本／東港出版印刷（株）

定価はカバーに表示してあります　Printed in Japan

乱丁・落丁はお取り替えいたします。　ISBN978-4-275-01019-3　C3022